**10** cent. la Livraison. — **50** cent. la Série

LES

# DERNIERS MONTAGNARDS

## HISTOIRE DE L'INSURRECTION DE PRAIRIAL AN III

(1795)

D'APRÈS LES DOCUMENTS ORIGINAUX INÉDITS

Par JULES CLARETIE

### AVIS DE L'ÉDITEUR

Les *Derniers Montagnards*, l'ouvrage que nous publions aujourd'hui par livraisons, est un des livres d'histoire qui ont obtenu le plus de succès dans ces dix dernières années. En écrivant le récit de cet épisode absolument neuf, si peu connu et si dramatique de la Révolution française, M. Jules Claretie, dont l'*Histoire de la Révolution de* 1870-71 a partout répandu le nom, s'est attaché à rendre, dans sa couleur la plus vive et dans le sentiment le plus poignant, la vérité même de cette *insurrection de Prairial an III* (1795), que M. Louis Blanc a appelée «l'insurrection de la faim.» Le tableau de Paris à cette époque troublée, au lendemain de la mort de Robespierre, à la veille, pour ainsi dire, du coup d'Etat de Bonaparte, a été tracé par M. Jules Claretie avec un rare bonheur. Son livre non-seulement *prouve*, car il est basé sur des documents irréfutables, mais il entraîne, il intéresse, il émeut, et Michelet, l'illustre historien national, a pu dire avec raison qu'il faisait frissonner.

On ne saurait trouver lecture plus captivante. Les *Derniers Montagnards* enseigneront à la fois à ceux qui vont les lire l'inutilité des excès et l'horreur de la réaction triomphante.

Ils apprendront ce qu'étaient ces hommes d'autrefois qui savaient avant tout s'immoler eux-mêmes au salut de la patrie. Aucune histoire, pas même l'histoire de Rome, n'offre une scène plus saisissante que celle des *Derniers Montagnards*, des Goujon, des Romme, des Soubrany, s'immolant et se frappant du même poignard pour ne pas survivre à la liberté et à la République. C'est une histoire ignorée que tout le monde doit connaître.

Les écrivains les plus éminents ont rendu au livre que nous mettons en vente la justice qui lui était due. Philarète Chasles, le savant professeur au Collége de France, et le fils du conventionnel Chasles, le comparait aux meilleures histoires écrites dans notre langue. Le patriote russe Herzen le regardait, disait-il, comme un *maître-livre*. et Michelet mourant écrivait dans son *Histoire du dix-neuvième siècle* : « Toute cette histoire « a dormi près de quatre-vingts ans dans les dossiers jaunissants des Archives, avec les « deux couteaux rouillés de sang. C'est seulement en 1867 que Claretie, un chaleureux « jeune homme, fort digne de toucher le premier à ces reliques, les exhuma, et, dans sa « noble histoire, leur a dressé un monument expiatoire, payé notre dette ajournée. »

Nous pourrions multiplier les témoignages suprêmes en faveur d'un tel livre; mais celui de Michelet suffirait à lui seul et d'ailleurs les *Derniers Montagnards* se recommandent par eux-mêmes, par le sujet si entraînant et par leur auteur. Nous ne doutons donc pas que cette publication nouvelle n'obtienne le même succès, si grand et si mérité, des publications précédentes de M. Jules Claretie, publications si estimées et si populaires.

**10** cent. la Livraison. — **50** cent. la Série

Les **Derniers Montagnards** seront complets en **35** livraisons ou **7** séries.

Paris. — Typ. de Rouge, Dunon et Fresné, rue du Four-Saint-Germain, 43.

**10** cent. la Livraison — **50** cent. la Série

DÉPOT GÉNÉRAL DE VENTE A LA **LIBRAIRIE POLO**, 16, RUE DU CROISSANT, A PARIS

Et chez tous les Libraires de Paris et des Départements

LES

# DERNIERS MONTAGNARDS

BIBLIOTHÈQUE NATIONALE R.F. IMPRIMÉS

## HISTOIRE DE L'INSURRECTION DE PRAIRIAL AN III

(1795)

D'APRÈS LES DOCUMENTS ORIGINAUX INÉDITS

**Par JULES CLARETIE**

Auteur de l'*Histoire de la Révolution de* 1870-71

**ÉDITION ILLUSTRÉE**

Les **Derniers Montagnards** sont publiés par livraisons à **10** cent. et par séries à **50** cent.

Les **Derniers Montagnards** seront complets en **35** livraisons ou **7** séries.

LES

# DERNIERS MONTAGNARDS

PARIS. — TYPOGRAPHIE DE ROUGE, DUNON ET FRESNÉ,
rue du Four-Saint-Germain, 43.

LES

# DERNIERS MONTAGNARDS

HISTOIRE

DE

## L'INSURRECTION DE PRAIRIAL AN III

(1795)

D'APRÈS LES DOCUMENTS ORIGINAUX

PAR

JULES CLARETIE

PARIS

DÉPOT GÉNÉRAL DE VENTE A LA LIBRAIRIE POLO

16, RUE DU CROISSANT (ANCIEN HOTEL COLBERT)

DÉPÔT LÉGAL
Seine
N° 1

# LES DERNIERS MONTAGNARDS

PAR JULES CLARETIE

BIBLIOTHÈQUE NATIONALE
RF
IMPRIMÉS

## PRÉFACE

Depuis quelques années, il s'est fait un grand et significatif retour vers l'histoire de la Révolution française. On a compris enfin que cette étonnante époque avait été mal étudiée, quand elle n'avait pas été calomniée. On a voulu remonter aux sources, aux documents originaux, on a fait comparaître, avant de juger la Révolution, les témoins eux-mêmes, leurs preuves à la main. Beaucoup ont été convaincus de mensonge; d'autres ont, au contraire, apporté dans le procès des témoignages décisifs, et l'arrêt porté par l'ignorance ou l'esprit de parti a été bientôt cassé.

Il ne faut pas oublier, quoique leurs livres aient été singulièrement complétés par d'autres, les historiens à qui nous devons ce mouvement. M. Thiers et M. Mignet ont donné le signal de la réaction salutaire. Plus tard, M. Michelet a écrit l'histoire du peuple pendant la Révolution; M. Louis Blanc a tracé les évolutions de l'esprit révolutionnaire; M. de Lamartine a tenté le poëme en prose de cette gigantesque épopée. Un autre historien, M. Villiaumé, rapportait en même temps son contingent de preuves et d'arguments. Mais ce n'était pas assez pour le public de saisir l'ensemble du drame, ainsi présenté par des hommes d'un talent si rare, il en a bientôt voulu connaître les détails. Et de ce besoin de renseignements précis sont nées ces monographies intéressantes, curieuses, courageuses, que nous avons vues paraître en ces dernières années, analyses exactes et profondes, qui permettent à un écrivain futur de composer la synthèse définitive de cette grande histoire.

A mon tour, j'ai voulu apporter ma pierre au monument à venir, en retraçant le tableau sinistre de l'*Insurrection de prairial an III*.

Il ne s'agissait pas d'écrire l'histoire de la Révolution, mais de raconter, dans tous ses éloquents détails, un terrible drame, navrant chapitre de l'histoire de la détestable réaction thermidorienne. Je l'ai fait, non sans passion, mais en toute justice, et du moins sans haine, sinon sans indignation. Mais était-il possible de ne point s'indigner au spectacle du vice triomphant, du droit de jouir substitué au droit d'être libre, et de la force étouffant la conscience? Les hommes dont j'ai entrepris de raconter la vie furent la protestation la plus ferme contre les excès tyranniques des thermidoriens. Honnêtes dans un temps où l'immoralité était remise à l'ordre du jour, convaincus à ces heures d'abjurations et de défaillances, dévoués à la cause de tous quand personne ne s'occupait plus que de ses intérêts privés, ils sont tombés à leur poste, soldats du droit, mourant sans phrases, et vraiment sublimes dans leur héroïsme bourgeois.

Je ne sais rien dans l'histoire de plus tragique et de plus grand que le suicide de ces hommes. Ils se frappèrent, non par faiblesse, mais par énergie, non en désespérés, mais en politiques. Leur mort terminait logiquement leur vie. Elle n'était pas une désertion, mais une affirmation. Accusés, ils pouvaient fuir, comme on le verra : ils s'y refusèrent. Ils voulurent prouver, en bravant une condamnation qu'ils pressentaient, qu'ils jugeaient certaine, que la tyrannie était maîtresse, et lorsqu'ils eurent montré dans leur défense, que ce jugement qui les frappait était un assassinat, rien autre chose, ils voulurent encore entraîner le peuple par la majesté de leur mort. Mais le peuple, désintéressé de la lutte, replié sur lui-même, regarda passer sans bouger, sans gémir, les cadavres qu'on emportait au cimetière de la Madeleine, et les condamnés qu'on emmenait place de la Révolution.

Le peuple était maintenant sans force parce qu'il était sans foi. L'idée en lui s'éteignait. On pouvait, après prairial, lui arracher, les uns après les autres, ses défenseurs les plus fermes, il ne faisait pas un geste et ne poussait pas un soupir. Son abdication venait en aide à l'audace de la réaction, et les thermidoriens pouvaient se dire, avec le réacteur Antoine, dans le drame de Shakespeare :

*La fortune est en gaieté et nous accordera tout!* Gaieté ironique sans doute. Prairial eut ses lendemains. La Convention décimée se sentit bientôt sans puissance, et son existence, dès lors, ne fut plus qu'une triste agonie. La Révolution, privée de ses plus généreux auxiliaires, était maintenant livrée à la merci du plus audacieux ou du plus habile. Combien alors les républicains sincères durent regretter ces sanglantes querelles qui avaient affaibli, par tant de blessures successives, la malheureuse République! Combien de fois durent-ils évoquer, aux heures d'accablement, les spectres de ceux qui n'étaient plus! Car ce fut la faute de la Révolution; elle se perdit, elle se décapita elle-même. Ils ne comprirent pas, ces vaillants, que chacun d'eux avait dans le grand drame son rôle tout tracé. Ils oublièrent qu'un Etat, au lieu de périr, vit au contraire par l'action multiple des partis. Mieux vaut la fièvre que l'atonie.

Ainsi bientôt la Révolution se trouva privée de ses chefs, sans tête pour penser et sans bras pour agir. La liste seule de la composition des comités de gouvernement, en 1795, montre quel pas immense la République a fait en arrière. Tout est fauché. L'échafaud ou la proscription ont eu raison des plus dévoués et des plus indomptables. La Gironde, qui pouvait être si utile par ses lumières, a commencé l'œuvre d'attaque; le Marais, — l'immense majorité des gens faibles et tremblants, — les lâches après les aveugles, ont continué le système de vengeances en obéissant sourdement au plus fort et en votant comme un troupeau. Pauvre France, ainsi livrée à une poignée d'intrigants qui n'ont même pas pour eux l'excuse de l'intelligence et qu'un officier de fortune chassera bientôt, du plat de son sabre!

Ils n'étaient plus là, les hommes du 14 juillet et ceux du 10 août, les inflexibles ou les ardents, ceux dont la voix remuait les foules, ceux dont l'austérité étonnait et domptait le peuple! Ils avaient, dans leur duel terrible, fait la place nette, et c'est dans leur sang qu'on ramassa les débris du trône.

Eh bien! à défaut du génie de Danton, les Derniers Montagnards avaient le coup d'œil clair et le zèle profond. Ils ont porté, un moment, une heure, la République et sa fortune. Ils étaient, — comment dirai-je? médiocres, mais l'on n'est point médiocre avec cette élévation d'âme, cette science profonde, cette indomptable vertu, — ils étaient sobres, convaincus, austères sans affectation, enthousiastes sans délire, singulièrement instruits d'ailleurs, et trempés par les tristesses des années qu'ils venaient de traverser.

Ce groupe suprême suffisait pour le salut de la France. Enveloppé dans une tempête populaire, il a disparu, dirait-on, comme le fondateur de Rome, dans un orage. A peine connu, il a été bientôt oublié. Puis on est ingrat envers les vaincus. C'est à peine si les noms glorieux de ces martyrs figurent dans les histoires générales, eux qui méritent une histoire particulière. Au conseil des

Cinq-Cents, en 1798, Lacombe Saint-Michel a célébré, il est vrai, leur mémoire, Antonelle la glorifia un jour, Tissot publia un volume en leur honneur. Mais le chapitre de M. Louis Blanc (*Histoire de la Révolution*) et celui de M. Edgar Quinet (*la Révolution*) exceptés, en aucun livre il n'est parlé hautement de ces héroïques mandataires du peuple. J'ai voulu leur rendre l'hommage qui leur est dû, et l'on verra que la meilleure façon de les glorifier était de les étudier dans leurs écrits et dans leurs actes. Je l'ai fait.

J'ai réuni des documents épars, j'ai consulté les archives diverses, les papiers, pour ainsi dire, encore ensanglantés, les correspondances originales, et je crois avoir fait sur ce tumultueux épisode, — qui est comme le 15 mai de la première Révolution, — le travail le plus complet. Désormais, les députés de prairial auront leur histoire. On pourra ensuite faire mieux, je suis presque assuré qu'on ne détruira point les faits que je raconte et les preuves que je donne à l'appui.

C'est au surplus un devoir pour moi et un plaisir de remercier ici les archivistes qui ont très-gracieusement mis leurs cartons à ma disposition, M. Campardon, M. Labat père, à qui nous devons la conservation de tant de documents qui, sans lui, seraient ignorés ou, qui pis est, anéantis (le pauvre savant homme est mort tandis qu'on imprimait ce livre), — et mon ami M. Georges Avenel, qui m'a obligeamment fait partager les résultats de ses recherches.

Et maintenant, je tiens à déclarer qu'une seule pensée m'a guidé dans le cours de cet ouvrage, la Vérité. C'est encore la meilleure des conseillères. Il suffit de regarder en face les hommes et les choses pour deviner leur moralité. Qui détruit une erreur affirme un principe. J'écris donc pour dire le vrai. *Scribitur ad narrandam veritatem.*

JULES CLARETIE.

On passait les nuits devant les boutiques des boulangers. (Page 13.)

# CHAPITRE PREMIER

## LE LENDEMAIN DE THERMIDOR

Robespierre était mort. Depuis six mois, la réaction de la clémence multipliait les proscriptions et les échafauds. Le pays, d'abord aveuglé et surpris par le drame du 9 thermidor, avait enfin repris le sens, et ceux-là mêmes qui, le dimanche 27 juillet, applaudissaient à la chute de Maximilien, se demandaient maintenant s'ils n'avaient pas, du même coup, acclamé la fin de la république.

Deux partis, qui semblaient n'en être qu'un la veille, s'étaient formés dès le lendemain de la mort du « tyran » : — les thermidoriens et les montagnards : celui-ci composé des soutiens les plus fermes ou les plus exaltés de la révolution ; l'autre recruté dans tous les camps, amalgame bizarre de royalistes déguisés et de montagnards convertis, de plainiers et de girondins las de la lutte soutenue depuis 1789 et aspirant avidement à cette contre-révolution qui devait, croyaient-ils, leur assurer le repos et la complète possession des places conquises.

Jusqu'alors les factions les plus diverses avaient cruellement divisé la république, et le coup d'œil du spectateur avait pu hésiter dans cette mêlée de feuillants, de royalistes, de jacobins, d'hébertistes, de dantonistes, pseudonymes divers de deux grands partis : la révolution et la réaction. Mais à l'heure dont nous entreprenons d'écrire l'histoire, la seule réaction et la révolution seule se trouvaient face à face. De ce côté, les montagnards, isolés, assombris, non découragés ; de cet autre, les thermidoriens tout insolents de leur triomphe. La situation entre eux était d'ailleurs bien nette et peut se résumer en deux mots : les montagnards regrettaient, les thermidoriens jouissaient. Ceux-ci, gonflés, étonnés aussi de leur victoire, n'avaient qu'un espoir et qu'un but, étouffer la révolution et s'engraisser de ses dépouilles. En attendant, ils avaient décrété l'orgie et la curée. A présent, les montagnards pouvaient se reprocher d'avoir soutenu, en thermidor, l'entreprise des ennemis de Robespierre. Ils comprenaient que ce n'était pas seulement un homme, mais une chose qu'on avait frappé ce jour-là, et se répétaient sans doute combien avait été impolitique cette grande tragédie.

Mais du moins, s'ils avaient proscrit Robespierre, avaient-ils le droit de déclarer que la peur ne leur avait point dicté leur conduite ; ils avaient cru fermement alors que Maximilien trahissait la cause populaire, et, de bonne foi, ils s'étaient unis entre eux pour punir cette trahison. Le dévouement le plus complet, l'amour le plus profond ne donnent point, en politique, la seconde vue, et les démocrates les plus purs s'étaient sentis soulagés en voyant partir pour la place de la Révolution la charrette qui menait à Sanson Robespierre et les siens, comme si, dans une seule fournée, la république s'était ainsi purgée de tous les traîtres.

On ne saurait nier qu'à la veille de thermidor Robespierre ne personnifiât, à tort ou à raison, la république. Tant de républicains étaient morts déjà ! Les plus intelligents et les plus sympathiques avaient eu leurs noms sur ces listes d'accusation dressées contre les girondins et les dantonistes. Vergniaud, Condorcet, Danton, Hérault de Séchelles, Camille Desmoulins, tant d'autres n'étaient plus là ! Oubliés ou méconnus par le peuple, c'était Robespierre, leur proscripteur, qui avait recueilli l'héritage de leur patriotisme et de leur dévouement. Ainsi donc, toucher à Robespierre, qui représentait, aux yeux de la foule, le plus pur, — puisqu'il survivait à tous les autres, — des fondateurs de la république, c'était toucher à la forme même du gouvernement. Les montagnards n'y prirent point garde, combattirent « l'idole » et la renversèrent, ignorant que le coup d'État des thermidoriens était, peut-on dire, prémédité jusque dans ses conséquences. Les vainqueurs espéraient certes bien confisquer le gouvernement à leur profit ou, qui sait? le remettre aux mains des Bourbons; mais, comme l'histoire est une série immense de déconvenues, l'Inattendu se présenta à eux sous la forme d'un soldat corse, qui les joua tout d'abord pour les renverser ensuite.

Je dis que les hommes de thermidor rêvèrent le rétablissement de la royauté! En tout cas, ils y contribuèrent. Et que si ces thermidoriens, en mettant Robespierre hors la loi, avaient voulu servir la république, mettre fin, comme ils le disaient, à la terreur, l'occasion était bonne, au lendemain de leur terrible succès, de pratiquer largement leurs doctrines de pitié. Mais, tremblants encore, ils n'eurent d'autre hâte que de se débarrasser de leurs ennemis, et non-seulement des chefs, des présidents de sections ou de l'état-major de la garde nationale, mais des secrétaires, des employés, des "pauvres diables de garçons de bureau [1]. Et, en supposant que dans la fièvre du combat, dans les journées qui suivirent la journée du 9, on pût voiler, pour un moment, la statue de la Justice en même temps que celle de la Liberté, quatre ou cinq mois après, n'était-il pas temps encore de cimenter, par une politique loyale et franchement progressive, l'union de tous les partis?

Le moment était venu de l'oubli, l'heure où la France harassée demandait enfin à respirer. La Convention, tant de fois saignée à blanc, pouvait cependant encore être grande et forte. Elle avait sauvé la patrie, elle pouvait consolider la république. La tâche certes était rude; victorieuse de ses ennemis au dehors, la Convention avait écrasé ses ennemis du dedans; la Vendée râlait, mais le royalisme, à demi vaincu et fusillé, s'était ranimé soudain depuis la mort de Robespierre et avait repris pied à Paris. Il avait ses adeptes dans le sein même de la Convention. Au lieu de le combattre, on le protégeait. Une conspiration hypocrite s'organisait, celle des salons, du bon ton, des belles manières, la conspiration avec accompagnement d'orchestres, conjurations de boudoirs abritées derrière des éventails. Tous les gens chassés par le décret du 27 ger-

[1] Le comte Beugnot, dans ses *Mémoires*, parle avec un surprenant sans-façon de certain *quiproquo* qui donne bien le ton de cette révolution et de la justice des thermidoriens. Un jeune médecin, mandé à la Commune dans la nuit du 9 au 10, y fut cerné, arrêté et emmené à l'échafaud sans explications.

minal an II, rendu sur le rapport et la proposition de Saint-Just, faisaient dès à présent leur réapparition, apportaient à la réaction leur dévouement de contenance et leur appoint de dissolvants.

Le lendemain de thermidor avait été le signal d'une immense désertion. La majorité de l'assemblée, regardant d'où le vent soufflait, s'était composé un langage et comme un visage nouveaux. Les ex-terroristes forcenés avaient à cœur de conquérir maintenant à coups de condamnations et d'accusations ce diplôme d'homme sensible que décernaient les belles mains d'une Cabarrus. Ils donnaient des gages à la réaction en frappant les révolutionnaires et se lavaient, pour ainsi dire, de leurs excès et de leurs fureurs passés par des fureurs nouvelles.

Ils dénonçaient, ils accusaient, ils frappaient. Tallien, le proconsul de Bordeaux, qui vantait, au lendemain des massacres de septembre, l'ordre qui avait régné dans cette exécution, qui avait provoqué, demandé la chute des girondins au 31 mai, qui proposait de mettre hors la loi ceux des députés qui s'étaient soustraits au décret d'accusation, qui s'écriait, lors du procès de Rossignol : *Et que m'importe à moi le pillage de quelques maisons!* Tallien, l'homme au poignard, le fougueux et tragique rhéteur, s'écriait qu'il fallait *passer de la terreur à la justice*. Fréron, le violent Fréron, qui multipliait jadis à Marseille les mitraillades et les fusillades, qui voulait raser la ville et proposait de l'appeler la *cité sans nom,* Fréron le *sauveur* (le sauveur du Midi) allait demander bientôt qu'on brûlât le faubourg Saint-Antoine comme il avait décrété l'incendie de Toulon ; et Rovère, l'homme de la *Glacière* d'Avignon, le lieutenant de Jourdan Coupe-Tête, il était aussi des réactionnaires qui parlaient haut de l'humanité et de ses droits, sans compter Guffroy, cet accusateur de Joseph Lebon que le proconsul d'Arras accusera à ton tour. J'en passe, et des pires !

Voilà quels hommes dirigent l'opinion et en l'an III gouvernent la France.

Dès lors, tous ceux qui ont servi la république, ceux qui ont tout sacrifié à l'œuvre commune, leurs intérêts, leur santé, qui demain, sans pâlir, marcheront pour elle, d'un pas égal, à l'exil ou à la mort, se sentent entourés, surveillés, soupçonnés, accusés même avant que personne ait parlé, et dans la lutte terrible qui va s'engager entre les révolutionnaires, la révolution tout entière sera mise en cause et procédurée.

Mais quoi ! la révolution?

Ce n'était déjà plus la révolution, c'était l'anarchie qui, de Paris, rayonnait (rayonnait!) sur toute la France; c'était la désertion, la lâcheté, la basse réaction. On réorganisait le vice aujourd'hui comme on avait hier organisé la victoire. Il fallait montrer maintenant ses chevrons de bassesse. Rovère avouait en riant qu'il caressait, quelques mois auparavant, le petit chien de Couthon

DÉPOT LÉGAL
Seine
2.



BIBLIOTHÈQUE NATIONALE

Un autre sciait devant sa porte son bois de lit. (Page 13.)

pour se mettre dans les bonnes grâces de son maître. Après lui, tous plus ou moins fournissaient leurs preuves et se proclamaient renégats. La corruption redevenait à l'ordre du jour ; la nation tout entière semblait prise d'une névrose. Non pas toute la nation pourtant, mais la caste des vainqueurs, en particulier la bourgeoisie, qui avait renversé la noblesse, mais pour se mettre à sa place, et qui, depuis deux années, trouvait que ce moment de satisfaction était long à venir. Et par bourgeoisie, moi, fils de bourgeois, j'entends ici non point les intelligents ou les austères, pères véritables de notre révolution, les Vergniaud ou les Cambon, qui donnaient tout à leur œuvre, leurs veilles, leur sang, leur fortune; je n'entends pas la bourgeoisie vaillante, — peuple sublime, — qui se dévoue au peuple d'où elle est sortie, comme le feront les montagnards dont je raconte l'histoire et qui étaient, eux aussi, des bourgeois; mais cette bourgeoisie vaine, éprise de gloriole et de jouissance, pétrie des vanités de la noblesse et privée de son orgueil, à qui toujours il fallait les fêtes et les plaisirs, les bals, les occasions de luxe, les prétextes à toilettes, qui rééditait la cour en la rapetissant, qui chargée de colères, affamée de représailles, n'osait se venger franchement, inventait, non par humanité mais par terreur, la *guillotine sèche*, rebâtissait le passé, reconstruisait les priviléges, refoulait le peuple, l'écrasait, et proclamait dès lors avec effronterie qu'à l'aristocratie effective du nom devait succéder l'aristocratie réelle, puissante, étouffante de l'argent. En 1795, les banquiers, en effet, entrent en scène. L'or s'impose; le fer est banni. Et quels banquiers! L'ère des Cambon est maintenant finie, et voici sonner l'heure des Ouvrard.

Les journalistes royalistes sont aussi là, tous prêts pour accélérer ce mouvement rétrograde, pousser aux excès, fomenter le trouble et attiser les haines. La Harpe, le voltairien La Harpe, La Harpe le professeur en bonnet rouge de 1793 qui chantait les hymnes républicains les plus féroces dans ses leçons du Lycée :

> Le fer, amis, le fer! il presse le carnage,
> Le fer! Il boit le sang, le sang nourrit la rage
> Et la rage donne la mort.

La Harpe qui s'écriait, montrant son bonnet de jacobin à ses élèves : *Si je suis éloquent, citoyens, c'est que ce bonnet a pénétré et enflammé mon cerveau.* La Harpe, aujourd'hui coryphée de la réaction, pousse les *jeunes gens*, la jeunesse dorée de Fréron, à protester dans les théâtres contre les clubs, contre les faubourg, contre le peuple. On aura peine à croire, malgré les apostasies dont l'histoire est remplie, que le cannibale philosophique de 1793 puisse oser, le mardi 2 juin, jour de la clôture des écoles normales, prononcer des paroles comme celles qui suivent : « Vous laisserez à l'orgueil en délire, qui se nomme si ridiculement *philosophie*, la prétention absurde, puérile, de *régénérer* le genre humain, et vous prendrez sur vous l'emploi vraiment philosophique, vraiment patriotique d'éclairer et de corriger de jeunes têtes égarées ou dépravées, et de les rendre d'abord à la raison et à la vertu pour les former à la liberté. Vous leur ferez désapprendre pour jamais cette langue abominable et insensée qu'on appelait révolutionnaire, et qui, si elle eût régné plus longtemps, aurait opéré en effet une révolution toute nouvelle en faisant vivre au dix-huitième siècle, au milieu de l'Europe, une nation de sauvages et un peuple de monstres [1]. »

Au moins La Harpe enseigne-t-il le désordre tout haut aux muscadins dans sa chaire du Lycée républicain. Mais les journalistes, gagés par un parti, dissimulent leurs opinions véritables sous un patriotisme d'emprunt; ils n'osent même point braver l'opinion publique pour étouffer la révolution; ils l'embrassent comme Néron embrassait son rival; ils n'obéissent pas d'ailleurs à une conviction impétueuse, à ce démon de la vérité qui aiguillonnait les Loustalot et les Camille; ils n'étudient ni la rue, ni le club, ni la foule: ils prennent leur mot d'ordre dans un salon, s'inspirent d'une caste, se vendent à un groupe, vivent bien, écrivent plus mal, et travaillent en riant à reconstruire le passé. Le petit Marchenna, agile, basané, teint d'Espagnol, courtise madame de Staël et rédige *l'Ami des Lois;* emprisonné avant thermidor, il n'a qu'une idée fixe, se venger, et par tous les moyens possibles. Rendu à la liberté, il tapissait les murs de Paris d'affiches incendiaires. « Un temps viendra, écrit Réal, où l'on pourra dire dans quel boudoir, aux pieds de quelle divinité Marchenna composait ses affiches et quelle caisse en fit les frais. »

Marchenna demandait tout haut le rappel des émigrés, tandis que Richer-Sérizy, l'ancien collaborateur de Camille Desmoulins, poussait dans son *Accusateur public* des cris de violence et de rage. Point de talent dans ce journal, une insupportable boursouflure, mais des calomnies à revendre. Plus tard, en vendémiaire, Richer devait agiter la section Lepelletier et se faire nommer président de la commission dite des Onze, tandis qu'on reconduisait Marchenna, de brigade en brigade, jusqu'à la frontière espagnole.

Avec eux Dussault, Morellet, Tronçon du Coudray, à coups de placards, de chansons, de pamphlets, de brochures, combattaient aussi pour la réaction. Le pauvre honnête homme d'abbé Morellet, fort dépaysé dans la tourmente révolutionnaire, regrettait ses livres, son calme, ses bonnes amies les marquises, et publiait des écrits en faveur des parents des émigrés, ou répliquait aux rapports de Chénier par des *Pensées libres sur la liberté de la presse*, et réagissait aussi avec bonhomie. On ne saurait lui faire de durs reproches. Il ne comprit pas ce moment terrible. La vérité est que les jacobins tenaient un autre langage que son cher Marmontel. Il s'en effraya, se tapit dans son gîte, et, au lieu d'y *songer*, grinça des dents.

Ainsi, toutes ces productions, répandues dans Paris, dans les départements, partout, alimentaient la haine. Ils étaient complices, ces écrivains, des meurtres qui se commettaient chaque jour et porteront dans l'histoire le poids de

[1] V. ce discours dans *le Journal de Paris*.

ces infamies. C'est en parlant de ces folliculaires, et non de la presse en général, que Bourbotte, en prairial, dira : « Ils empoisonnent le peuple! »

Le peuple, épuisé, las, dégoûté de la tragédie, se retire et laisse faire. Il ne combat plus, il méprise. Il assiste, le cœur plein d'amertume, au subit assaut de toutes les places, à l'attaque de fièvre et comme d'hystérie qui s'empare des gens maintenant au pouvoir. Et plus d'Idée pour dominer les foules; une cohue d'agités et de jouisseurs; chacun pour soi; l'âpre désir de mordre enfin à la vie large et facile, la soif de volupté, tous les appétits, toutes les ivresses, je ne sais quel matérialisme honteux; la femme, — non, — la courtisane dominant le monde; l'argent, la corruption, l'instinct succédant à la passion; la folie du plaisir après la folie du patriotisme. Quel contraste! On s'étourdit, on chante, on parade, on tourbillonne, on rit, on assassine. On proscrit la hache, mais on garde le poignard. Il y a du septembriseur dans tout thermidorien. Jamais la France n'a assisté à de pareilles saturnales.

Et jamais Paris n'avait peut-être présenté un plus affreux spectacle : toute une ville, le pied de la nécessité sur la gorge, râlant, mourant de faim; plus d'industrie, de commerce, nul négoce. Voyez le rapport fait à la Convention sur l'état des affaires à cette époque. Nul ne vend, n'achète. Il fallait être riche ou mourir; la loi nouvelle était ainsi : « Les rentiers même de dix mille livres ne peuvent subsister [1]. » Plus de pain, et depuis longtemps. Un moment même, pendant l'hiver de 1794-95, les fontaines étant gelées, Paris s'était trouvé non-seulement sans pain, mais sans eau (27 ventôse). Les provisions n'arrivaient pas. On les pillait en route, on les volait. Les représentants dépêchés par la Convention pour faciliter l'arrivage des subsistances « coururent le risque d'être étranglés par la populace à Évreux et à Amiens » : en province aussi on avait faim. Plus d'une fois les ouvriers parisiens en insurrection descendirent dans la rue en criant qu'ils n'avaient point mangé. (Sections de Montreuil et du Bonnet de la Liberté.)

On s'envoyait, dans les maisons bourgeoises, un pain en cadeau, et c'était largesse. On apportait son pain au restaurant, qui ne fournissait que le chocolat ou les légumes, pas souvent de viande. Peltier, ce Peltier réfugié à Londres et y tenant, comme jadis à Paris, boutique de calomnies contre les républicains, les accuse de tous les maux. Chacun, d'ailleurs, se renvoyait le poids de ces misères. Les montagnards faisaient remonter l'état de choses jusqu'à l'impéritie du gouvernement, et les royalistes, accusant les montagnards, allaient bientôt déclarer au peuple que le jacobinisme ne le rendrait pas plus heureux :

[1] *Paris en* 1795.

Est-ce du pain qu'on vous destine
Sous les jacobins triomphants ?
Des échafauds et la famine,
Voilà les bienfaits des brigands.

Le peuple, au surplus, n'écoutait guère, je crois, et se retournait sur la terre dure, comme un malade dans son lit. Elle était cruelle, sa maladie; c'était la misère et la faim, l'âpre famine qu'on supportait auparavant, lorsque le luxe devenu honteux se cachait, la famine insupportable aujourd'hui que la réaction semait par les rues les muscadins à cadenettes et les thermidoriennes aux seins nus. Pas de pain, le blé manquait ou disparaissait. Les agioteurs achetaient sur pied toute une récolte. Le pain, qui se vendait en Bretagne trois sols la livre en numéraire [1] coûtait jusqu'à vingt-cinq sous, et les assignats n'y donnaient point droit. On passait les nuits devant les boutiques de boulangers; l'hiver, on s'entassait aux portes des sections, les femmes, leurs enfants à la main, se mettant parfois de faux ventres pour obtenir le surcroît de ration des femmes enceintes. Le voyageur qui partait de Paris ne pouvait même pas emporter une livre de pain [2]. Un nommé Meyret écrit, à la date du 20 floréal an III, qu'il a été obligé de vendre ses effets pour vivre. « *Ils* font jeûner les enfants jusque dans le sein de leurs mères! *Ils* sont bien coupables [3]. » C'était des gouvernants qu'il parlait. Un autre sciait devant sa porte son bois de lit, n'ayant plus de bois pour se chauffer. On ramassait au coin des rues de pauvres gens tombés d'inanition, des vieillards, des femmes. Et les muscadins, quand on relevait devant eux quelque affamé qui ne se tenait plus debout, zézayaient en riant un : *Il est ivre!* Ils inventaient jusqu'à des contes, des légendes, qui, répétées au peuple, l'irritaient, le lançaient hors de lui. Un voiturier avait été vu, disaient-ils, le 29 pluviôse, mangeant deux ananas qui lui avaient coûté trente-six livres pièce. Des ouvriers faisaient çà et là des dîners à cent francs par tête. Ils ne lui disaient pas : *Mangez de la brioche*, ils reprochaient la brioche absente à cette foule qui n'avait pas de pain.

La famine, le peuple la connaissait; il l'avait bravée déjà; il savait, en l'an II, se coucher sans dîner, ruminant ses rêves de gloire et de liberté, patient parce que confiant sous le drapeau troué de la république. Mais cette république qui le faisait vivre, on la lui arrachait maintenant, chaque jour, par lambeaux. Paris, son Paris même, ses rues ne lui appartenaient plus. Une armée de muguets tenait les avenues, gardait les boulevards, chassait à coups de canne

[1] Interrogatoire de Brutus Magnier. (Archives, C. W. 548.)
[2] *Le Democrite*, journal de Magnier.
[3] Archives. Dossier de l'affaire de prairial.

les jacobins hors des jardins publics. Porter les cheveux courts, c'était hardi par ce temps de *cheveux retroussés*, poudrés, peignés ; les têtes rondes à la Brutus, à la Titus provoquaient les bâtons aristocratiques. Les muscadins se mettaient vingt contre un, assommaient les hommes, battaient les femmes, non-seulement au Palais-Royal, ou à Coblentz, mais dans la Convention même, dans les tribunes. Ces *jeunes gens à lunettes* arrachent un jour la coiffe d'une vieille femme de la campagne assise dans l'assemblée et regardant de ses gros yeux ; ils la soufflètent, ils la chassent. Le lendemain, c'est un homme en carmagnole qu'ils assassinent et laissent au coin de la borne. Ils font des chansons dont le refrain est qu'il faut un prince. Les soldats de la ligne, ceux qui ont versé leur sang aux frontières pour la patrie, sont raillés par les jeunes gens en mauvais vers. Et de répondre alors aux vaudevilles royalistes par des coups de sabre. D'autres fois ils ont, eux aussi, leurs poëtes. En faisant allusion à leurs coiffures :

> La farine vous couvre et le son vous nourrit,

dit *le Patriarche* aux muscadins. Mais la défense est impuissante à repousser l'attaque. Le flot monte. La contre-révolution se fait tous les jours. Le royalisme rentre appuyé sur le tout-puissant agiotage. On agiote, le temps de Law est revenu, on agiote sur tout, « depuis l'épingle jusqu'au lingot d'or. » Plus de commerce, je l'ai dit, une confusion, une cohue, et pourtant tout le monde vend ou voudrait vendre toutes choses. « Le coiffeur vend des harengs, le procureur de la soirie, le serrurier de la laine. » La *bourse des chouans* (on l'appelle tout haut par son nom) se tient à trois heures au Palais-Royal, et de onze heures à trois heures au café de Chartres. Des bandes d'agioteurs stationnent dans les rues, on envoie vers eux des soldats, le groupe se disperse, mais pour se reformer, plus nombreux, vingt pas plus loin. « Spectacle de misère, disent les écrits du temps, spectacle de folie ! » Les « hommes dorés, » les jeunes gens à cadenettes, ceux qui se nommeront demain les jacobins blancs, ont leur *Marseillaise*, qui s'appelle le *Réveil du Peuple*, et qu'ils vocifèrent du matin au soir. C'est leur *Ça ira*, menaçant et sombre. Ils l'entonnent, en janvier, au théâtre des Variétés amusantes, pendant les entr'actes. Ils forcent les acteurs soupçonnés de républicanisme à le chanter. Ils menacent le comédien Fuzil jusqu'à ce qu'il se rende et récite le couplet :

> Voyez déjà comme ils frémissent.
> Ils n'osent fuir, les scélérats :
> Les traces du sang qu'ils vomissent
> Décèleraient bientôt leurs pas.

Après Fuzil, c'est Trial qu'ils contraignent, puis Lays, qui avait été l'ami de

Barère. Les épigrammes républicaines ripostent comme elles peuvent. Je crois que c'est Lebrun qui s'écrie :

Le royalisme effronté
Dont la féroce bonté
D'une voix de cannibale
Chante aussi l'humanité.

A ces chants politiques se joignent les chants religieux. La foule est compacte autour des autels où l'on dit la messe, les portes des églises obstruées. Le dimanche, un tiers au moins des boutiques se ferment, une odeur d'encens se répand dans ces quartiers qui ne respiraient que le salpêtre, et le plain-chant fait entendre encore le *Domine salvum fac regem. — Il y a du culte par ici!* s'écrie un journal. « *Mon ami*, dit un passant, *je sens le fanatisme, il y a de ce côté quelque bénédiction.* » Et l'autre répond en hochant la tête : « *Heu! je crains bien que le dimanche ne finisse par manger la décade!* »

Déjà les républicains parlent bas, et les royalistes, lorsqu'ils n'osent parler tout haut, ont des moyens de se faire comprendre. Ils s'abordent, dit Peltier, au Palais-Royal, mystérieusement, en souriant à demi : — *Combien font*, demande l'un, huit et demie et huit et demie ? — *Dix-sept*, réplique l'autre. Ou : *Quelle est la moitié de* 34? — *Dix-sept.* On se serre la main, on s'est compris. En dépit de la république et des républicains, *Louis XVII* a des sujets fidèles. Ou bien encore, on expose des gravures significatives, sortes de rébus où un *carrosse* a pour pendant une *charrette* et qui signifient, faisant allusion à la fuite de Varennes et au chef vendéen qui combat pour son roi : « La royauté est partie en *carrosse*, elle reviendra en *Charette.* » Ah! conspirations hypocrites, oppositions de commérages, tartuferie du royalisme! Tout est compromis, « six ans de révolution semblent perdus pour les Français. » Cette révolution est devenue la grande ennemie. « *Enchaînons*, dit La Cretelle en son discours au nom de la section des Champs-Élysées, *enchaînons la révolution sous des portes d'airain.* » C'en est fait, une torpeur immense, le dégoût sont venus. Gallais, dans *la Quotidienne*, décrit ainsi l'état moral de cette cité, hier *tête des nations :* « Des marchands qui rançonnent, des mécontents qui crient, la guerre civile à quarante lieues, les plaisirs de l'île de Calypso dans la ville, l'inquiétude des esprits, l'insouciance des cœurs, des dîners d'apparat, des soupers clandestins, de petites intrigues de femmelettes, de petits journaux d'antichambre, de petites épigrammes de boudoir, un grand peuple harassé, désarmé... » *Finis reipublicæ!*

C'est l'heure des lâchetés et des défections. Un patriote demande à un président de sections, hier encore terroriste acharné : « Où étais-tu, au 10 août, lorsque nous combattions la royauté! Tu étais caché? — Oui, répond le renégat, je m'étais caché pour ne pas participer aux assassinats que l'on a commis ce jour-là [1]! » Les clubs sont fermés; les muscadins parfois envahissent les corps de garde et en chassent les républicains. Si quelqu'un vole, ce sont les jacobins qu'on accuse. Bêtes rouges de la réaction, boucs émissaires des thermidoriens, les jacobins sont de tous les délits, de tous les crimes, de tous les meurtres. « Sont-ce pourtant, demande un journaliste, des jacobins qui, déguisés en chouans, assassinent les dragons aux portes d'Angers [2]? » Les insignes républicains, les inscriptions, les devises sont effacés des monuments, grattés, anéantis. Le fronton même de l'Assemblée est atteint; on blanchit les devises qui le décoraient. La presse royaliste reprend son verbe haut et glapit ses calomnies. Sous cette république qui s'en va, on ose écrire que *la révolution est une Saint-Barthélemy de six ans* [3]. La jeunesse dorée, éprise de bals, de soupers, de fêtes, d'orgies, triomphe de Sparte, et, voulant ressusciter Athènes, évoque seulement la Suburre de l'ancienne Rome. Ces toilettes insensées, ces repas, ces sauteries *à la victime,* sont autant de soufflets donnés au peuple, qui, dans la rue, regardant les fenêtres illuminées où passe l'ombre de la Tallien, d'où s'échappe la romance de Garat, ronge les deux onces de pain noir « *puant et malsain* » qui ne le nourrissent pas. Et que dis-je? le pain noir. Encore un coup il n'a pas de pain. On vit comme on peut, tandis qu'on mange et qu'on boit, tandis qu'on soupe chez la ci-devant danseuse Julie Talma, dans l'ancienne maison de Mirabeau, ou plutôt on meurt comme on peut. « On ne voit au coin des rues, sur les ponts, sur les places, que des infortunés se nourrissant de harengs pourris, de boudins de sang de bœuf et autres aliments malsains dont l'odeur fétide fait soulever le cœur. Au milieu de cet affligeant tableau, les chanteurs publics chantent, les aveugles râclent du violon [4]... » Les journaux sont remplis de recettes économiques pour faire des pains de racines, des bouillies de choux ou de patates. Volney enseigne des façons de faire cuire le riz usitées en Asie, et le peuple de Paris se modèle sur les parias de l'Inde. La viande manque; le 15 mai, pour cinq cents acheteurs qui se présentent, il n'y a à Poissy que trente-quatre squelettes de bœufs [5]. Bientôt on se bat pour les pommes de terre comme on s'est battu pour le blé. Émeutes au faubourg Saint-Martin, par où passent les charrettes que la foule veut piller; les pierres volent, les sabres sont tirés, le sang coule.

[1] *Le Démocrite,* journal de Magnier.
[2] *Ibidem* (n° 6).
[3] Journal de Le Bois, *l'Ami du Peuple.*
[4] *Paris pendant l'année* 1795, par Peltier (de l'imprimerie de T. Baylis, Greville street Londres).
[5] *Ibid.*

DÉPÔT LÉGAL
Seine
N° 3
1874



BIBLIOTHÈQUE NATIONALE

... Les faubouriens rendaient coups de triques pour coups de cannes aux petits sucrés. (Page 19.)

Les suicides se font nombreux, on ramasse des cadavres au coin des rues, les filets s'emplissent de noyés [1].

Et si Paris encore était peuplé de ces seuls misérables ; mais cet agiotage dont j'ai parlé a fait des fortunes soudaines, scandaleuses, et le *peuple du soir* ne ressemble guère au *peuple du matin*. « Contemplez, dit *le Courrier français*, au lever du soleil, dans les rues de certains quartiers, ces figures hâves, ces

[1] *Paris pendant l'année* 1794, par Peltier (de l'imprimerie de T. Baylis, Greville street, Londres).

teints livides, ces habits déguenillés, ces queues pressées aux portes, et tout cela vous offre le spectacle d'une peuplade de mendiants et d'infirmes. Le soir, parcourez nos jardins, nos monuments, nos spectacles, où l'on applaudit tout, et certes, ces joyeux brouhahas, ces éclats de rire, cet or, ces diamants, ces élégantes étoffes, ces figures brillantes de santé vous présenteront la douce image d'un peuple de petits Crésus. » Peuple de Crésus, en effet, qui voltige et papillonne chez le glacier Garchy, cette *école du bon ton et des jolies manières*, tandis qu'on râle à quelques pas de là, ou que, pour vivre, on va ramasser, avaler le sang caillé des abattoirs. « *Et la France danse*, disent joyeusement les auteurs de l'*Histoire de la Société française pendant le Directoire, elle danse depuis thermidor, elle danse pour se venger, elle danse pour oublier!* » Pour oublier quoi? sa faim, peut-être. L'estomac qui crie ne permet pas aux jambes d'aller leur train. Le peuple ne danse pas sous les gourdins des *fréronistes*. « Le peuple, dit Peltier (1795), se traîne dans la misère, et s'il court, s'il s'agite encore, c'est pour prolonger sa vie, c'est pour avoir du pain. » Les affiches des bals se multiplient, *bal de victimes* devenu *victimeurs*, et les crincrins du bal Lucquet, rue Étienne, 4, quartier de l'Ancienne-Monnaie *(trois grands salons, quatre livres par citoyen qui pourra amener deux citoyennes, on commencera à cinq heures)* [1], soulignent peut-être l'agonie de quelque pauvre diable qui se jette à l'eau, derrière la maison, pour ne pas mourir de faim.

Ce sont ces gaietés ironiques, ce luxe insultant, ces gorges découvertes, cette restauration des soupers, ce retour du luxe en des heures de famine, ces apparitions de femmes demi-nues, ce ruissellement égoïste de fortunes colossales qui irritaient, affolaient, rendaient mauvais, haineux, colères les pauvres et les vaincus. Mourir de faim au bruit du champagne qu'on débouche! Heurter son dénûment atroce — et invincible, puisque le travail n'allait pas, — à cette débauche souriante, c'était cruel, et les mauvais rêves hantaient à présent le logis des faubouriens.

La plupart des députés, spectacle irritant, suivent le courant. La Convention réagit contre elle-même. Un écrit du temps nous dépeint la *bonne* d'un représentant faisant son marché. Le boucher met de côté pour elle le meilleur aloyau [2], le boulanger sa pâte de luxe. *Pain de député* passe en proverbe. Et cependant, lorsque manque le coche de Corbeil qui apporte à Paris sa ration de blé quotidienne, comment peut-on vivre? Rien ; on souffre, beaucoup meurent. De temps à autre, le bruit d'une émeute se répand. On raconte les rixes d'Étampes; on répète que les environs de Paris sont comme Paris, en pleine disette. Boissy, pacifique, a beau nier, il faut bien qu'il avoue lorsque des gens arrivent de Cor-

[1] V. *Le Courrier français*.
[2] Journal de Magnier.

beil, la tête fracassée, tout saignants. Le peuple perd décidément confiance : les *hommes dorés*, comme il dit, le trompent. Agioter sur le blé, ce n'est pas assez pour eux, ils agiotent sur le numéraire. L'usure profite de tout; l'air dont elle vit est celui qui asphyxie les autres. En floréal an III, le louis valait trois cent dix livres à Guise [1].

On peut se figurer ce que devait souffrir ce peuple de Paris, déshabitué maintenant du respect de la Convention, désespéré, voyant tous ceux en qui il avait mis sa confiance morts, exécutés, et se reprochant peut-être d'avoir applaudi à leur exécution. « Rendez-nous le *maximum!* Rendez-nous Robespierre! » C'était leur cri. Sur le pas de leurs portes, les commères, causant politique, hochaient la tête et regrettaient tout haut les années précédentes. On lisait le journal publiquement, on se mettait à vingt pour l'entendre, on le commentait, et, — chaque jour annonçant un nouveau pas en arrière, — il provoquait une colère nouvelle. C'était le bonnet rouge qui devenait un signe de proscription, c'était un membre des anciens comités qu'on arrêtait, qui passait en jugement ou, pour mieux dire, en condamnation. Frapper les hommes et frapper les choses, quelle maladresse! Le peuple tenait à ses cocardes, à ses vêtements, à ses carmagnoles, qui étaient comme l'uniforme de son règne. Il les défendait de son mieux, le faubourien rendant coup de trique pour coup de canne au *petit sucré* de la section des Lombards. Il ripostait comme il pouvait, par des affiches souvent écrites à la main, par des menaces, par des chansons. Oui, la chanson se réveille, elle qui s'est faite hymme pendant la lutte, la chanson narquoise, satirique, frondeuse, et qui va frapper à leur tour ces Mazarins de thermidor. On entend passer un refrain par les rues, un chanteur planté sur sa chaise qui dit :

On fait et l'on défait, l'on rétablit, l'on casse,
Rien ne demeure entier, le bon peuple se lasse,
On réveille les morts, on endort les vivants.
Que d'hommes parmi nous qui sont les vrais tyrans [2]!

Le bon peuple se lasse! Malheur à la Convention, si elle ne le comprend pas. Il a faim, mais surtout il est las; voilà la situation. Plus de patience. De déceptions en déceptions, il est tombé jusqu'à la haine. Les grands noms ne sont plus qui le tenaient en respect. Il n'a devant lui qu'une assemblée sans tête et sans gloire qu'il méprise, et (pauvre République!) tout homme paraît un ennemi à la foule qui porte maintenant le costume de représentant républicain. Deux mots, deux sentiments domineront le mouvement de prairial. — « Tu ne portes pas le

[1] Lettre de Magnier père à Brutus Magnier. — Le louis allait valoir bientôt 500, 600, 900, 1,000, jusqu'à 1,100 livres et plus encore.

[2] V. le journal de Magnier.

mot de ralliement sur ton chapeau, dira un homme du peuple à son voisin, tu manges donc tous les jours? — Première cause : la faim. — « Nous en avons assez des *cheveux retroussés!* » dira un autre. Deuxième cause : le mépris.

Cependant que faisait la Convention qui gouvernait encore? Elle se décimait comme autrefois, elle discutait à coups d'accusations. On avait, dès le mois de thermidor, réorganisé le tribunal révolutionnaire. En fructidor, on permettait la rentrée à Paris des personnes qui en avaient été chassées comme nobles, sur le rapport de Saint-Just, par décret du 27 germinal an II. Dans ce même mois de fructidor, le 4, on rapporte le décret populaire du 5 septembre 1793, qui accordait quarante sols par jour aux indigents pour leur permettre d'assister aux assemblées de sections. Ce ne sont là, pour ainsi dire, que les prodromes de la fièvre réactionnaire. Tout à l'heure va éclater le premier accès.

Les membres de ces terribles comités, qui avaient, par leur ténacité indomptable, sauvé nos frontières, travaillé à l'unification de la France, organisé tous ensemble, comme on le dira de l'un d'eux, la victoire, le teint miné par les veilles, plombé, maigres et sombres, siégeaient, comme autant de vivants obstacles pour les réacteurs, sur les hauts gradins de la Convention. Tous ne sauraient demander à l'histoire son indulgence. Il est resté, sur leur mémoire, comme un rongeant souvenir de leurs excès. Les Vadier, les Voulland, les Amar, ces terroristes par terreur, Amar, l'ex-feuillant, qui finira swedenborgiste, n'ont droit qu'à la pitié de leurs descendants. Mais tous, du moins, étaient en droit de réclamer de leurs collègues, qu'ils avaient aidés dans la révolution de thermidor, beaucoup de justice et un peu de reconnaissance.

Dans la séance du 12 fructidor, Laurent Lecointre monte à la tribune de la Convention. Il accuse, par pièces authentiques, dit-il, et par témoins, Billaud-Varennes, Collot-d'Herbois, Barère, membres du comité de salut public, et Vadier, Amar, Voulland et David, membres du comité de sûreté générale. Ils ont terrorisé, opprimé la France et la Convention; complices de Robespierre, ils sont encore les complices de Fouquier-Tinville; ils ont couvert la patrie de prisons, de *mille bastilles;* ils ont démenti les dénonciations faites contre Joseph Lebon; ils n'ont pris, dans la nuit du 8 et dans la journée du 9 thermidor, aucune des mesures qui pouvaient assurer la tranquillité et la sûreté de la Convention, etc., etc.[1] Lecointre demande ensuite qu'un secrétaire fasse lecture des pièces qui sont à l'appui de sa dénonciation et qu'il va indiquer l'une après l'autre. En ce moment, Goujon se lève : Goujon, ardent, superbe, celui dont Réal dira : *Il ressemblait à un Caton jeune.* « Avant d'entendre, dit-il, la lecture des pièces dont on parle, il faut que la Convention déclare si elle adopte ou

[1] V. *le Moniteur.* L'accusation de Lecointre ne comprend pas moins de vingt-sept griefs.

rejette ce mode de procès qu'on veut faire ici. Mon cœur est suffoqué quand je vois avec quelle froide tranquillité on vient jeter au milieu de nous des semences de division, quand je vois avec quelle calme flegmatique on propose la perte de la patrie. Je ne sais point ce qui s'est passé ici ; j'étais aux armées, d'où j'ai annoncé l'un des premiers mon adhésion à tout ce qui a été fait par la Convention, parce que je la regarde comme le centre unique auquel tout doit se rapporter ; mais je crois que c'est à un homme inconnu dans la révolution à se lever ici, parce que s'il tombe, au moins il tombe seul, et que sa perte n'occasionne point de déchirement dans la république. Je vais donc parler franchement.

« Hier, un membre[1] vient ici, avec un discours préparé, vous dire qu'il ne fallait plus de terreur, comme si nous ne gémissions pas des excès où nous avons été entraînés. (Applaudissements.) Cette motion ne pouvait tendre qu'à l'avilissement de la Convention. Je n'inculpe point les intentions, mais je dis que l'action avait cette tendance. Je dis que c'était détruire le gouvernement républicain. (Murmures.) Si je n'étais éloigné de toutes personnalités, je dirais que j'ai remarqué dans ce discours, où l'on blâme le système de terreur, qu'à l'aide de grandes phrases on a voulu la répandre sur la Convention par ces mots de *robespierriser*, par ces expressions vagues de *scélérats complices de Robespierre*, qu'on n'a pas nommés. Je le dis avec audace, parce que je suis tranquille : ce n'est pas là la conduite que doit tenir un représentant du peuple.

« Hier vous avez passé à l'ordre du jour sur cette motion, et aujourd'hui l'on vient vous apporter des pièces contre des hommes qui ont bien servi la révolution. Ils peuvent être coupables, je n'entre pas dans cette question (Murmures); mais si j'avais eu des pièces qui fissent charge contre des membres investis de la confiance de la Convention, je ne les aurais apportées ici que les larmes aux yeux et le cœur navré de douleur. Que je vois au contraire un spectacle bien différent! Avec quel sangfroid on vient plonger le poignard dans le sein d'hommes recommandables à la patrie par les services qu'ils lui ont rendus! Remarquez, citoyens, que la plupart des reproches qu'on leur fait portent sur la Convention elle-même. Oui, c'est la Convention qu'on accuse, c'est au peuple français qu'on fait le procès, puisqu'ils ont souffert la tyrannie de l'infâme Robespierre. J. Debry nous le disait tout à l'heure : « Ce sont les aristocrates qui commandent, qui « font tout cela... »

— Et les voleurs? disent quelques voix.

Goujon reprend : « Ils ont cherché au milieu de vous une main qui pût tenir le poignard qu'ils dirigent contre la liberté du peuple : que cet homme soit

[1] Tallien.

crédule, ignorant ou trompé, qu'importe! C'est à vous à l'arrêter; c'est à vous à empêcher le déchirement qui pourrait s'opérer... Je demande que la discussion cesse à l'instant. »

— Non! non! s'écrient beaucoup de voix.

— Je m'y oppose, répond Billaud-Varennes.

Et Goujon : « Il est naturel que ceux qui sont accusés veuillent se défendre : ils le doivent pour eux-mêmes, mais je ne puis m'accoutumer à l'idée qu'un secrétaire lise froidement à cette tribune des pièces qui inculpent des hommes qui se sont montrés les chauds amis de la Révolution. Qu'on dépose ces pièces dans le sein d'une commission, qu'elles soient examinées, et elles sont susceptibles de l'être; qu'on rende justice à tous, je le désire; mais aussi je promets que, tant qu'il me restera une goutte de sang dans les veines, je m'opposerai constamment à ce qu'on perde la patrie [1]. »

Ainsi, dès le début de ce procès, la voix de la sagesse se faisait entendre. Goujon, le républicain intègre, ne voyait dans cette accusation dirigée contre des collègues qu'une attaque, qu'une première atteinte à la république. Il dénonçait hardiment le royalisme qui armait cette main, assurément honnête, de l'aveugle Lecointre [2]. L'heure des vengeances devait être passée, la réaction veillait, attentive à la moindre faute; traduire en jugement les anciens comités, c'était mettre la Révolution en procédure. Goujon aura eu cette gloire, ce courage et cette clairvoyance de l'avoir proclamé, le premier, dans le sein même de la Convention. Au surplus on ne devait point, ce jour-là, donner suite à l'accusation de Laurent Lecointre. Billaud, Duhem, Cambon s'élèvent tour à tour contre elle, Cambon même repousse ce mot perfide d'humanité qui inaugure l'ère des assassinats : « Au commencement de la Convention, il fut aussi une époque malheureuse où l'on jeta la division parmi nous. Des hommes qui se disaient vertueux accusèrent les autres d'être des hommes de sang; aujourd'hui l'on a créé le mot de robespierrisme, et l'on veut accuser des hommes de ce nouveau crime qu'on crée. Si on lit les pièces, si l'on examine l'accusation, je demande qu'elle soit étendue à tous les membres des deux comités... » Et à cette ferme déclaration, plusieurs voix aussitôt répondent : — A toute la Convention!

C'était la justice. Le temps était venu d'accepter sans inventaire le lourd et superbe héritage de la Révolution.

Thuriot propose enfin de rejeter *avec indignation* les inculpations présentées par Lecointre, et cette proposition est adoptée.

[1] *Moniteur.*

[2] Pendant deux jours les carrosses se pressèrent à la porte de Lecointre, et le député reçut, avec colère peut-être, les remerciements des émigrés.

Lecointre, descendu de la tribune, allait, à quelques mois de là (nivôse an III), faire appel à l'imprimerie, et presque en même temps que cette fameuse brochure, *la Queue de Robespierre*, qui devait si profondément remuer le public, il fit paraître tout un travail où, renouvelant ses accusations, il trouvait, non plus que les membres des comités étaient *répréhensibles*, comme dans la séance du 12 fructidor, mais criminels :

« Citoyens,

« Par votre décret du 13 fructidor, vous avez déclaré fausse et calomnieuse la dénonciation contenue en vingt-six articles que je vous ai faite contre sept membres de cette assemblée.

« ... Permettre qu'un décret flétrissant pour moi, contraire aux principes de sagesse que professe la Convention, également contraire à la vérité, pèse plus longtemps sur ma tête, ce serait me trahir moi-même, trahir la représentation nationale et le peuple français, qui nous entend et qui attend de vous un grand acte de justice.

« Les crimes de ces hommes que vous aviez chargés du bonheur de la France, en centralisant dans leurs mains tous les pouvoirs, l'exécution de toutes les lois, le droit même de prendre tous arrêts provisoires que les circonstances exigeraient, à la charge (conformément au décret de leur institution en date du 6 avril 1793, v. st.) de vous faire, chaque semaine, un rapport *par écrit* de toutes leurs opérations et de la situation de la république ; les crimes dont se sont souillés ces hommes sont trop grands pour rester impunis. Leur conduite dans la place dont vous les avez honorés, celle qu'ils ont tenue depuis la chute du tyran, aux Jacobins, dans les places publiques, dans leurs conventicules, nous donnent la mesure de leurs premiers crimes [1]. »

C'est en parlant de cette brochure que Vadier écrivait avec ironie : « Lecointre donne au peuple une brochure où je lis : Prix, 3 livres pour le public. On conclut que ce moderne Lucullus se ruine à la manière des pamphlétaires, c'est-à-dire en desséchant la bourse des royalistes qui le lisent. » Et Vadier avait raison. Ces écrits accusateurs qui faisaient venir les larmes aux yeux de républicains comme Goujon, transportaient d'aise ces nouveaux venus qui causaient politique dans leurs salons réouverts, ces élégants qui se nommaient eux-mêmes, arborant ce titre comme on mettrait une cocarde à son chapeau, *les honnêtes gens*. On sait, hélas ! ce que sont les honnêtes gens en politique, toujours tout prêts à acclamer le victorieux, tout disposés à donner au vaincu le coup de grâce,

[1] *Les Crimes de sept membres des anciens comités de salut public et de sûreté générale, ou Dénonciation formelle à la Convention nationale contre Billaud-Varennes, Barère, Collot-d'Herbois, Vadier, Vouland, Amar et David*, par Laurent Lecointre.

aimables gens que le salut de l'Etat vient déranger et qui toute leur vie remettent à demain les affaires sérieuses, terribles gens, en tout cas, à cette époque où l'étranger s'armait contre la liberté de la France. « Et en effet, ce sont, écrit Vadier, les honnêtes gens que le ci-devant comte de Lautrec-Toulouse désignait dans ses lettres au ci-devant marquis de Castres, réfugié à Aix, frontière d'Espagne, pour y *mitonner,* avec nos prêtres, la contre-révolution et ouvrir l'entrée des Pyrénées aux Espagnols [1]. »

Lecointre avait prodigieusement accéléré la marche de cette réaction qui s'avançait, non sans menaces. A tous les signes de contre-révolution, Billaud-Varennes, reproduisant les principaux arguments du discours de Goujon, avait, dans la séance du 13 brumaire aux Jacobins, répondu avec son âpreté ordinaire : « J'appelle tous les hommes qui ont combattu pour la Révolution à se mettre en mesure pour faire rentrer dans le néant, ces lâches qui ont osé l'attaquer. » Ce fut dans cette séance qu'il jeta avec une attitude hostile cette parole qui, le lendemain, répétée dans Paris, allait exaspérer la jeunesse dorée : « On accuse les patriotes de garder le silence; mais le lion n'est pas mort quand il sommeille, et à son réveil il extermine tous ses ennemis. »

C'était, cette fois, déclarer franchement la guerre aux thermidoriens. Ceux-ci répliquèrent par des pamphlets, des chansons et des caricatures. La « crinière de Billaud-Varennes » devint aussitôt l'amusement des salons et le thème aux plaisanteries parfumées. La Convention ne se contenta point de sourire, elle s'émut, et le lendemain devant l'Assemblée Billaud-Varennes, loin de désavouer l'opinion qu'il avait émise aux Jacobins, osa répéter qu'il invitait le peuple à se réveiller. « C'est le sommeil des hommes sur leurs droits qui les amène à l'esclavage [2]. » Tallien alors, avec sa grandiloquence accoutumée, reprenant la comparaison de Billaud : « Je n'aurais pas cru, dit-il, que la leçon du 9 thermidor fût si tôt oubliée par ceux-là mêmes qui concoururent, quoique avec regret, à la destruction de leurs anciens complices. Je n'aurais pas cru qu'ils poussassent le délire et l'impudence jusqu'à faire retentir encore une fois le club des Jacobins de cet appel à l'insurrection, qui réussit assez mal à leurs collègues Robespierre, Saint-Just et Couthon. Je n'aurais pas cru enfin qu'ils eussent le front de se déclarer si tôt les héritiers et les vengeurs des tyrans abattus. Ont-ils pensé que la Convention était déjà lasse de quelques jours de liberté et qu'elle fût si tôt prête à trahir sa gloire? La cause de la liberté et celle de l'humanité sont désormais inséparables. Billaud-Varennes et ses complices me paraissent un peu trop ennoblis en se comparant au lion ; ils n'avaient jusqu'à présent rappelé d'autre image que celle du tigre. Ils la rappelaient hier, lorsqu'ils voulaient encore une

[1] V. défense de Vadier.

[2] *Moniteur.*

DÉPOT LÉGAL Seine n° 1 1874

R.F.

... Achevant les pataud; blessés, les bleus couchés par terre. (Page 30.)

fois *déchirer* leurs compatriotes, *broyer leurs membres* et *boire leur sang*. Tigres ou lions, il est temps que la Convention les musèle et délivre la France de leurs rugissements. »

Et, demandant la fermeture des Jacobins :

« Quoi ! il existe encore, ce club autrefois si salutaire, depuis si odieux, aujourd'hui si infâme ; ce club qui, aussi coupable que la Commune de Paris, aurait dû, comme elle, accompagner à l'échafaud ce Robespierre qu'elle regrette toujours? C'est ainsi qu'il abuse de notre patience, de notre modération. Il lui faut encore le règne de la terreur tout entier; ces hommes ne respirent pas, si dans toute la république ils ne peuvent faire égorger par jour mille Français et presque autant de Françaises [1]. »

Ainsi, dans le discours de Tallien, revenait toujours l'idée de la femme, l'influence, l'inspiratrice. Billaud-Varennes ayant parlé, le 15 brumaire, de madame de Tourzelles, l'ex-gouvernante des enfants de France, « cette femme pleine d'astuce qui pouvait, disait-il, former à elle seule un noyau de contre-révolution » Tallien lui répliquait ironiquement : « J'ignore si une femme peut à elle seule former un noyau de contre-révolution [2]. » La phrase était ridicule, soit, mais Tallien, mieux que personne, devait savoir si elle contenait une vérité. Terezia Cabarrus se dresse, avec son sourire, derrière chacun des discours de Tallien. On la voit, ce semble, derrière lui, à la tribune, son Egérie, sa complice. Lorsqu'au nom de la commission des Vingt-et-Un, Saladin publiera son rapport, on trouvera parmi les griefs dirigés contre les membres des anciens comités, et avant tous les autres reproches, « l'arrestation de Thérèse Cabarrus et d'un jeune homme demeurant avec elle. » Elle est là, ranimant les ris et poussant aux prisons, charmante et implacable, proscrivant sur un air de valse, Hérodiade de la clémence.

Ce discours de Tallien, le discours qui suivit, où Legendre, ramassant un mot tombé de la plume de Roch Marcandier, qu'il avait dû connaître au temps où celui-ci servait de secrétaire à Camille Desmoulins, flétrit les jacobins du surnom d'*hommes de proie*, influèrent profondément sur l'Assemblée. Les comités sont chargés aussitôt : 1° de faire un rapport sur les moyens de procéder à l'épuration des jacobins ; 2° d'examiner les griefs articulés contre Billaud-Varennes, Collot-d'Herbois, Amar, Vadier, Voulland et David. Le 22 brumaire Laignelot, au nom des quatre comités, militaire, de salut public, de sûreté générale et de législation, lit à la Convention l'arrêté pris la veille et qui porte :

1° Les quatre comités réunis arrêtent de suspendre les séances de la Société des Jacobins ;

2° La salle sera fermée à l'instant et les clefs déposées au secrétariat du comité de sûreté générale ;

3° La commission administrative de police est chargée de l'exécution de l'arrêté dont il sera rendu compte à la Convention.

Des applaudissements éclatent; vainement Duquesnoy s'écrie : « Je déclare que je suis jacobin et que j'aime mon pays », l'arrêté des comités est approuvé

[1] *Journées mémorables de la révolution*, 12 *germinal an III*. Paris, Audin, libraire, 1827.
[2] *Moniteur*,

à la presque unanimité, aux cris répétés de *vive la république! vive la Convention!*

Legendre, chargé de l'exécution de ce décret, l'accomplit avec une évidente satisfaction, lui, le jacobin de la veille.

Ce jour-là, Audoin s'écria : « Les jacobins se réfugieront, s'il le faut, dans un souterrain! » Ils allaient, sur la proposition de Tissot, beau-frère de Goujon, lequel était cousin de Barère, se retirer au faubourg Saint-Antoine, dans la ci-devant église des Quinze-Vingt. En attendant, on dansait sur l'air de *la Carmagnole* des rondes de joie autour du club à jamais désert :

Les Jacobins avaient promis
De faire égorger tout Paris...

Ce sont les couplets de *Madame Veto* retournés. *L'Orateur du Peuple* (n° 31) raconte que le quartier était illuminé, qu'on s'abordait en s'embrassant, en se disant : *Eh bien! c'est une affaire faite?* Les refrains des chansons composées par Girey-Dupré dans le Calvados, et que les libraires parisiens avaient fait venir, se croisaient avec la romance du girondin Dussault sur la brûlure du *grand lion des jacobins :*

Tandis que la ménagerie
De tous les tyrans en furie
Fuit devant les républicains,
Nous grillons en flamme vermeille,
Ici, la bête sans pareille,
Le grand lion des jacobins [1].

J'ai eu sous les yeux l'*intérieur du club des jacobins,* une caricature du temps, de ces images royalistes que publiaient les *Actes des apôtres* ou les autres officines réactionnaires. La salle est vaste avec des œils-de-bœuf au fond, le président, à droite, assis devant une humble table carrée, fait face à la tribune, qui se dresse orgueilleuse, triomphante, devant la sonnette et l'écrase. Au milieu un poêle rond, en faïence, dont les longs tuyaux vont se perdre dans la muraille en traversant la salle. Les jacobins sont assis sur des gradins, à la droite et à la gauche du président et des deux côtés de l'orateur. La tribune du fond, élevée, garnie de monde, est un peu la tribune publique de l'Assemblée. Des gradins jusqu'en haut. Qu'on ne se figure pas une horde de gens en hail-

[1] V. *l'Orateur du peuple*; brumaire 1795.

lons. Ces jacobins étaient riches. Comment eussent-ils suffi au frais d'impression, de distribution de leurs discours aux sociétés affiliées? Ils remuaient le monde, donnaient leur argent, leur temps, leur vie même, et faisaient de la révolution avec ordre. Ils entraient dans la salle, le président en tête, lorsque tout le monde était assis. Pas de tumulte. C'est là que se rendaient les *tricoteuses*. Sait-on bien d'où leur vient ce nom? Il y avait des *tricoteuses*, mais qui tricotaient des bas pour les armées et pour les blessés. On laissait les femmes entrer dans les sociétés populaires à la condition qu'elles y travailleraient pour les patriotes. Voir le rapport de Chaumette à ce sujet.

Toute la Révolution avait passé par là. Le club fermé, c'était la Révolution finie.

Bientôt les députés détenus dans les maisons d'arrêt des Écossais, de l'Oratoire, des Quatre-Nations, demandèrent à rentrer dans le sein de la Convention. Merlin de Douai, le 18 frimaire, au début de la séance, annonçait que, relativement à ces députés mis en état d'arrestation, les comités l'avaient chargé de proposer un projet de décret par lequel la Convention nationale rappelait dans son sein les Soixante-Seize. Ce projet est adopté. Monestier demande qu'il soit étendu à Dulaure, qui n'a jamais été arrêté, et Guyomard à Couffé, qui s'est éloigné de Paris.

Caseneuve, Laplaigne, Rouhault, Girault, Chastellin, Dugué-Dassé, Lebreton, Dussaulx, J.-P. Saurine, Queinet, Salmon, V.-C. Corbel, J. Guiter, Ferroux, J. Antoine, Rabaut, Fayolle, Aubry, Ribereau, Derazey, Bailleul, Ruault, Obelin, Babey, Blad, Maisse, Peyre, Bohan, Honoré Fleury, Vernier, Grenot, Amyon, Laurenceot, Jeay, Serres, Laurence, Saladin, Mercier-Lefebvre, Olivier, Gérente, Royer, Garilhe, Philippe Deleville, Varlet, Dubusc, Blanqui, Massa, Delamarre, Faure, Hecquet, Deschamps, Lefebvre (de la Seine-Inférieure), Daunou, Périès, Vincent, Tournier, Rouzet, Blaux, Blaviel, Marboz, Giroust, Esvadens, Moisset, Saint-Prix, Soulignac, Richon, Dulaure, Faye, Lacroix (de la Haute-Vienne), Rivaud, Dubray, Doublet, Michet, Forêt, Brunel, Despinassy, Couppé, Deverité et Thomas Payne, déclaré citoyen français, pouvaient donc rentrer dès le 18 frimaire dans le sein de la Convention nationale.

Qu'on regarde ces noms, on verra, qu'à de rares exceptions près, ceux qui les portaient allaient tous augmenter dans la Convention le nombre trop grand déjà de ces *plainiers* qui, depuis le commencement de la Révolution, avaient arboré ce singulier et commode principe d'obéir à la faction dominante, votant avec une égale frayeur un élargissement ou un arrêt de mort. Beaucoup d'autres étaient girondins. Ils avaient des amis à venger, des revanches à prendre. Persécutés, ils allaient rentrer dans la Convention avec leur contingent de haines et d'amertumes. Eux qui s'adressaient à Robespierre pour obtenir leur liberté, l'appelant leur sauveur [1], ils allaient maintenant frapper, comme complices de Robespierre, les représentants de la Montagne. Les thermidoriens sentaient bien quel renfort leur apportaient ces membres nouveaux et quel appoint allait être cette force aveuglée, irritée, dans la lutte maintenant engagée.

Peltier lui-même, à la page 7 de son 2e volume, apprécie de la sorte cette rentrée : « Six ou sept mois après la mort de Robespierre, la faction girondine a été ressuscitée par la rentrée de soixante-seize détenus dans la Convention et le rétablissement de ceux qui avaient été mis hors la loi. Elle a maintenant repris les rênes du pouvoir en commun avec une partie de ceux-là mêmes qui furent les plus acharnés à la détruire au 31 mai. » Il ajoute, page 95 : « Nous allons voir maintenant de nouveaux combats s'engager dans les six premiers mois de 1795 entre la Convention et ses propres principes, entre la Plaine et la Montagne, les jeunes gens et le peuple, un faux esprit de modération et celui de la Révolution. » Le duel allait, au surplus, finir rapidement par la nomination d'une commission dite des Vingt-et-un, chargée de faire à la Convention un rapport sur les actes des membres des anciens comités, devenus brusquement des accusés.

Pendant ce temps, le tribunal criminel révolutionnaire jugeait le comité révolutionnaire de Nantes, Carrier et ses complices. Ce misérable Carrier, ivre de fanatisme, se défendait comme il pouvait, protestant de son innocence, se débattant contre l'accusation avec la conscience farouche d'un être barbare qui croit avoir fait son devoir. Il était condamné d'avance. Pourtant dans sa défense il essaye d'établir qu'il a seulement agi d'après les ordres de la Convention, où, à son retour, « il fut bien reçu ; » le gouvernement connaissait, dit-il, le plan de destruction et ces cruelles représailles, ces vengeances, ces exécutions en masse par lesquelles le représentant répliquait aux atrocités des chouans. Il faut malheureusement le reconnaître, il y a eu alors des Carriers dans tous les partis. Cette terrible guerre de Vendée enfanta des monstres. « La guerre de la Vendée, disait Hoche, c'est la colique de la république. » C'était pis que cela, c'en était la peste. Rien d'humain dans ces combats de broussailles, dans ces rencontres de nuit, dans ces batailles où la baïonnette troue, où le *pen-bas* assomme, où des centaines de mille hommes restent dans les marais, sont jetés dans les fleuves. A qui la faute si le chancre « politique » dont parle Barère demanda du fer rouge pour être vaincu ? Aux nobles, aux prêtres, qui soulevèrent, s'alliant aux Prussiens et aux Anglais, cette guerre atroce. « *Bella, horrida bella* », s'écrie M. Eugène Bonnemère, qui nous en a éloquemment raconté l'histoire [2]. Hor-

[1] V. Ernest Hamel, *Histoire de Robespierre*, t. III.
[2] *La Vendée en* 1793.

rible, en effet. Des deux parts, même acharnement, même colère. Un paysan tombe percé de coups. « — Allons, lui dit un bleu, je te rends la liberté! — Rends-moi mon Dieu! » Un conventionnel, enfermé par les blancs dans un cul de basse-fosse, râle, meurt de vermine. « C'est parce que tu as tué ton roi, lui dit-on. — Eh bien! ressuscitez-le, je recommencerai! »

Des deux parts haine, fureur, sauvagerie; mais on avouera que les généraux de la Convention, les Westermann, les Kléber, les Marceau usèrent seulement de représailles; les Vendéens avaient donné le signal des atrocités. Qu'étaient-ce que ces seigneurs ambitieux, hobereaux sans instruction, qui soulevèrent leurs gens contre la république, un Talmont, un Delbée? Et ces prêtres qui prêchaient l'assassinat, comme ce curé de Saint-Legris qui, déguisé en chaudronnier, suivait l'armée des blancs, achevant de son grand crucifix de fer les *patauds* blessés, les bleus couchés par terre [1], ou, comme Laussat, vicaire de Saint-Paul-des-Bois, qui faisait communier les patriotes malades avec des hosties empoisonnées? Et Barbotin, le cannibale, et Bruno Six-Sous, le chef d'artillerie, l'égorgeur, et Jean Chouan, le faux saunier, qui, sous Louis XVI, avait mérité la corde comme coupable de meurtre, et Charette, l'homme au panache blanc, avec son cortége de femmes, d'aides de camp femelles éprises de roman, tous ceux-là fusillant, pillant, chauffant, égorgeant les villes, ne valaient-ils point Carrier? Exceptons Cathelineau, le saint de l'Anjou, et un héros, Bonchamp; exceptons la Rochejacquelein, le reste des révoltés est singulièrement féroce, et, pour combattre la république, pour saigner le glorieux Mayençais, terreur de l'ennemi, emprunte le poignard des étrangers. Ces moments de lutte terrible suscitent de formidables agents qui, par conviction peut-être, inébranlables dans leur sombre foi, acceptent de se faire les exécuteurs de toutes les vengeances. Fatalité de l'histoire, terrifiante logique, écho monstrueux qui oppose aux ordres barbares du duc d'Albe le signal lugubre de Carrier, et aux fusillades de Bouillé, sur la place de Nancy, réplique par les fusillades de la place du Bouffay à Nantes! Tout se paye dans l'histoire, et bienheureux ceux qui ne peuvent s'endetter que de reconnaissance!

Ce procès de Carrier, comme le procès de Joseph Lebon, souverainement impolitique au point de vue républicain, servait puissamment la réaction. C'était pourtant Romme, un républicain convaincu, qui, chargé du rapport, conclut au décret d'accusation. Pour lui, l'humanité passa avant la république. Et puis il fallait à la foule la tête de Carrier, la tête de ses complices, le sang de tous ces proconsuls contre lesquels s'élevait la voix de la réprobation. On vendait, au cloître Honoré, à de nombreux exemplaires, le recueil historique

[1] Eug. Bonnemère, *la Vendée en 1793*.

des crimes de Carrier et de Goulin, sous ce titre : *La Loire vengée*. Le portrait, la caricature de Carrier, qui valait vingt sous, tête noire de bête féroce, se tirait à des milliers d'exemplaires. On était avide de voir de près le monstre, le tribunal était assiégé ; Carrier ne chargeait, n'accusait personne. Lorsque Réal, un des défenseurs, essaya d'effacer « l'impression funeste » des horribles tableaux que les témoins avaient retracés, les accusés fondirent en larmes. Réal, ému lui-même, dit le *Moniteur*, s'écrie aussitôt avec chaleur en parlant de Goulin : « Sa tête fut exaltée, son cœur est celui d'un patriote pur, d'un homme de bien. » Et l'un des accusés, Gallon, éclatant en sanglots, se lève aussitôt, hors de lui, pleurant, et, d'une voix entrecoupée, montrant Goulin : « — C'est mon ami, je le connais depuis neuf ans, il a élevé mes enfants. Tuez-moi, mais sauvez-le ! » Et il répète : « Sauvez-le, sauvez-le ! » L'auditoire lui-même est ému. On fait sortir Gallon. Tous les accusés pleurent, et Réal dit en les montrant : « Jurés, sont-ce là des hommes féroces [1] ? »

Quelle flamme s'agitait donc dans ces âmes, puisque les plus coupables avaient ainsi une heure où ils décontenançaient leurs juges ? Carrier se défendit pendant quatre heures, rappelant ses missions, les circonstances politiques, les atrocités de la guerre de Vendée, les nécessités qu'il y avait à abdiquer, pour un temps, les sentiments d'humanité, répétant encore, dans son zèle sauvage, qu'il avait fait son devoir. A la fin, fatigué, exténué, il déclara qu'il s'en rapportait à la justice des jurés. « Je demande tout ce qui peut être accordé pour mes coaccusés ; je demande que, si la justice nationale doit peser sur quelqu'un, elle pèse sur moi seul. » On sait comment il alla à la guillotine, impassible sous les huées.

Cependant l'instruction de l'affaire des comités, malgré les efforts des amis des accusés, malgré les entraves de ceux qui, tout en condamnant les excès des anciens gouvernants, voulaient qu'on leur épargnât ce procès au nom de la République, cette instruction touchait à sa fin. Les sections royalistes réclamaient à grands cris le rapport sur ces députés, elles avaient hâte d'en finir. Des députations de sections venaient à la barre s'écrier, comme les sections de la commune d'Orléans : « Leur impunité nous offusque et nous vous fatiguerons sans cesse de nos cris jusqu'à ce qu'enfin vous ayez achevé de sauver la France en punissant exemplairement ses bourreaux [2]. » Les faubourgs étaient sourdement travaillés non par les représentants, comme l'affirme ce niais de Georges Duval en ses calomnies, mais par le mécontentement, la disette. On y lisait aussi les défenses de Billaud et de ses collègues, et les noms des accusés pouvaient être pour une émeute des mots terribles de ralliement. Lecointre avait

[1] *Moniteur*.
[2] *Moniteur*.

fourni à ces hommes l'occasion de faire hautement leur propre éloge. D'où venait cet acharnement du député de Versailles? Lecointre était certes un républicain sincère, et devait se montrer tel par la suite [1], mais il avait Danton à venger. Dans la nuit du 8 au 9 thermidor, Lecointre, arrivant au seuil du comité avec plusieurs autres représentants, avait, dit-on, trouvé la porte close et vainement insisté pour entrer [2]. De là sa haine, s'il faut en croire la chronique, cette histoire chuchotée; de là ces accusations fréquentes, que depuis la séance du 12 fructidor an II, où il signala les vingt-sept griefs, Lecointre renouvela avec une singulière persistance. C'était toujours la même colère et le même emportement : « Le temps des ménagements est passé, plus de faiblesses, il faut punir les crimes, il faut en prévenir de nouveaux. »

A cela les accusés répliquaient :

« Quelle est cette accusation formée de l'amalgame confus des opérations très-distinctes du comité de salut public et de sûreté générale, et dirigée uniquement contre trois membres du premier de ces comités, et contre quatre du second, tandis que par les lois de la Convention, les travaux et les opérations des deux comités étaient démarqués d'une manière très-distincte, et que le nombre des membres des comités qui y ont pris part est plus grand que le nombre des inculpés? [3] »

Cette réponse faite au seul Lecointre pouvait s'adresser à la commission des Vingt-et-Un, qui étudiait la cause, se plongeait dans les paperasses, allait bientôt nommer Saladin rapporteur, et les accusés pouvaient dire :

« Dans tous les temps, le principe consacré en matière criminelle, *non bis in idem,* a indiqué un terme aux passions, aux haines, aux vengeances. » Ils avaient raison. Singulier retour des choses de la politique! Ceux-là mêmes qui avaient précipité Robespierre, qui se défendaient d'être ses amis, qui se vantaient de l'avoir dénoncé, étaient accusés et jugés comme complices de Robespierre. Je ne veux pas défendre la mémoire des anciens membres des comités, je ne veux pas davantage accuser leurs accusateurs, mais l'histoire doit reconnaître que, par tactique ou par aveuglement, on atteignait, je le répète, la république même en attaquant Billaud et ses collègues. On procédurait la révolution, cette « *Saint-Barthélemy philosophique* ». Et les accusés, certes, avaient bien le droit de demander si le *patriotisme était une faction*, et de déclarer que la réaction « voulait faire sur des échafauds l'inventaire de la révolution pour

[1] Ce fut lui qui, seul de la ville de Versailles, sur la liste consulaire écrivit : Non.

[2] Dufey (de l'Yonne).

[3] *Réponse des membres des deux anciens comités de salut public et de sûreté générale aux imputations renouvelées contre eux par Laurent Lecointre de Versailles, et déclarées calomnieuses par décret du 13 fructidor dernier.*

Tallien faisait porter devant lui cinq bannières où se trouvaient inscrites cinq dates immortelles. (Page 34.)

égorger la liberté [1]. La continuelle tactique des royalistes, disaient Barère, Collot, Billaud et Vadier dans une brochure collective, a été de faire passer les patriotes pour des *buveurs de sang*, et de faire suivre chaque événement révolutionnaire par des *procédures,* pour détourner l'esprit du peuple des affaires publiques, pour faire stationner ou rétrograder la révolution. »

Et se défendant d'être, comme on les en accusait, les *meneurs du comité :* « Il serait difficile, écrivent-ils, pour ne pas dire impossible, de savoir qui de nous

[1] *Premier Mémoire des membres des anciens comités* (collection Rondonneau).

six, Lindet, Collot, Carnot, Barère, Prieur et Billaud, étaient meneurs ou menés. Nous n'avons jamais connu qu'un meneur, que nous nous honorons d'avoir écouté, et qui n'est certes pas le meneur de nos accusateurs, c'est l'amour de la patrie, c'est le désir, c'est le vœu d'assurer les victoires des armées et les subsistances du peuple. Voilà le meneur qui a rallié nos pensées, dirigé nos opérations et asservi nos âmes à des travaux de douze, quinze et dix-huit heures par jour. »

Quant aux excès qu'on leur reproche : « Ce sont, ajoutent-ils, des eaux bourbeuses, déversées et mêlées un instant aux eaux d'un grand fleuve navigable qui enrichit et fertilise les contrées qu'il arrose [1].

Les brochures sont nombreuses qui caractérisent l'état de Paris, le trouble des esprits, les luttes qui devaient s'établir entre les partis. Au volumineux rapport de Saladin, les membres du comité dénoncés répondent soit en masse, soit en particulier par des factums violents. Chacun se justifie, tous protestent, la plupart accusent. Collot-d'Herbois réplique à la brochure *Collot mitraillé par Tallien* par une terrible philippique; le proconsul de Lyon cloue au poteau le proconsul de Bordeaux. Il nous le montre, ce Tallien, qui aujourd'hui affiche et crie bien haut ses sentiments d'humanité, il nous le fait voir « le 20 frimaire, à Bordeaux, lors de la Fête de la Raison, faisant porter devant lui cinq bannières où se trouvaient inscrites cinq dates *immortelles :* Journée du 14 juillet, journées des 5 et 6 octobre, journée du 10 août, *journée du* 2 *septembre,* journée du 31 mai. » Proscription des Girondins, massacre dans les prisons, Tallien alors approuvait et célébrait tout, Tallien le grand prêtre de thermidor. Il avait fait plus, ajoute Collot-d'Herbois. Le 27 vendémiaire il avait demandé un état de tous les particuliers et négociants riches pour leur faire supporter les frais de l'armée révolutionnaire *sous peine d'exécution militaire et de confiscation de leurs biens* [2]. C'est ce Tallien, à présent représentant de l'ordre, acclamé des sections royalistes et bourgeoises, qui traitait jadis les négociants bordelais de *tigres, de panthères et d'ours escortés à la Bourse de singes et de renards.*

Tallien a accusé d'excès Collot-d'Herbois. Collot réplique à Tallien en lui reprochant l'incendie des communes, les exécutions militaires, le millionnaire Martin, mis en liberté, puis traduit à une commission militaire et guillotiné pour être bientôt réhabilité par le tribunal de révision institué par Ysabeau (Baudot, Ysabeau, Chaudron-Rousseau témoigneront du fait), et les deux mille livres qu'un jour Tallien en belle humeur fit donner par un particulier à une jolie fille, sa maîtresse. Mitraille pour mitraille, Collot d'Herbois est formidable,

[1] *Premier Mémoire* (collection Rondonneau), rédigé sans doute par B. Barère.

[2] *J.-M. Collot à ses collègues.*

il sait qu'il joue sa vie et la dispute avec rage. Des scélérats, dit-il, ont promis nos têtes coupées à leurs anciennes concubines. » Et, désignant clairement la femme qui a mis le poignard dans la main de Tallien : « *Nous mourrons parce que de nouvelles Fulvies, liées à de nouveaux Antoines, tiennent leurs poinçons tout prêts pour percer nos langues sincères.* »

Collot se défend ensuite, comme il peut, d'avoir terrorisé Lyon, Ville Affranchie. On trouvera dans ses écrits l'explication de toutes ces fureurs révolutionnaires provoquées par les crimes des royalistes. Lorsque Collot arriva à Lyon, la première chose qu'il apprit, c'est qu'à Montbrisson on pendait les patriotes à leurs fenêtres [1]. On brûlait les soldats dans les hôpitaux : eux aussi, les aristocrates, poussaient le cri sauvage de : *A la lanterne!* et Précy, le général de la réaction, faisait fusiller des femmes pendant qu'il était à table [2]. On tuait à coups de pistolets les républicains dans les rues, on citait les noms d'officiers municipaux qu'on avait enfermés dans les caves et laissé mourir de faim. La populace avait écrasé sous une meule de moulin des soldats de l'Ardèche, et dansé tout autour une carmagnole royaliste. Ainsi, le sang versé appelait du sang en ces heures farouches où la vie humaine ne comptait plus pour rien, et où chaque parti eût sacrifié sans pitié toute une ville pour le triomphe de son idée.

Mais s'il affirme les terribles exploits des soldats de Précy, Collot proteste contre les allégations des journalistes, qui ont imprimé qu'il avait foudroyé la ville et fait attacher des hommes et des femmes aux gueules des canons. Il s'est déjà présenté, dit-il, aux bureaux du journal de Prudhomme, pour lui demander de rétracter ce qu'il appelle des calomnies. Il explique qu'il a employé à Lyon, aux démolitions, 15,000 individus sans ouvrage, et que de là est née la légende de Lyon réduit *en cendres*. Et encore ces travailleurs nationaux, que démolissaient-ils? Les forts de Saint-Jean et de Pierre-Cise.

Je ne veux point, d'ailleurs, rechercher en ces papiers d'autrefois ce qui se rapporte à la défense personnelle de ces hommes. J'aurais peut-être à les condamner à mon tour, et tel d'entre eux, par exemple, ce Barère, le plus éloquent de tous et le plus adroit, l'homme qui ne s'est jamais éveillé, en ces temps de glorieuse tourmente, sans demander à l'horizon le vent qu'il faisait, Barère, l'homme à double parole, si merveilleusement doué et que l'esprit de la révolution embrasait souvent d'un feu sacré. Il n'est que l'avocat de ses confrères dans ce redoutable procès, et, en les défendant, il n'a garde de s'oublier; mais ce qui donne un prix à ces écrits, où son inspiration a passé, où l'on respire son souffle puissant, c'est qu'il se fait aussi, comme s'il voulait

[1] *Collot à ses collègues.*
[2] *Ibid.*

résumer sa vie dans un testament magnifique, l'avocat de la révolution tout entière que l'aristocratie ressuscitée veut, dit-il, clouer au poteau.

Et que nous importent les faiblesses ou les fautes de ces hommes qui, tout volcaniques qu'ils étaient, étaient des hommes? Oublions-les. Leurs mémoires justificatifs, ces défenses admirables, ont cela d'utile qu'ils nous font mieux connaître les gigantesques travaux de ces formidables comités, machines de guerre qui ont sauvé la patrie.

« Hé quoi! disent-ils, ce que la Convention nationale tout entière, avec sa puissance populaire, ses intentions pures, sa conduite ferme et l'influence de ses grands services envers la patrie et la liberté, n'a pu arrêter, ni empêcher, ni modifier, vous l'exigeriez de six individus isolés et réduits à cette petite portion de forces morales et physiques que la nature départit! Une surveillance énorme sur les frontières et les armées, sur la fabrication des armes et des poudres, sur les comités de surveillance et les tribunaux, sur les factions et les intrigues, sur les finances et les lois, surveillance de toutes les minutes que la Convention, avec ses nombreux comités, peut à peine exercer, vous voudriez en faire peser la responsabilité sur quelques têtes seulement! Les événements, que tant de représentants éclairés et énergiques, envoyés en mission, n'ont pu réprimer dans les départements, au milieu des passions locales et des intrigues qu'ils pouvaient facilement déjouer ou comprimer par leur présence, vous voulez qu'un seul comité en réponde à toute la France!

« Vous croyez donc, Laurent Lecointre, qu'il peut exister au milieu d'une étonnante et profonde révolution qui a froissé tous les citoyens, frappé toutes les fortunes, terrassé tous les préjugés, allumé toutes les passions, excité tous les intérêts et éveillé tous les crimes; vous croyez donc qu'il peut exister quelques hommes ou deux comités qui auront à la fois la sagesse et l'autorité, l'esprit des détails et les grandes conceptions; qui, d'un coup d'œil, embrasseront un territoire de 27,000 lieues carrées; qui régiront facilement, par des principes simples et invariables, une république de 25 millions d'hommes; qui calculeront sans erreur l'influence de toutes les ambitions particulières et de toutes les lois de circonstance; qui verront dans 85 départements tous les abus, tous les excès des agents délégués par les autorités constituées et tous les ennemis de la république; qui, d'un signe, comprimeront les égarements de tant d'autorités civiles ou révolutionnaires, et tous les mouvements déréglés ou cruels de quelques fonctionnaires publics; qui rallieront d'un mot tous les intérêts particuliers à l'intérêt de la patrie; qui dirigeront à leur gré, au profit de la république, les machinations de ses ennemis, les excès de ses partisans, ou la nullité de tant de lâches observateurs de révolution; qui maintiendront également dans toute la surface de la république l'esprit public, le sauveront des altérations de l'opinion, des manœuvres contre-révolutionnaires, des excès des faux patriotes et des crimes aristocratiques ! »

Puis, traçant l'affligeant tableau de la France au moment de la formation de ces comités dont on accuse aujourd'hui les membres, il nous montre la défiance au dedans, la trahison au dehors; Dumouriez, d'accord avec les royalistes de l'intérieur, livrant nos armées, livrant la Belgique, ouvrant à Lille la frontière du nord, envoyant aux Autrichiens les représentants que lui dépêchait la Convention. Jamais nation, prise à la gorge par l'ennemi, fut-elle plus près de sa perte? Nos frontières étaient forcées, Mayence nous échappait, le Rhin ne nous protégeait plus, Cobourg entrait dans Condé et dans Valenciennes, Landrecies était menacé, le duc d'York regardait déjà comme sa proie notre Dunkerque; Maubeuge, Cambray se sentaient des traîtres au cœur; les Anglais tenaient nos côtes de l'ouest; avares de leur sang, ils nous combattaient avec de l'or; la Vendée, foyer immense de révolte, faisait comme un incendie sur notre flanc, de la mer à la Loire; le Midi était envahi, les Alpes forcées, les Pyrénées perdues, les ports de Bellegarde, de Port-Vendre, de Collioure aux Espagnols, Perpignan menacé, la Lozère bouillonnait, le volcan était là, prêt à l'éruption; Lyon, royaliste, se révoltait; Toulon trahissait, le Calvados était en armes; l'armée, — l'armée elle-même, — cette France en marche, se sentait minée et rongée par la trahison.

Et pour répondre à tant d'ennemis, pour tant d'obstacles et tant d'attaques, où chercher des armes? La régie des poudres ne pouvait fournir à un quart des besoins ordinaires; la patrie se tordait, prise à la fois aux entrailles par la famine du blé et la famine du salpêtre. Nos misérables arsenaux de Lorient, de Bayonne étaient incendiés, des mains parricides mettaient le feu à nos humbles magasins à poudre de Huningue. Les subsistances montaient à des prix exorbitants; plus de pain; les accapareurs venaient en aide aux Prussiens. Et des révoltes, des agitations pour la taxe des marchandises, refus d'exécuter les réquisitions, sous prétexte qu'il n'y avait point de batteurs de grains. Point de trésor public, les caisses de district pillées, la monnaie républicaine avilie, l'agiotage sur les faces royales; çà et là, comme autant de foyers de conspiration, des fabriques de faux assignats. La marine, qui nous eût ravitaillée, était *royalisée,* nos vaisseaux de la Méditerranée pris ou brûlés par les Anglais. Mais pour tenir tête à l'invasion, peut-être pouvait-on compter sur les nations républicaines? Non. La Suisse, Philadelphie étaient elles-mêmes menacées, la France, la chère et pauvre France, était seule, seule avec ses bataillons incomplets, sa cavalerie mal équipée et ses volontaires imberbes, seule avec ses deux terribles alliés : l'arme blanche et le pas de charge.

Et les comités, en ces heures terribles, avaient eu à la fois, comme dit Barère, l'audace de vaincre et l'audace de gouverner. Tout d'abord ils épurent les états-majors, ils lancent à l'ennemi cette *jeunesse bouillante de liberté;* ils établissent des hôpitaux militaires, des magasins de vivres, des camps retranchés, des écoles républicaines; ils foudroient Toulon, reprennent Lyon, surveillent Brest. Grâce à leurs efforts de Titans, le Nord est défendu, protégé, les frontières assurées; les Anglais sont battus sous Dunkerque, les Autrichiens chassés de Maubeuge et écrasés à Wattignies; Cobourg, vaincu, est contraint à repasser la Sambre, les lignes de Wissembourg sont reprises, l'armée française entre dans Landau, s'empare du Palatinat, emporte d'assaut les burgs et les citadelles du Rhin, et rend en même temps les Pyrénées à la France, pendant que le mont Blanc est reconquis et que le drapeau tricolore flotte éclatant sur la neige du mont Cenis. Espagnols, Autrichiens, Prussiens, Anglais, tout est battu. Jourdan, Pichegru, délivrant la Belgique, vont bientôt prendre Namur, Ypres, Ostende. De l'Océan aux Alpes, des Pyrénées au Rhin, la France est libre et la république est sauvée!

Et combien de temps a-t-il fallu à ce peuple pour accomplir ces incroyables prodiges? Le miracle national n'a pas demandé un an; en moins d'un an, quatorze armées ont été équipées, les comités ont trouvé des armes, des vivres, des munitions pour cette levée de six cent mille citoyens; on a donné des chevaux, on a donné des fusils, et en route! En neuf mois, la France a fabriqué douze millions de livres de salpêtre, on a trouvé le moyen de le raffiner et de le sécher en vingt-quatre heures; les électriques procédés révolutionnaires ont été appliqués à la chimie: partout des mines ont surgi, des fonderies, des aciéries, des machines, des ateliers. A Meulan, on peut voir une école de canonniers « qui manœuvrent des pièces de 16 comme des pièces de 4 ». Le ballon s'est fait patriote.

A Fleurus, on surveille l'ennemi du haut d'un aérostat. La science pacifique combat: Fourcroi, Monge, Guiton, Berthollet, Vandermonde, appelés au comité, cherchent et trouvent, inventent, et battent l'ennemi à coups de découvertes. Les laboratoires fraternisent avec les camps. La soude, la potasse, qu'on tirait de l'étranger, sont fabriquées en France par des procédés nouveaux, et le télégraphe sort du cerveau d'un homme pour marcher aussi vite que la victoire.

En même temps, des bibliothèques s'ouvrent, des musées s'organisent, des concours sont ouverts dans la convention même (salle de la Liberté) pour célébrer les grandes choses qui s'accomplissent. Ces vandales protègent les arts. Les spectacles embrasent les âmes, les fêtes patriotiques et les hymnes poussent les combattants à la frontière, et la grande république, fondant la France et l'unifiant, faisant en un jour pour les lettres plus que tous les protecteurs couronnés à la fois, décrète la langue, la langue mère, la France parlée en abolissant les patois [1].

Et maintenant, voyez ces hommes qui, selon l'expression de Barère, ont ainsi glorieusement, patriotiquement *improvisé la foudre*. Ils sont pauvres, ils sont las; leurs traits pâles et maigres les faisaient distinguer à la Convention sur les hauts gradins où ils s'asseyaient. Nuit et jour, ils travaillaient à l'Assemblée ou aux comités ; épuisés par les veilles, ils se couchaient parfois sur le parquet ou dans un fauteuil et reposaient ainsi. Le teint plombé, les yeux creux, ces spectres du devoir devaient sembler bien menaçants et bien sombres aux muscadins de thermidor. Ils n'avaient point d'amis, ils vivaient seuls. « Il n'y a pas, dit Billaud-Varennes, trois maisons où j'allais [2]. » Il dit encore que, tous les soirs, il était rentré chez lui à neuf heures, « sauf les jours de Comité .» *Ai-je jamais eu la tournure d'un ambitieux ?* s'écrie le rude et vieux Vadier. Acharnés dans leur âpre et lourde besogne, ils allaient droit, fermes jusqu'à devenir farouches, sévères jusqu'à être implacables, embrasés de zèle jusqu'à paraître fanatiques. Que d'excès dans leur tâche ! Quelles pages sinistres dans leur histoire ! Mais, s'écrie Barère dans le deuxième mémoire rédigé en réponse à Laurent Lecointre : « Le navigateur surpris par la tempête s'abandonne à son courage, à ses lumières, que le danger rend plus vives et plus fécondes en ressources pour sauver le vaisseau qui lui est confié. Et lorsqu'il est arrivé sans naufrage au port, on ne lui demande pas compte de ses manœuvres [3]. »

Si le naufrage avait été jusqu'alors évité, il approchait, à n'en pas douter. Les membres des anciens comités, accablés de pamphlets et de libelles, se consolaient, disaient-ils, « par leur conscience d'avoir servi uniquement la patrie. » On n'avait pas, en effet, à leur reprocher la soif de jouir ou de s'enrichir. Le soupçon de l'argent n'est pas fréquent d'ailleurs à cette époque. Le mépris de la vie a engendré le mépris de la richesse. Parmi les griefs articulés contre Vadier, on lui reproche « *d'écrire des lettres particulières sur du papier du comité pour épargner le sien.* » L'abus, en vérité, est excessif. Un gouvernant qui se sert du papier de l'État commet un détournement bien terrible ! Quelle intégrité de mœurs, quelle intacte et stoïque probité y avait-il donc parmi ces hommes, pour qu'un tel reproche puisse avoir été sérieusement articulé ?

Robert Lindet, non accusé pourtant, publiait aussi sa brochure [4]. Il établis-

[1] Voyez un superbe tableau des actes des comités dans le livre énergique de M. Alphonse Peyrat, *la Révolution* (Michel Lévy, 1866).

[2] *Réponse de Billaud aux inculpations qui lui sont personnelles.*

[3] *Réponse des membres des deux anciens comités de salut public et de sûreté générale aux imputations renouvelées contre eux par Laurent Lecointre, de Versailles, et déclarées calomnieuses par décret du 10 fructidor dernier.* Ce mémoire est signé Barère, Collot, Billaud.

[4] *Robert Lindet, représentant du peuple, à la Convention nationale.*

sait assez adroitement qu'il « avait un bureau éloigné du lieu des délibérations du comité, » et demandait à la Convention « si elle le confondrait avec les monstres. » Il se vantait, — et l'histoire était là qui le vantait davantage, — d'avoir sauvé des victimes à Nantes, dans l'Eure et dans le Calvados; puis, s'élevant courageusement, au nom de la liberté de penser, contre ses accusateurs : « On lui reproche ses opinions, s'écriait-il. « Il est parlé de Lindet, dans cette brochure, à la troisième personne. » Si la liberté des opinions, si la liberté de la presse ne sont pas de vains mots; s'il est vrai que ce ne sont pas les erreurs de l'esprit, mais les crimes de la volonté qu'on veut poursuivre, comment ses opinions peuvent-elles devenir la matière d'une accusation? A quelles scènes horribles doit-on s'attendre si, lorsqu'une opinion cesse de prévaloir, on fait périr tous ceux qui crurent devoir la professer ou s'y soumettre? »

Presque en même temps paraissait un écrit de Faure, député de la Seine-Inférieure, qui demandait assez sagement que le procès fût ajourné à un an. Que d'événements tiennent dans une année! Les passions pouvaient se calmer, la concorde s'établir. Ainsi raisonnait Faure, qui me paraît en définitive un esprit doux et sage : « Citoyens, s'écriait-il, réunissons-nous tous! Soyons amis! Donnons l'exemple de la fraternité ! » Mais comme il craignait peut-être d'être trouvé trop clément pas les desservants de Notre-Dame de Thermidor, il ajoutait bien vite : « Envoyons d'ici là les accusés aux îles d'Hyères. » On ne pouvait choisir climat plus charmant. Rabelais, à son retour d'Italie, ce Rabelais qui savait ou devinait tout, jetant les yeux sur Hyères, comprit quelle station médicale, quel air sain, pur, curatif il y avait là. Peut-être le représentant Faure avait-il lu Rabelais. Mais ce n'était pas Hyères, son ciel bleu et ses orangers qui attendaient les accusés : les casemates étaient déjà choisies pour les proscrits sous les nuages empestés de Cayenne. En attendant, Barère, redressant sa tête hautaine, se promenait sur les boulevards avec une chemise sans col, comme les condamnés montent sur l'échafaud, et semblait dire, par sa contenance insolente, aux jeunes gens qu'il étonnait encore : « Ma tête est toujours là. Qui osera la prendre?

C'est l'heure où Ruamps, plein d'amertume, s'écriait : « Il vaut mieux être Charette que député! » Soubrany, dans ses lettres, trace un saisissant tableau de cette époque :

« Tu sais, dit-il à son ami Dubreuil, combien, dans les beaux jours de la Montagne, le côté droit et tous les appelants ont été traînés dans la boue, combien ils ont éprouvé d'humiliations, les motions qui ont été faites de les expulser. Forcés alors de dissimuler, ils ont dû attendre avec impatience le moment de se venger. Ils seraient plus que des hommes s'ils pouvaient en faire le sacrifice à la patrie. Ceux qui ont été enfermés surtout doivent être encore plus exaspérés. Tu

BIBLIOTHÈQUE NATIONALE RF

... Elle affiche le luxe le plus insolent au milieu de la misère publique, paraît au spectacle couverte de diamants, vêtue à la romaine. (Page 42.)

juges dès lors que lorsqu'on leur a dénoncé un Montagnard, ce n'est qu'avec peine et à la dernière extrémité qu'ils laissent échapper une semblable proie. Tu comprendras aussi aisément qu'ils sont bien aises, en se vengeant, de justifier leur conduite passée. Pour y parvenir, qu'a-t-il fallu faire? Profiter des crimes de Robespierre et de ses complices pour jeter de l'odieux sur tout ce qui s'est fait pendant le gouvernement révolutionnaire, qui a cependant sauvé la république; parler sans cesse des victimes du système des triumvirs et de quelques haines particulières pour présenter tout ce qui a été fait sous l'ancien gouvernement comme une suite de ce même complot. La Montagne eût néanmoins lutté avec avantage contre le côté droit, si de malheureuses divisions n'eussent fait naître dans son sein un parti qui, après avoir marché avec elle pendant le cours de la révolution, la poursuit aujourd'hui avec acharnement. Je veux parler de la faction Tallien, Fréron, Rovère, Bentabole, etc. Le côté droit les connaît comme nous, les méprise; mais il s'en sert pour nous écraser, et les écraserait eux-mêmes s'il n'en avait pas besoin. Cette faction renferme ce qu'il y a de plus scélérat dans la Convention. Au reste, leur conduite les démasque assez, plongés sans cesse dans les voluptés, passant leur vie dans des orgies scandaleuses au milieu des Phrynés, des Laïs [1], avec toutes les ci-devant marquises, comtesses, dont ils se sont déclarés les défenseurs en s'alliant à elles. Tallien a, comme tu le sais, épousé la Cabarus, veuve d'un Fontenay, émigré, et fille d'un banquier du roi d'Espagne. Cette femme remplace aujourd'hui Marie-Antoinette; elle affiche le luxe le plus insolent au milieu de la misère publique, paraît au spectacle couverte de diamants, vêtue à la romaine, et donne le ton à tout ce que Paris renferme d'impur dans les deux sexes. Rovère vit avec une ci-devant comtesse d'A..., qu'il a, dit-on, épousée et qu'il sortit de prison à l'époque des 9 et 10 thermidor. Bentabole a aussi épousé une ci-devant du nom de Chabot. Fréron est le journaliste de la faction. Ces hommes osent ainsi prendre le ton du jour, en appelant buveurs de sang, terroristes tous les patriotes purs et énergiques [2]. »

Le 12 ventôse an III, Saladin, député de la Somme, un des *revenants* comme l'appelle Soubrany dans ses lettres, présentait à la Convention, au nom de la commission des Vingt-et-Un, créée par décret du 7 nivôse, son volumineux rapport sur l'examen de la conduite des représentants du peuple dénoncés par Lecointre. Le travail est long, et je ne l'analyserai point. Il reproduit, avec un certain talent, l'effroyable tableau que dorénavant la réaction va tracer tant de fois. Il montre la France « couverte de prisons, affaissée sous le poids des échafauds, regorgeant du sang dont les scélérats l'abreuvaient, la terreur comprimant toutes les âmes, la sûreté individuelle attaquée, les propriétés violées, etc. » Certes, ce fut le crime, ce fut la faute de ces hommes que cette terreur qui, selon l'énergique expression de M. Louis Blanc, *éreinta* la Révolution. Mais fallait-il venir à la tribune dénoncer hautement les excès et découvrir les plaies? Quelles armes donnait-on aux adversaires de la république! De quelle joie devait-on emplir le cœur des royalistes, lorsqu'on déclarait, — et Saladin le disait bien haut, — que, « sous le despotisme royal, on comptait à Paris trois

[1] Soubrany reproche plus loin à Legendre de vivre avec la courtisane Contat, ancienne maîtresse du comte d'Artois.

[2] *Dix-sept lettres de Soubrany*, lettre à Dubreuil.

ou quatre prisons, et que, sous la dernière tyrannie, trente bastilles s'élevaient dans cette seule cité[1] ! » Vraiment, croirait-on que de pareilles déclarations aient pu être faites devant une Assemblée républicaine ? Mais quelle république était-ce là ! La veille, le 11 ventôse, un homme qui, le 16 frimaire, devant le pont tournant des Tuileries, avait demandé le rétablissement de la royauté et foulé aux pieds la cocarde nationale, avait été acquitté.

Saladin passe en revue les griefs déjà jetés à la face de Barère, de Collot, de Billaud ; il reproche à Barère d'avoir, au mois de septembre 1793, proposé de déporter les ennemis de la liberté ; à Billaud ses rapports, sa correspondance avec Joseph Lebon ; à Collot sa mission à Lyon, où, selon Saint-Luce, il éventrait les femmes et, selon Guffroi, il se promenait dans les rues, le sabre à la main, coupant lui-même les têtes. Il accuse Vadier d'avoir fait condamner à mort, à Pamiers, un père de famille dont tout le crime était d'avoir refusé sa fille en mariage au jeune Vadier. Enfin, arrivant à l'affaire de Danton, Desmoulins, Philippeaux, etc., il montre l'oppression exercée par les anciens comités contre la Convention nationale et les députés n'ayant plus le droit d'émettre leur opinion. « On les arrêtait sans consulter l'Assemblée ; le mandat d'arrêt contre Danton, Lacroix, Philippeaux et Camille Desmoulins n'annonce aucun motif et n'est pas même signé... » Les accusés sont traduits au tribunal révolutionnaire ; on suppose une conspiration dans les prisons en leur faveur ; on annonce à la Convention qu'ils se révoltent contre la justice, ils sont mis hors des débats, envoyés à la mort sans être entendus [2].

Ce procès des dantonistes, le plus injuste et le plus maladroit de la révolution, retombe donc sur la tête de ces comités, dont Danton voulait combattre la redoutable puissance ! « Le sang de Danton t'étouffe ! » avait-on crié à Robespierre lorsqu'au 9 thermidor, à la tribune, la voix s'arrêtait dans sa gorge. On pouvait dire plus justement à Voulland et à Amar : « Le sang de Danton vous accuse ! » Ceux-là, les dantonistes, étaient, en effet, de braves et intelligents républicains, profondément dévoués à l'œuvre qu'ils avaient construite et qu'ils allaient cimenter de leur sang. Les perdre était une faute, les condamner était un crime. On éprouve, en étudiant les pièces de ce procès attristant, une douloureuse et poignante impression. Ce n'est pas un jugement, c'est une exécution. L'accusateur public, le président du tribunal obéissent aveuglément aux ordres farouches des comités. Ils auront beau se débattre ; en vain Danton élevera sa voix formidable, en vain Camille se débattra sur son banc, en vain Westermann demandera à se défendre en montrant ses blessures au peuple, le bourreau les attend. Mais si

[1] *Moniteur.*
[2] *Moniteur.*

l'on peut reprocher cette mort aux comités, qui l'avaient, pour ainsi dire, décrétée, que doit-on dire à cette majorité de la Convention, toujours obéissante et domptée par la peur, qui donnait, sans compter, ses votes funèbres et envoyait à Sanson ceux qu'on lui désignait? « La Convention, dit Saladin, était opprimée. » Ne pouvait-elle donc résister, arborer son droit, affirmer sa puissance? Non. La foule du Marais votait, votait frémissante, quitte à demander plus tard compte de ses terreurs et de ses lâchetés.

Après le rapport de Saladin, Legendre se leva et fit cette proposition que les députés accusés fussent mis en arrestation séance tenante. On applaudit, et la proposition mise aux voix par le président Bourdon (de l'Oise), une immense majorité, — l'éternelle majorité qui condamne, — se lève pour l'adoption. La proposition de Legendre est décrétée; Barère déclare que les députés se soumettent en silence ; il fait quelques observations, et, sur la demande d'un député, la rédaction du décret d'arrestation est adoptée, avec cet amendement que les prévenus seront mis en arrestation chez eux sous la garde de gendarmes. « Je vais me soumettre, dit Collot-d'Herbois, au décret d'arrestation. » On introduit ensuite plusieurs jeunes gens de la première réquisition de Paris, et *un descendant de Calas*, orateur de la députation, vient s'écrier, après un assez long discours : *Vive la république! vive la Convention! A bas les buveurs de sang et les jacobins!*

Cette séance du 12 ventôse devait se terminer par une lettre des représentants du peuple envoyés à Meudon pour surveiller les épreuves des nouvelles inventions, et qui réclamait « contre un bruit calomnieux inséré dans plusieurs journaux, que, sous la dernière tyrannie, on tannait à Meudon des peaux humaines pour en faire des cuirs. » Et, chose incroyable, devant cette accusation effroyable, conte d'ogre imaginé par les cervelles terrifiées, mais qui, répété et grossi, pouvait tenir en échec l'histoire, la Convention, évidemment désintéressée de la défense de la république, la Convention passe à l'ordre du jour.

Je ne veux pas aller plus loin sans essayer de faire comprendre quelle fut l'attitude de ces hommes, accusés ainsi, et montrer d'un mot comment, malgré leurs fautes, ils méritent de laisser le souvenir de bons patriotes. Seuls de tous les conventionnels, ils pouvaient avoir encore une action sur le peuple, soulever les faubourgs, les lancer où bon leur semblerait. Leurs noms, parmi tant de noms ignorés ou démonétisés, étaient, — à tort ou à raison encore une fois, — demeurés populaires. Que le peuple se trompât ou qu'il devinât juste, il avait confiance dans ces membres sévères du vieux comité. Il eût obéi. Mais eux, fidèles à la loi, se gardèrent bien de toute rébellion. Protestant contre le mouvement, contre la Convention, ils s'inclinaient sous ses décrets : ils préféraient la condamnation, l'exil ou la mort à la révolte. S'imagine-t-on un conventionnel chef de barricade? Non. Ils ont tous, dans ces jours terribles, courbé le front sous la Loi, se contentant de répondre au bourreau par un cri d'espérance jeté à l'avenir du haut de l'échafaud.

Les accusés attendaient sans doute, espéraient un réveil du peuple, une émeute, mais ils n'auraient eu garde de les provoquer. L'insurrection étant illégale, ils ne songeaient pas à l'insurrection. D'ailleurs ils se croyaient sûrs de vaincre, de s'imposer à leurs juges, et, confiants, ils entendaient gronder l'orage sur leurs têtes, et aussi mugir au loin la voix de la foule, qui perdait patience et criait du pain.

Il y avait du bruit déjà dans le faubourg Saint-Antoine, où l'on disait tout haut que Vadier, Billaud, Barère étaient persécutés, et ce faubourg Saint-Antoine, *le faubourg*, comme on disait, allait être le foyer de l'insurrection prochaine et de l'incendie qui couvait. Les sections de Montreuil et de Popincourt s'agitaient, bouillonnaient; on se groupait autour de l'orme (il existe encore), planté en 92 comme arbre de la liberté devant cette maison de Santerre, que les papiers royalistes allaient bientôt désigner comme une *jacobinière* bonne à piller et à raser; on lisait les journaux, la feuille d'Audouin, courageusement fidèle à son terrible passé, les pamphlets calomnieux des *honnêtes gens* de thermidor; et toute cette foule, affamée, désespérée, partagée entre les regrets et la colère, s'exaltait à la lecture du *Patriote* ou rugissait devant les mensonges de la réaction.

On peut se figurer ce que pouvait être alors ce large et long faubourg, dont la physionomie, — heureusement pour l'historien, — n'a guère changé; vaste ruche laborieuse où toutes les mains sont occupées dans les logis, où le pain se gagne lentement, bravement, des rez-de-chaussées aux mansardes.

Les maisons dataient du dernier siècle. Il en reste encore beaucoup, immenses, des hôtels, ou petites, à un seul étage, avec des fenêtres sous les tuiles; les corridors sombres, les escaliers vermoulus, tournants, à rampe de fer, les cours intérieures étroites et semblables à des puits; les chambres lézardées abritaient une population besoigneuse, irritable, exaspérée par la famine et par toute la crispante mascarade réactionnaire. Chacune de ces maisons du faubourg, de la rue de la Roquette, de la rue de Lappe, de toute la section Popincourt était un club permanent où,— les Jacobins fermés,— parlaient les orateurs du peuple. Le pas des portes devenait une tribune. Les femmes s'assemblaient là, gémissaient, regrettaient les grands jours de l'an II. Parfois l'une d'elles tirait de son sein quelque médaillon de Robespierre, le montrait avec mystère comme une relique, et disait en hochant la tête : *De son temps, on était mieux.* (Voyez les dépositions des femmes impliquées dans l'insurrection de prairial; voyez aussi le livre de Buonarotti sur Babœuf.) C'était le refrain habituel des lamentations; le regret du passé, le souci de l'avenir entretenaient dans tous les esprits un désespoir morne qui devait se changer, on le sentait déjà, en une éclatante fureur. Une femme avait été arrêtée, près de la Halle aux blés, disant que *les faubourgs allaient descendre*. On hochait la tête, et, quand les grains n'arrivaient pas, quelques-uns murmuraient : « Patience, ceux de Montreuil et de la rue de Lappe nous en feront donner! »

Nous verrons, en racontant le procès, que la plupart des insurgés arrêtés dans les journées de prairial étaient, en effet, logés rue de Lappe.

La rue, débaptisée aujourd'hui, n'a pas changé. Elle commence rue de Charonne et finit rue de la Roquette. Étroite, sombre, d'ordinaire boueuse, avec des ruisseaux bruns qui coulent entre les pavés; point de trottoir ; on s'aplatit contre les maisons quand vient une voiture. Les boutiques sont comme en plein vent, volets ouverts : des serruriers, des forgerons, fabricants de grilles ou marchands de ferraille. Population active, robuste, courbée pourtant, toujours penchée sur la forge, pendue au soufflet, condamnée au *hahan* des durs métiers. Les logis sont noirs comme l'atelier, les enfants grouillent. Sous ces toits penchés en auvents, aux balcons rouillés des fenêtres, une figure de femme apparaît parfois, vieille et curieuse, regardant la rue où les petits jouent, où le père, bras nus, travaille en plein air. Parfois une main arrose, dans un pot, quelque fleur souffreteuse : c'est rare. Jamais de soleil. Les créatures ont besoin d'être robustes pour y vivre, sinon elles s'étiolent, toussent et meurent.

Toutes ces maisons sont du dix-septième siècle, grises, laides, tristes, logis de travailleurs et de misérables. La rue, qui s'était appelée tour à tour rue *Lappe* et rue *Gaillard*, — en mémoire de Gérard Lappe, à qui le terrain appartenait, puis de l'abbé Gaillard, instituteur des jeunes garçons du faubourg, — qui s'appelait rue de Lappe en l'an III, qui se nomma rue Louis-Philippe de 1830 à 1848, puis rue de Lappe en 1848, qui s'appelle enfin rue Louis-Philippe aujourd'hui, est telle à présent qu'en 1795, peuplée de même, à la fois bruyante et retirée, pleine de fermentations cachées, de grondements qu'on devine à voir les faces pâles, brunes, meurtries, usées et les bras musculeux, les rudes biceps des forgerons. Comme aujourd'hui vivaient alors dans ces logis ces ouvriers que le peuple parisien appelle énergiquement des *gueules noires*.

Souvent, un soldat blessé, un éclopé des dernières guerres, volontaire de Hoche ou de Pichegru, de Sambre-et-Meuse ou du Rhin, passait par là, le bras en écharpe, un appareil soutenant sa mâchoire ou claudicant sur sa jambe de bois [1]. Il faisait foule, on l'entourait. S'il était du faubourg, on le fêtait, on lui

[1] « Que d'hommes sans bras, sans jambes, que d'hommes sans nez, sans menton, sans bouche ! L'on ne découvre partout que des traces hideuses des cruautés de la guerre. O détestables

demandait ses campagnes, on lui rappelait le jour du départ. Avait-on oublié les paroles de Danton aux faubouriens : « *Filles et femmes du faubourg Antoine, qu'il ne trouve pas un cotillon pour lui, le j...f..... qui resterait ici au lieu de marcher à la frontière*[1] *!* » « Il avait été proposé, dit Mercier, que toute sentinelle porterait les armes au passage de tout soldat estropié. » C'eût été bien. Mais, loin de les saluer, les muscadins insultaient ces blessés. Les *habits bleus* étaient les uniformes détestés des soldats de Fréron, plus encore que des grenadiers de Brunswick. On le savait au faubourg, et l'ovation faite au soldat républicain souffletait le muscadin qui paradait sur le boulevard, appuyé sur son bâton jaune.

La haine du muscadin s'exaltait de jour en jour parmi le peuple. Les *jeunes gens* en bas blancs ne s'étaient-ils pas avisés de terroriser Paris à leur tour et de mettre les républicains à la raison ? Piètres héros, ces défenseurs en habit carré du trône renversé et de l'autel restauré !

*Muscadins !* Ce surnom leur était un jour tombé comme un projectile du haut de la tribune de la Convention. Chabot, exaspéré, les avait ainsi nommés, tous les inutiles et les fainéants de la république, gens épris de costume et de parure à l'heure où se débattait le salut du monde, réacteurs de par leur tempérament et leur humeur efféminée, lâches et mous d'ailleurs, ne se risquant à attaquer leur ennemi que lorsqu'il était isolé, faible ou malade ; jeunes hommes sucrés, parfumés, ambrés, poudrés, musqués, aux allures louches et *qu'un coup de tambour*, dit un contemporain, *métamorphose en femmes*. Les gravures du temps nous les montrent bizarrement vêtus d'étoffes rayées, claires, voyantes, jaunes ou vert pomme, l'habit carré gris ou bleu de ciel, les cheveux poudrés, en oreilles de chiens ou en cadenettes, des pendants aux oreilles, la culotte courte, collante et les bas chinés, avec bottes montant aux mollets ou escarpins découverts et jarretières flottantes. Une cravate gigantesque, orange ou verte, enfouit leur cou, coupe en deux le menton ; le chapeau à larges bords contournés et gondolés ou le tricorne à cocarde est planté sur l'oreille, se tient comme par miracle sur la chevelure enfarinée. Le lorgnon est typique, un monocle énorme et insolent. Ces mains de femmes portent des cannes noueuses, parfois des gourdins, et ne semblent faites que pour manier tout au plus la quenouille. Les muscadins ont le *collet noir*, c'est leur signe de ralliement. Tout *collet noir* proteste, réagit, est l'adversaire naturel des *habits bleus*,

rois qui vous êtes ligués contre notre république naissante ! » (Sébastien Mercier, *Paris pendant la révolution, ou le Nouveau Paris.*)

[1] La mémoire de Danton ne surnageait pas. Chose bizarre ! Cet orateur au timbre populaire avait moins saisi le peuple que le correct et quasi-aristocratique Robespierre. (V. là-dessus Buonarotti.)

l'ami des rois, le dompteur des *brigands*. Ils promènent leur toilette hybride, leur grasseyement enfantin, leur allure pâmée dans les boudoirs et les coulisses, à Feydeau, chez Garchy, dans les maisons de jeu, auprès des femmes demi-nues, sur les coussins des courtisanes et jusque dans les tribunes de la Convention, où ils vont entendre un discours de Louvet comme ils écouteraient une romance d'Elleviou.

Méritent-ils vraiment les colères de l'histoire? Oui, car ils étaient les émules et les complices de ces *compagnies du soleil* ou de Jéhu, assassins de par le droit divin, groupe de meurtriers qui prétendaient arrêter la marche de la république comme le bandit arrête la diligence lancée sur le grand chemin, Carriers de la réaction, comme on les a nommés, qui pastichaient septembre en massacrant dans les prisons, *chauffaient* les républicains, tiraient à mitraille sur les cachots, fouettaient et poignardaient les femmes, et prenaient pour commettre leurs crimes la livrée du deuil du dernier roi. Ils tuaient à Tarascon, ils tuaient à Beaucaire, ils tuaient à Marseille, ils tuaient à Sisteron, ils tuaient à Eyragues, ils tuaient et jetaient au Rhône les *mathevons* de Lyon. Ces affamés de plaisirs dansaient non sur un volcan, mais sur des cadavres. La *terreur blanche* était plus rouge que la première. A Paris, ils auraient fait de même, mais, quoique vaincus et terrassés, les jacobins fascinaient et intimidaient encore leurs adversaires en bas de soie. Ceux-ci trônaient au café de Chartres, au Palais-Royal. Il eût suffi d'un détachement de patriotes pour dissiper cette réunion muscadino-royaliste du boulevard, foyer de conspiration, qu'on appelait déjà *le sénat de Pilnitz*. Quand ils se trouvaient en nombre supérieur, les *collets noirs* assommaient les *collets verts* d'un coup de ce bâton qu'ils nommaient en riant leur *pouvoir exécutif*. A nombre égal, ils lâchaient pied, cédaient le terrain et se retiraient en zézayant et se dandinant. Ils allaient tout couper, *paole d'honneu panassée;* arrivait un groupe de citoyens coiffés à la Brutus, crânes tondus, protestant contre la farine « dépensée à blanchir une tête quand elle devrait nourrir un estomac », et les *fiers-à-bras* de Fréron laissaient, sans combat, le champ de bataille aux carmagnoles. Mais, reculant devant la lutte, ils n'hésitaient pas devant le meurtre, et savaient brûler la cervelle au jacobin qui marchait seul, ruminant ses déceptions et ses colères, ou faire pleurer la femme du peuple, qu'ils fouaillaient — eux, des hommes — en l'appelant *tricoteuse*.

Béranger, qui les avait vus, ces paladins en habit vert-bouteille, ignorants et énervés, qui, pour tout professeur, n'avaient pris que des professeurs de nœuds de cravates, Béranger, que ces façons bizarres, ces mœurs d'alcôves transportées dans la rue avaient écœuré, voulut les peindre, tels qu'il les avait rencontrés, dans une comédie qui ne fut pas achevée, et il les appela, lui, non pas les *mus-*

Tallien à la tribune.

*cadins*, non pas les *petits sucrés*, mais les *hermaphrodites*. C'est bien le nom qui convient à cette race éternelle, sans moelle et sans force, sans substance cérébrale, au sang appauvri, eunuques avachis, qui n'ont d'énergie que pour le plaisir; race sans foi, sans pensée, qui nie, insulte et combat ce qu'elle ne comprend point, triomphe du zèle des bons par son indifférence ou sa plate raillerie, et représente l'indestructible obstacle contre lequel se brisent trop souvent les mâles énergies et les nobles dévouements.

Ils avaient fini d'ailleurs par pousser à bout ce peuple qui mourait de faim et tombait de misère. Souffrir de la famine, c'était bien. Il eût patienté peut-être, mangeant des harengs pourris et du sang de bœuf pris à la devanture des bouchers. Mais être insulté, menacé, assommé par ce bataillon *d'hommes dorés* embauchés par Fréron, c'était trop.

C'était trop, et des politiques moins aveugles que les thermidoriens eussent compris, aux lueurs des regards, aux froncements des sourcils, aux menaces muettes et aux plaintes affichées, la nuit, sur les murailles, et jusque sur la porte de l'Assemblée, aux chansons on ne sait d'où venues et par tous répétées, aux refrains grondants, à je ne sais quelle électricité qui se dégage des foules poussées à bout comme des nuages gonflés pour l'orage, que le moment était venu où Paris allait voir se lever ce que Camille Desmoulins appelait *les jours caniculaires du faubourg Antoine.*

# CHAPITRE II

## LES DERNIERS MONTAGNARDS

C'était le 2 germinal que les députés prévenus devaient présenter leur défense à la Convention nationale. Ils n'espéraient guère, il faut bien le dire, sortir sains et saufs de la lutte. « C'est à la fin de la révolution que nous serons tous jugés, écrivait Collot-d'Herbois, et, cette fois, ce sera malgré vous la république démocratique[1] ». Mais il ne comptait que sur un avenir éloigné et sur cette postérité que tous, à l'heure de la défaite, — on ne saurait trop le répéter, — girondins, dantonistes, hébertistes, montagnards, forts de leur conscience ou de leur fanatisme, invoquaient d'une voix qui ne tremblait pas.

Depuis quelques jours, les rassemblements redoublaient dans les rues de Paris, et l'on entendait tout haut crier la famine. Le 27 ventôse, la foule, les députations avaient pénétré dans la Convention, demandant « du pain, du pain ». Boissy-d'Anglas, toujours occupé à rassurer le peuple, à lui promettre des ressources pour le lendemain, Boissy *le temporisateur* que la voix publique irritée des déconvenues allait bientôt surnommer *Boissy Famine*, annonça qu'on venait de faire la distribution de 1,897 sacs de farine. Le peuple fut calmé pour cette fois. Le lendemain 29 ventôse, Lecointre, qui, ce jour-là, avait attaqué le premier les membres des anciens comités et à qui les visites des marquis et des émigrés avaient donné à réfléchir, Lecointre, regrettant sans doute d'avoir servi la cause des réacteurs, annonce qu'il a à présenter une motion d'ordre importante. « Je demande, ajoute-t-il, à être entendu. » On lui accorde la parole, et il monte à la tribune. Son discours, dès le premier mot, va au but. « Je viens vous parler de la nécessité de mettre en activité la constitution de 1793. » On applaudit. Chasles, qui naguère montrait le poing à Tallien, Goujon, Levasseur applaudissent. Les thermidoriens se regardent d'un air étonné, peut-être inquiet, et tout à l'heure Bailleul va demander le rappel à l'ordre de Laurent

[1] *J. M. Collot à ses collègues.*

Lecointre, tandis que Thibault s'écriera : *C'est là un mauvais fou!* ou : *C'est un charlatan* [1] !

Mais, malgré les interruptions, Lecointre continue. C'est parce qu'il désire enfin, dit-il, que le gouvernement révolutionnaire soit aboli qu'il réclame l'application de la constitution de 1793. « La constitution de 1793 ne nous appartient pas, elle est la propriété du peuple. La liberté et le bonheur ne s'ajournent pas [2] ». Mettre ces lois en vigueur, c'est d'ailleurs prévenir « des fureurs, des brigandages et des vengeances. » Peine perdue. La Convention ne l'écoute point. Elle rejette la motion : la constitution de 1793 ne sera point mise en activité. Seulement, le soir même, ce discours, commenté dans les faubourgs par la partie du peuple qui avait trouvé place dans les tribunes, dicte aux mécontents leur mot d'ordre, leur remet en mémoire cette constitution qu'ils ont fêtée à sa naissance avec des transports, chantée dans des hymnes joyeux, et qu'on n'a jamais appliquée.

Cette constitution de 1793, cette nouvelle Déclaration des Droits de l'homme et du citoyen, lue à la Convention par Hérault de Séchelles dans la séance du dimanche 23 juin, aux applaudissements de l'Assemblée et des tribunes, avait été adoptée avec cette fièvre que donne l'espoir d'un meilleur avenir, avec l'enthousiasme que fait naître la satisfaction du devoir accompli. « Aux voix, président ! s'était écrié Philippeaux ; c'est un chef-d'œuvre qui ne doit point souffrir de discussion [3] » Et l'on n'avait pas discuté. La tâche que venait de remplir la Convention était peut-être, en effet, la plus lourde qu'elle eût acceptée depuis sa formation. « Donner, disait, au nom du comité de constitution, Condorcet, dans la séance du 23 février, donner à un territoire de 27,000 lieues carrées, habité par 25 millions d'individus, une constitution qui, fondée uniquement sur les principes de la raison et de la justice, assure aux citoyens la jouissance la plus entière de leurs droits ; combiner les parties de cette constitution de manière que la nécessité de l'obéissance aux lois, de la soumission des volontés individuelles à la volonté générale, laisse subsister dans toute leur étendue et la souveraineté du peuple, et l'égalité entre les citoyens, et l'exercice de la liberté naturelle, tel est le problème que nous avions à résoudre [4] ». Et notez, comme le disait encore Condorcet, qu'il fallait que la constitution convînt à un peuple chez qui un mouvement révolutionnaire s'achevait, et que cependant elle fût bornée aussi pour un peuple paisible. Il fallait que, « calmant les agitations sans affaiblir l'activité de l'esprit public, elle permît à ce mouvement

[1] *Moniteur.*
[2] *Ibid.*
[3] *Ibid.*
[4] *Ibid.*

de s'apaiser sans le rendre plus dangereux[1] ». On remarquera que, pour expliquer et commenter, pour louer dignement l'œuvre de la Montagne, je me sers ici des arguments de la Gironde. C'est que, pour être juste, il faut reconnaître que tous, amis ou adversaires, furent en ce temps-là dévoués à la cause commune, à la fondation de cette république une et indivisible qui était leur rêve. Il y eut entre eux comme un immense et sanglant malentendu. Ils s'entre-tuèrent, *s'égorgèrent dans l'ombre*, selon le mot de Cambon, mais comme des frères ennemis qui se réconcilieraient dans la Mort.

Ainsi, depuis le jour où Condorcet avait présenté à la Convention sa Déclaration des Droits, jusqu'au jour où Hérault de Séchelles avait lu le texte que l'Assemblée allait adopter dans les cinq mois qui séparent le 23 février du 23 juin, une terrible révolution s'était accomplie et la Gironde avait été précipitée du faîte dans la journée du 31 mai. C'en était fait, cette longue guerre d'insinuations ou de violences, cette division intestine qui paralysait la Convention (et il faut bien malheureusement convenir que les premières attaques étaient parties de la Gironde), cette lutte de la province contre Paris, trop violemment affirmée et par les sous-entendus des Girondins et par les barbares menaces d'Isnard, avaient abouti enfin à une catastrophe. Des législateurs allaient être mis hors la loi. L'héroïque, la sympathique mais impolitique Gironde allait être frappée par le glaive qu'elle avait aiguisé. Elle n'avait point respecté la représentation nationale, elle avait demandé l'arrestation d'un député; à son tour, non respectée, non protégée, elle allait solder l'inévitable traite que ceux-là tirent sur eux-mêmes qui font appel à la violence. Mais, vaincue et dépopularisée, tandis que le peuple de Paris illuminait pour l'achèvement de la constitution, se pressait au Champ de Mars, où le peintre David avait organisé, au nom de la Convention, une fête civique; tandis que l'on chantait autour de l'hôtel de la patrie, la Gironde abattue pouvait encore se dire qu'elle avait, elle aussi, travaillé à cette œuvre que Barère appelait le chef-d'œuvre de la philanthropie[2].

Et, pour voir jusqu'à quel point le malentendu a été funeste entre les partis, il faut, je le répète, comparer la Déclaration des Droits votée par la Convention à la Déclaration des Droits proposée par Condorcet. Elles ont plus d'un point de contact, et l'esprit qui les anime est puisé à la même source. Il me suffirait, pour le prouver, de mettre en regard les articles du projet et ceux du texte officiel. Sans doute, la constitution, que j'appellerai la constitution de la Montagne, est plus radicale, plus accentuée, elle n'est ni plus libérale, ni plus démocratique. L'une et l'autre affirment avec force et précision les droits naturels,

[1] Lisez le long et beau discours de Condorcet (23 février 1793).
[2] *Moniteur*, 23 juin.

civils et politiques de l'homme, la liberté des opinions, la liberté de l'individu, la liberté de la presse, l'égalité des droits, la résistance à l'oppression, etc. « Dans tout gouvernement libre, dit Condorcet (art. XXXII), le mode de résistance à l'oppression doit être réglé par la constitution. » La constitution de 1793 va jusqu'à reconnaître, en pareil cas, au peuple le droit à l'insurrection. L'article XXXV contient même le mot *devoir*. Bref, la Déclaration des Droits que votèrent les conventionnels, évidemment inspirée du projet présenté par Robespierre, ne diffère de la proposition de Condorcet, et par conséquent de la Gironde, que sur deux ou trois points, que l'on trouvera d'ailleurs excessifs dans le texte approuvé par la Convention.

C'est ainsi qu'au paragraphe sur les *assemblées primaires*, la constitution de 1793 donne au peuple le droit d'infirmer ou de ratifier les décrets et les mesures de la représentation nationale. Elle met le législateur sous le jugement direct du suffrage universel. Elle dit, par exemple :

XIX. Les suffrages sur les lois sont donnés par *oui* et par *non*.

XX. Le vœu de l'assemblée primaire est proclamé ainsi : *Les citoyens réunis en assemblée primaire de... au nombre de... votants, votent pour ou contre* (telle loi, tel décret), *à la majorité de...* [1].

Lorsque la constitution de 1793 fut votée, on mit au pilon cette constitution de 1791, cote mal taillée qui, en rapprochant de la royauté la représentation nationale, en multipliant pour ainsi dire les frottements et les heurts entre le roi et l'assemblée, le *sic volo* des représentants du peuple et le *veto* des Tuileries, avait hâté aussi l'inévitable rupture entre le souverain et la nation. On voit aujourd'hui, aux Archives, l'exemplaire de cette constitution de 91. La couverture d'argent est broyée par le *mouton* national, les rubans tricolores qui servent de *sinets* pendent tristement. Inutile essai de réconciliation entre l'ancien et le nouveau régime! Et cette autre constitution, qu'on acclamait et qu'on saluait, allait être inutile aussi; jamais elle ne fut appliquée. On en suspendit toujours l'exécution. Et le peuple, qu'on avait ainsi enivré de souveraineté, grondait tout bas, la réclamait, cette constitution promise et votée, et, aux heures de révolte et d'impatience, il allait, maintenant que Lecointre était venu raviver ses souvenirs, prendre pour mot d'ordre *la constitution* de 93, cette impérieuse et menaçante réclamation.

Le 1er germinal, déjà les députations du faubourg Saint-Antoine, tenues en respect par le président Thibaudeau, avaient jeté, pour la première fois, dans la Convention, cette prière qui ressemblait si fort à un ordre : « *Du pain et la constitution de* 93 ! » Cothery, orateur de la députation des Quinze-Vingts et de

[1] *Moniteur.*

Montreuil, était venu dire aux représentants : « Le peuple souffre, l'agiotage le ruine ; la constitution de 1793, qu'il a acceptée et juré de défendre, est son palladium et l'effroi de ses ennemis. Qu'on la lui donne, et la paix sera assurée à *la grande famille.* » Et Chasles, se levant, s'était écrié : « La Convention nationale n'avait pas besoin que le peuple lui exprimât aussi fortement son vœu pour la constitution ; car n'avons-nous pas juré tous, avant de venir à notre poste, de fonder le bonheur du peuple sur la démocratie? Mettre en vigueur la constitution devient une mesure que nous ne pouvons plus ajourner ; c'est le vœu de toute la république. »

Ce n'était pas le vœu de tous les représentants, puisque Tallien répliquait ironiquement, insolemment à ce discours, en désignant la gauche irritée : « Je demande à ces hommes, qui réclament si fort la constitution, si ce n'est pas eux qui l'ont enfermée dans une boîte[1]. » C'était braver singulièrement cette minorité à qui l'on arrachait chaque jour quelqu'une de ces libertés. Goujon, le jeune Goujon, emporté de colère, montre alors le poing à Tallien ; Chasles menace le thermidorien ; tous les membres de la gauche s'agitent. « C'est la rage de ne plus dominer, dit Bourdon (de l'Oise), qui excite ces cris ! » Et l'on applaudit à plusieurs reprises, tandis que Tallien, le modéré, fait appel à toutes les vengeances en effrayant la Convention par le spectre d'une terreur dont la hache était maintenant en d'autres mains, aussi terribles certes que celles des plus féroces proconsuls.

« Il faut que tous les hommes de bien se prononcent de la manière la plus énergique, dit Tallien, contre les scélérats qui voudraient encore nous opprimer. »

Au nom des comités, Sieyès s'était, en effet, énergiquement prononcé. Il avait demandé et obtenu une loi, qu'il baptisait *loi de grande police,* et qui prononçait contre tous les agitateurs cette terrible peine de la déportation[2]. « Si l'article proposé passe sans amendement, s'écria Chasles, il faut se donner la mort. » Et l'article avait passé. Pendant ce temps, au jardin des Tuileries, les muscadins, ceux qui se disaient les *régulateurs des groupes,* fondaient à coups de canne sur les hommes, sur les femmes qui stationnaient devant la Convention et les repoussaient à coups de canne en criant : « Vive la Convention ! à bas les jacobins ! à bas les buveurs de sang[3] ! » Et la Convention, à qui l'on venait

[1] *Moniteur.*

[2] Chose curieuse, dans cette loi de grande police que Beaulieu appelle un petit code politique de sédition, les provocations contre la constitution de 1793 sont considérées comme actes séditieux, et ceux qui viendront réclamer l'établissement de cette même constitution seront punis comme rebelles. (V. Beaulieu, p. 138.)

[3] V. le discours de Gaston, 1<sup>er</sup> germinal.

raconter ces scènes de désordres, applaudissait de toutes ses mains et donnait l'estampille à ces émeutiers de la réaction.

C'est sous l'impression de ces discours et de ces scènes violentes que, le 2, la représentation nationale se disposait à juger les membres des anciens comités. Ce jour-là, dès huit heures du matin, les tribunes étaient envahies. « Les citoyens, dit *le Moniteur*, avaient attendu l'ouverture de la séance en faisant retentir la salle de chants patriotiques; on répétait avec enthousiasme le *Réveil du peuple* et l'*Hymne des Marseillais*, le *Réveil du peuple* surtout. » Les femmes (voyez l'observation de Lecointre) avaient été exclues des tribunes; on les repoussait aux portes de la Convention. « Les tribunes, s'écrie Duroy, sont remplies d'assassins! » Un peu après, il ajoutait : « Plusieurs de nos collègues disent que les hommes qui sont dans les tribunes sont armés de poignards. » Et comme on murmurait : « Ce peut n'être pas vrai, mais on le dit [1]. » Singulière disposition d'esprit pour une telle Assemblée dans un procès qui devait être jugé avec calme, et, disait Barras, avec dignité!

Les prévenus étaient entrés. Un membre demande qu'on leur donne la parole; mais, avant toute discussion, Robert Lindet se lève fièrement, et apportant à ses anciens collègues l'appui de son honnêteté : « Puisque vous voulez juger le gouvernement, il faut le juger, dit-il, dans son intégrité; j'en ai été membre depuis le commencement jusqu'au 15 vendémiaire, et quoiqu'on m'excepte de l'accusation que l'on porte sur les prévenus, j'appelle sur ma tête la responsabilité que je dois partager avec eux, puisque j'ai partagé leurs opérations. Noble discours qui va lui attirer les accusations d'Isnard et les calomnies de Henri Larivière. Et pourtant, comme le remarque M. Louis Blanc, ce qu'il défendait devant la Convention, c'était la Convention elle-même [2]. Carnot se lève à son tour pour dénoncer à l'Assemblée deux placards affichés avec profusion sur les murs de Paris, et dont l'un porte pour titre : *Le Tocsin national.* « On demande dans ces placards s'il ne faudrait pas envoyer à l'échafaud ceux qui prendront la défense des prévenus. » Carnot allait, le lendemain, réclamer non pas, il est vrai, avec la fermeté de Robert Lindet, mais avec un certain courage, en faveur des accusés. « J'ai combattu souvent les prévenus eux-mêmes lorsque tout fléchissait devant eux; je les défendrai maintenant que chacun les accable [3]. » Il conclut, après avoir parlé des services rendus par les comités, après avoir expliqué leurs fautes, à ce que la Convention nationale décrète qu'il n'y a pas lieu à accusation contre les prévenus.

[1] *Moniteur.*

[2] *Hist. de la révolution*, t. IX. p. 439. V. sur la marche de cette contre-révolution les deux derniers volumes de l'éloquent historien.

[3] *Moniteur*, séance du 3 germinal.

BIBLIOTHÈQUE
8°

A dix heures du soir, un juge de paix et deux gardes nationaux entrent dans la chambre de Barère. (Page 62.)

Les débats se prolongeaient. C'était maintenant à Billaud, à Collot et à Barère de présenter leur défense. Assis derrière le fauteuil du président, ils avaient assisté jusqu'à présent, impassibles et résolus, à ce déchaînement des fureurs, à ces protestations rares, mais généreuses. Le 4, à midi, Collot-d'Herbois parut à la tribune. Il se défendit, comme allaient se défendre ses compagnons, en faisant remonter la cause de tous les excès jusqu'aux victimes de thermidor. Ils se vantaient ainsi d'avoir coopéré à la chute du *tyran*, à cette révolution du 9, qui devait marquer l'heure sinistre de la réaction. Pendant que la discussion continuait d'ailleurs dans le sein de la Convention, au dehors les Jacobins s'agitaient, les partisans de la Montagne pouvaient espérer qu'un mouvement, provoqué par la famine croissante, par l'exaspération continue, allait éclater qui leur permettrait bientôt de ressaisir le gouvernement. Le 7 germinal, une distribution de pain moins abondante qu'à l'ordinaire avait donné lieu à des mouvements très-violents. Des femmes s'étaient attroupées, en avaient arrêté d'autres qu'elles avaient forcées d'aller avec elles demander du pain à la Convention [1]. Dans le même moment, d'autres femmes, réunies à quelques hommes, couraient les rues comprises dans l'arrondissement de la section des Gravilliers en sonnant une cloche pour rassembler tous les citoyens. « Les agitateurs, dit une note du *Moniteur*, ont forcé les portes du lieu ordinaire des séances de la section des Gravilliers, y ont formé une assemblée illégale qu'ils ont ouverte par la lecture de l'article de la Déclaration des Droits, qui porte que, lorsqu'il y a oppression, l'insurrection est le plus sacré et le plus indispensable des devoirs. Le représentant du peuple Delecloy les a sommés, au nom de la loi, de se séparer. Ils ont refusé. Les comités ont assuré qu'après avoir épuisé tous les moyens de prudence et de persuasion, ils développeraient la plus grande fermeté. » Prudence, persuasion, fermeté, peu importait au peuple. André Dumont, Boissy-d'Anglas, Marec, Bréard, Merlin (de Douai), Foucroy, Chazal, Lacombe, Saint-Michel, Laporte, Sieyès, Dubois-Crancé, Rewbel, qui avaient succédé dans les comités aux Lindet, aux Carnot, aux Cambon, ne pouvaient arrêter l'émeute prochaine. Boudin avait proposé de renvoyer les prévenus Collot, Billaud et Barère devant les corps électoraux de leurs départements, qui les jugeraient. Dans la séance du 9, les trois comités firent un rapport sur la question qui leur avait été retournée de savoir si l'on suspendrait les débats, et conclurent à la continuation qui fut décrétée.

Ces débats commençaient à passionner singulièrement et la Convention et Paris. Les récriminations se croisaient, les reproches se heurtaient; les uns parlaient d'amnistie, les autres répétaient sans cesse le mot de vengeance, et parmi ces derniers, les Girondins il faut bien l'avouer.

— Moi qui suis de la Vendée, s'écriait Ruamps, je serai jugé par Charette!

— Je ne croyais pas, répétait Guyton, que mon caractère moral, connu depuis quarante ans...

Et la gauche lui répondait avec amertume, comme pour lui faire comprendre la vanité de sa défense :

— Vadier avait soixante ans de vertu.

Tout le monde, en ces heures de règlement de comptes, avait sur son passé

[1] *Moniteur*, n° 188.

quelque sévérité inévitable. Si quelque thermidorien accusait la Montagne, un Montagnard avait le droit de lui dire et lui disait : « Vous en étiez plus que moi [1] ! » Mais comme ils souffraient les gens animés de l'esprit politique, les Romme, les Goujon ; comme ils gémissaient de ces divisions terribles qui affligeaient les cœurs républicains et ne pouvaient réjouir que les chouans ou les royalistes !

La république ainsi divisée, c'était la république morte, à moins qu'une secousse profonde ne vînt modifier une situation désespérée. Le 12 germinal, au moment où Boissy-d'Anglas faisait un rapport sur les subsistances, un rassemblement très-nombreux força l'entrée de la salle de la Convention, demandant à grands cris du pain, la constitution de 1793 et la liberté des patriotes [2]. L'assemblée parut stupéfaite. N'avait-elle donc rien deviné?

La Convention eût bien fait cependant de méditer les paroles de l'orateur de la députation de la section des Quinze-Vingts, prononcées la veille et grosses de sinistres avertissements. « Depuis le 9 thermidor, nos besoins vont croissant. Le 9 thermidor devait sauver le peuple, et le peuple est victime de toutes les manœuvres. On nous avait promis que la suppression du *maximum* ramènerait l'abondance, et la disette est au comble. Les incarcérations continuent. Le peuple veut enfin être libre; il sait que, quand il est opprimé, l'insurrection est un de ses devoirs, suivant un des articles de la Déclaration des Droits. Pourquoi Paris est-il sans municipalité? Pourquoi les sociétés populaires sont-elles fermées? Où sont nos moissons? Pourquoi les assignats sont-ils tous les jours plus avilis? Pourquoi les fanatiques et la jeunesse du Palais-Royal peuvent-ils seuls s'assembler? Nous demandons, si la justice n'est pas un vain mot, la punition ou la mise en liberté des détenus ; nous demandons qu'on emploie tous les moyens de subvenir à l'affreuse misère du peuple, de lui rendre ses droits, de mettre promptement en activité la constitution démocratique de 1793. Nous sommes debout pour soutenir la république et la liberté [3]. » Cette pétition avait été interrompue par des murmures et par des applaudissements. Elle contient, comme on voit, le résumé de ce lugubre tableau de Paris et de la situation, que nous avons essayé de tracer. A cette voix qui grondait pourtant, qui parlait tout haut d'insurrection, la Convention fut sourde, ne répondit pas.

Thibault fit mieux, il prit la parole pour déclarer que, le gouvernement passant des nuits entières pour que Paris fût approvisionné, le mieux était de le laisser agir sans le troubler par des discussions. « Il y a trois choses, dit-il, dont

[1] *Moniteur*.
[2] *Ibid.*
[3] *Ibid.*, séance du 11 germinal.

on ne devrait jamais parler en public : ce sont les finances, les subsistances et la religion [1]. »

Mais ce 12 germinal, le peuple voulut enfin se faire écouter. Rovère avait prévenu la Convention que la *conspiration des œufs rouges* amènerait une insurrection. Dans la matinée, des attroupements s'étaient formés; les voitures destinées aux approvisionnements avaient été arrêtées à la Villette, au Bourget: la caisse, battant dans les rues, avait rassemblé une masse de peuple qui, grossissant, se porta sur les Tuileries, agitant ses bonnets rouges, et criant : *Du pain! du pain!* Parrein, ancien commandant de l'armée révolutionnaire avec Ronsin et président de la commission révolutionnaire de Lyon, retiré maintenant dans le faubourg Saint-Antoine, en dirigeait les mouvements. Il fut arrêté après l'émeute. Léonard Bourdon agissait sur la section des Gravilliers, Fayau à la section des Piques, David au Muséum. Le mot d'ordre nouveau : *La Constitution de* 1793, était tracé sur les chapeaux, sur des lambeaux d'étendards. Ce flot bruyant coupa en deux le discours de Boissy sur les grains, et pendant qu'il s'écriait : « Nous avons rétabli la liberté du commerce, » la foule, avec les femmes et les enfants comme avant-garde, répliqua : *Du pain!* A ce cri de sédition, la Convention répond par le cri de la légalité : *Vive la république!* Merlin (de Thionville) se mêle à la foule, parle à plusieurs ouvriers, les éclaire, les embrasse [2]. — A votre place ! lui crient Bourgeois et quelques membres de la gauche. — Ma place, répond Merlin, est au milieu du peuple! Et il y reste. Un mois plus tard, en prairial, les Montagnards seront condamnés pour avoir, comme Merlin, essayé de calmer l'insurrection. — Les citoyens, reprend Merlin, viennent de me dire qu'ils n'avaient aucune mauvaise intention. — Il n'y a que les muscadins, répond Ruamps, qui aient de mauvaises intentions.

Cependant les cris augmentent; la foule, qui remplissait la salle de la Liberté, se pousse pour entrer dans la Convention ; elle y pénètre par une formidable poussée, en demandant : *Du pain ! du pain !* Les tribunes lui répondent par les mêmes cris. Gaston s'adresse aux citoyens : « Mes amis, vous voulez du pain et la liberté des patriotes, n'est-ce pas? Eh bien ! vous l'aurez, mais filez, parce qu'on étouffe [3]. » Le président agite sa sonnette, se couvre (c'est André Dumont), invite la foule à sortir, à nommer une députation qui exprimera ses vœux. La réponse est ce cri sinistre qui retentira plus menaçant encore dans un mois : *Du pain! du pain! du pain!* Un homme enfin, Van Heck, qui commandait au 31 mai la section de la Cité monte à la barre, réclame le silence, l'obtient, et lance, interrompu par les cris, par les acclamations, par les approbations de la

[1] *Moniteur.*
[2] *Ibid.*
[3] *Ibid.*

foule, ce réquisitoire à la Convention : « Citoyens représentants, vous voyez devant vous les hommes du 14 juillet, du 10 août et encore du 31 mai. Ils ont juré de vivre et de mourir libres, et ils maintiendront la Constitution de 1793 et la déclaration des droits. Il est temps que la classe indigente ne soit plus victime de l'égoïsme des riches et de la cupidité des marchands. Mettez un terme à vos divisions; elles déchirent la patrie, et la patrie ne doit pas souffrir de vos haines. Faites-nous justice de l'armée de Fréron, de ces messieurs à bâton. Les hommes qui, au 14 juillet, ont détruit la Bastille, ne pensaient pas que, par la suite, on en élèverait mille autres pour incarcérer les patriotes.

« Où sont passés tous les grains qu'a produits la récolte abondante de l'année dernière? La cupidité est à son comble : on méprise les assignats, parce que vous avez rendu des décrets qui leur ont fait perdre la confiance. N'espérez pas ramener le calme et l'abondance sans punir les égoïstes ! »

L'extrémité gauche, le peuple avaient applaudi. Pendant un moment, le bruit étouffe la discussion ; le président se couvrant encore, attend le rétablissement de l'ordre, répond à la députation que la Convention ne peut délibérer, n'étant point libre, et engage le peuple à défiler. « Aussitôt que la Convention pourra, dit-il, reprendre ses travaux, elle s'occupera de vos besoins. — Il faut qu'elle s'en occupe tout de suite, s'écrient des hommes et des femmes ; nous n'avons pas de pain[1] ! » Déplorable violence qu'expliquaient bien les circonstances, puisque, quelques minutes auparavant, la section de la Fraternité était venue déclarer, après le discours de Van Heck, que le supplément de riz qu'on distribuait ne servait à rien, « parce qu'on n'avait ni bois ni charbon pour le faire cuire. » — Ce n'est pas tout ça, il nous faut du pain ! répondent les femmes à toutes les promesses[2]. « Le peuple nous demande du pain, dit Prieur (de la Marne). (*La foule : Oui ! oui !*) Eh bien ! il faut lui en donner. » (*La foule : Oui ! oui !*) Et Prieur réclame alors la liberté des patriotes, de Billaud, de Barère, tandis que la gauche invite (c'est le *Moniteur* lui-même qui le dit) les citoyens et les citoyennes qui occupent leurs bancs à vouloir bien se retirer. Et remarquez que le président, certain que la force armée n'est pas loin, laisse cette multitude agir et hurler comme bon lui semble. Vainement on le somme de faire son devoir ; Choudieu demande qu'il soit remplacé par un autre ; Chasles réclame la parole contre lui. André Dumont laisse dire. Le calme d'ailleurs se rétablit peu à peu. Le tocsin du pavillon central des Tuileries avait donné l'alarme ; la générale battait dans les rues de Paris ; la garde nationale rassemblée, environnait maintenant la Convention, et Legendre, Tallien, Kervélegan, lui donnant bientôt l'ordre de marcher, repoussaient le peuple à coups de baïonnette.

[1] *Moniteur.*
[2] *Ibid.*

Un des premiers mots d'André Dumont après ce tumulte fut un mot de vengeance : « Citoyens, employez la sévérité, et la patrie est sauvée ! » On veut aussitôt rendre complices les membres de la gauche de coups de feu tirés au dehors sur Auguis, qu'on dit blessé grièvement et qui va rentrer dans la salle sans une égratignure ; sur Pénières, qu'on dit mort et qui siégera demain. Isabeau, au nom du Comité de sûreté générale, propose le décret suivant : « La Convention nationale déclare au peuple français qu'il y a eu aujourd'hui attentat contre la liberté de ses délibérations, et que les auteurs de cet attentat seront traduits au tribunal criminel de Paris. » Le général Pichegru, qui se trouvait à Paris, est investi du commandement en chef de la force armée parisienne. Barras, qui commandait de même au 9 thermidor, Auguis, Merlin (de Thionville) lui sont adjoints. La Convention affermie n'a plus à redouter les rebelles de l'extérieur, elle n'a qu'à punir les *factieux* qui se trouvent dans son sein. Et avec quel zèle tragique elle s'en acquitte ! « *Il faut que cette journée soit complète !* » dit André Dumont. Certes elle le sera. Dans cette séance qui se prolonge jusqu'au 13, à six heures du matin, on décrète en toute hâte que Collot, Barère, Billaud, Vadier seront déportés (le vieux Vadier avait déjà pris la fuite) ; que, sans examen, Duhem, Choudieu, Chasles, Léonard Bourdon — un thermidorien — Huguet, Amar, Foussedoire et Ruamps, les plus énergiques des Montagnards, seront mis en arrestation et traduits au château de Ham. A dix heures du soir, un juge de paix et deux gardes nationaux entrent dans la chambre de Barère, mettent les scellés sur ses papiers ; à midi, le lendemain, une *voiture de cour* vient chercher l'ancien membre du Comité et l'emmène rue Saint-Honoré. Barère a écrit dans ses *Mémoires* que cette « magnifique voiture ornée de dorures et de glaces » ne lui avait été envoyée que pour mieux le désigner à une populace ameutée [1] et le faire assassiner. Barère s'est peut-être mépris sur les cris de la foule. Le 15, les voitures qui conduisaient les membres des anciens comités furent arrêtées à sept heures du soir à la barrière des Champs-Élysées ; une populace armée de fourches, de serpes, s'opposait à leur départ. Le citoyen Prévot, commandant de la vingt-neuvième division de gendarmerie, ordonne à ses hommes de marcher. Mais le peuple a pris d'assaut le corps de garde, au-dessus de la barrière, et braqué ses canons sur la troupe. Il faut que Raffet survienne à la tête du bataillon de la section des Champs-Élysées et dégage l'escorte. Les chevaux des voitures qui transportaient les prisonniers sont dételés, et l'on ramène les condamnés au Comité de sûreté générale en passant par la place de la Révolution, où le peuple poussait de grands cris.

Et la Convention proscrivait toujours. Avec Moïse Bayle, Rossignol et Pache,

[1] *Mémoires de Barère*, t. III, p. 3. V. Barère sur cette arrestation.

— ces deux derniers emprisonnés depuis longtemps, — furent expédiés sur le château de Ham. Le peuple avait parlé de municipalité. C'était assez pour que le froid et intègre Pache devînt un danger. « Ils veulent une municipalité, écrivait Trouvé dans le *Moniteur* du 14 (voyez l'article : *Paris les* 12 *et* 13 *germinal*). Ressusciteront-ils Fleuriot pour le replacer à leur tête? Ou bien ont-ils dans quelque prison éloignée un maire tout prêt, dès qu'il sera libre, à seconder leurs fureurs sanguinaires. » Sanguinaire, lui, le mathématicien Pache! O calomnies de la réaction!

Pendant ce temps, sur des paroles de Lebrun Tossa et de la musique de Delayrac, on chantait la journée du 12 au Théâtre-Favart :

Les protecteurs de l'anarchie,
Les partisans de la terreur
Ont voulu plonger la patrie
Dans un nouveau gouffre d'horreur.
Leur espoir est réduit en poudre,
Plus de Montagnards insolents!
Le sénat a lancé la foudre
Sur le reste impur des brigands.

— La foudre tombera sur vos têtes, avait dit, en effet, André Dumont du haut du fauteuil de la Convention. Et Ruamps lui répondait : « La foudre, c'est ton armée du Palais-Royal! »

A Favart, cette armée du Palais-Royal applaudissait, comme au lendemain d'une victoire.

L'esprit, l'esprit courant, toujours prêt à railler les vaincus, allait tantôt s'exercer sur les proscrits. Le 16, l'arrestation de Lecointre, celle de Cambon étaient ordonnées, et, le soir même, ces couplets sur l'intègre Cambon couraient, non les rues, mais les salons :

Hélas! que le monde est méchant,
Dans ce siècle de calomnie!
On nomme et voleur et brigand
Cambon, l'ami de la patrie.
C'est de la France le soutien ;
Il est exempt de tout reproche :
Mais, parce qu'il veut notre bien,
On dit qu'il le met dans sa poche.

D'homme de sang on a traité
Ce républicain débonnaire,
Cet ami de l'humanité,
De nos trésors dépositaire.

Les faits parlent pour lui ; je crois
Qu'il est exempt de tels reproches ;
Comment tuerait-il, dites-moi,
Quand il a ses mains dans nos poches [1] ?

Maintenant la réaction triomphe tout à fait. Elle peut tout oser, tout entreprendre, frapper qui bon lui semble, dissoudre les sections lorsque, poussées par la faim, elles se déclarent en permanence, et casser les arrêtés. Elle est maîtresse souveraine. Elle décrète la restitution des biens des condamnés, excepté pour Robespierre et Louis XVI. Elle désarme d'après des listes dressées dans les sections, proscrit la pique, permet le fusil. Le 14 avril, sous prétexte de pourvoir à l'arrivage des provisions, elle fait venir cinq cents hommes de cavalerie dans les environs de Paris ; elle ordonne le 14 la nouvelle organisation de la garde nationale en décrétant la formation de quarante-huit bataillons de 740 hommes chacun, et celle d'un corps de cavalerie de 2,400 hommes, organisés de manière à ce que l'on pût être sûr qu'ils ne soutiendraient jamais la populace. Pour voiler la réaction intérieure, elle exalte les victoires remportées sur l'ennemi ; mais en même temps elle fait la paix avec les chouans, elle traite de puissance à puissance avec des bandits. L'armée des chouans, après la pacification, avait conservé sa dénomination d'armée catholique et royale de Bretagne. Jusqu'au 9 floréal elle campa sous les murs de Rennes, gardant ses conseils militaires « au nom du roi. » Le 1er floréal, Cormartin avait fait son entrée triomphale à Rennes. On y cria : *Vive le roi !* Les représentants en mission écrivirent à la Convention qu'on y criait : *Vive l'Union!* Jamais le terrible Comité de salut public n'a eu entre les mains la formidable concentration de pouvoirs qu'il possède alors. Jamais, au lendemain même des lois du 22 prairial, la terreur n'a régné en France comme sous la tyrannie de ces modérés. Chaque jour ils sacrifient à la réaction quelque bouc émissaire. C'était hier ce misérable Carrier, c'est aujourd'hui Fouquier-Tinville. L'instruction de son procès et du procès du tribunal révolutionnaire, de l'ancien administrateur de police Herman, des juges au tribunal, avait commencé le 8 germinal. Je donne ici, quoique cette affaire ne rentre pas directement dans le cadre de cette histoire, les signalements des dix-neuf membres du tribunal révolutionnaire qui sont ainsi publiés pour la première fois, et qu'on trouvera aux Archives (carton du parquet, W. n° 88) [2].

[1] *Mémorial, ou Journal historique de la révolution de France,* par P.-J. Lecomte (an IX).

[2] Louis Leroy, dit Dix-Août, 52 ans, taille de 5 pieds 1 pouce, cheveux gris, front découvert et tête chauve, yeux gris, nez long et gros, bouche petite, menton rond, visage ovale et maigre.

Déliège (Gabriel), taille de 5 pieds 3 pouces, cheveux et sourcils châtain brun, front élevé,

— Tu n'as pas la parole, criait le peuple sur son passage. (Page 70.)

C'est un lugubre et révoltant procès que celui de ce Fouquier, servile instrument, âme de valet, qui pécha, comme disait Talleyrand, par *trop de zèle*, et

portant perruque, yeux bruns, nez gros et long, bouche moyenne, menton et visage rond et plein, 52 ans.

Stavny (Charles), 65 ans, taille de 5 pieds 1 pouce, cheveux et sourcils châtain gris, portant perruque, front élevé, œil bleu, nez moyen, bouche moyenne renfoncée, menton rond, visage beaucoup marqué de petite vérole et maigre.

Gauney (Georges), 40 ans, taille de 5 pieds 1 pouce, cheveux bruns, sourcils châtain clair, quel zèle ! Il en sort, malgré tout, un enseignement : Fouquier-Tinville représente bien ces êtres passifs qui, dans les temps troublés, accomplissent avec une régularité mathématique, un dévouement de casseur de pierres, une ponctualité ombrageuse, les ordres qu'ils reçoivent d'en haut ; chez eux l'idée du devoir se déplace et se fausse. Leur devoir véritable serait de rechercher si l'ordre qu'ils reçoivent est juste ou injuste ; mais, s'inclinant devant une consigne sans la discuter, ils substituent une autre idée à la première et diraient volontiers : Le devoir est d'obéir. Fouquier-Tinville obéit. Il obéissait lorsque, dans le procès

yeux gris, nez ordinaire, bouche ordinaire, visage ovale et plein, plusieurs signes au visage.

Vilate (Joachim), 26 ans, taille de 5 pieds 2 pouces, cheveux et sourcils châtains brun, front ordinaire, yeux gris, bouche moyenne, nez moyen menton rond, visage ovale et plein.

Chatelet (Claude-Louis), 45 ans, taille de 5 pieds 6 pouces, cheveux et sourcils châtains grisonnants, yeux verdâtres, front ordinaire, nez gros, bouche moyenne, menton court et rond, visage un peu ovale et plein.

Brochet (Jean-Etienne), 42 ans, taille de 5 pieds 2 pouces, cheveux et sourcils châtains grisonnés, front découvert, yeux bleus, nez court et gros renversé sur la joue gauche, bouche moyenne, menton rond, visage rond et plein.

Duplay (Maurice), 58 ans, taille de 5 pieds 6 pouces, cheveux et sourcils châtains brun, front découvert, yeux gris, nez long et ouvert, bouche grande, menton et visage rond et plein.

Aubry (Pierre), 42 ans, taille de 5 pieds, cheveux et sourcils châtains, front large, nez gros, yeux roux, bouche moyenne, menton à fossettes, visage plein et les deux pieds bots.

Prieur (Jean-Louis), taille de 5 pieds 6 pouces, cheveux et sourcils bruns, nez gros, bouche moyenne, menton court, visage rond et plein.

Laporte (François-Louis-Marie), 45 ans, 5 pieds 4 pouces, cheveux et sourcils bruns, front haut, nez long, yeux gris-brun, bouche moyenne, menton rond, visage ovale, brun de peau,

Scellier (Gabriel-Toussaint), 39 ans, 5 pieds, cheveux et sourcils blond foncé, front ordinaire, nez aquilin, yeux gris, bouche moyenne, menton rond, visage ovale.

Maire (Antoine-Marie), 48 ans, 5 pieds 4 pouces, cheveux et sourcils bruns, front dégarni, nez aquilin et de côté, yeux gris, bouche moyenne, menton rond et double visage plein.

Liendon (Gilbert), 37 ans, 5 pieds 4 pouces, cheveux et sourcils châtain foncé, front ordinaire, yeux gris, nez gros et long, bouche moyenne, menton rond, visage plein.

Foucault (Etienne), 55 ans 1/2, 4 pieds onze pouces, cheveux et sourcils châtain clair, front élevé, yeux gris, nez aquilin, bouche moyenne, menton court, visage ovale marqué de petite vérole.

Donzé-Verteuil (Joseph-François-Ignace, 59 ans, 5 pieds 2 pouces, cheveux et sourcils grisonnés, front haut, yeux gris, nez ordinaire, bouche petite, menton court, visage rond et plein.

Garnier-Launay (François-Pierre), 60 ans, 5 pieds 2 pouces, cheveux et sourcils gris, front élevé, nez aquilin, yeux gris, bouche moyenne, menton rond, visage ovale.

Trey (Benoît), 34 ans, 5 pieds 1 pouce, cheveux et sourcils châtains, front ordinaire, bouche moyenne, menton et visage ronds marqués de petite vérole.

Chrétien (Pierre-Nicolas), 32 ans, 5 pieds 2 pouces, cheveux et sourcils noirs, front ordinaire, nez moyen, yeux noirs, bouche grande, menton et visage ronds.

Naulin (Marc-Claude), 51 ans, 5 pieds 4 pouces, cheveux et sourcils châtain clair tirant sur le blanc, front haut et découvert, yeux gris, nez aquilin, bouche grande, menton rond, visage long marqué de petite vérole.

des dantonistes, il composait le jury de ceux des jurés qu'il appelait *des solides*. Il obéissait lorsque, chaque matin, faisant venir Étienne Demoret, l'aide des Sanson, il lui donnait, avant le prononcé des jugements, l'ordre verbal de faire monter la guillotine pour une heure quelconque, de faire préparer tel nombre de voitures qu'il lui désignait, et lorsqu'il recommandait, pour que le public ne fût pas irrité de cette conduite, qu'on fît mettre les charrettes dans différentes places voisines [1].

Fouquier, courbé sous sa tâche comme un bœuf sous le joug, travaillait sans relâche à son œuvre terrible, couchait dans son cabinet, au Palais-de-Justice, toujours emporté, violent, menaçant, se faisant haïr des huissiers (déposition de Robert Wolf, commis-greffier). C'est ce Robert Wolf qui dit encore : « Fouquier, après la loi de prairial, étant à déjeuner avec plusieurs jurés, comptait froidement, en se curant les dents, le nombre des victimes qui devaient *aller là-bas*. « Il faut que *ça aille*, disait-il, il en faut pour cette décade quatre cents, « et quatre cent cinquante pour l'autre. » Calculant toujours à peu près sur le nombre de cinquante à soixante par jour. Et les jurés applaudissaient [2]. *En se curant les dents* est un trait horrible. Je ne veux pas croire que Wolf l'ait inventé. Et pourtant que de calomnies jetées même à la face de cet homme que l'on ne croirait cependant pas susceptible d'être calomnié ! Pierre-Charles Sanson, Charles-Henri Sanson, Nicolas-Gabriel Sanson, Henri Sanson, interrogés, se taisent sur son compte, et déclarent *qu'ils n'ont connaissance de rien*. Mais d'autres apportent au procès des accusations écrasantes, et peignent l'accusateur arrivant ivre au bureau des huissiers. Je trouve cette lettre au dossier de l'affaire :

*Renseignements certains sur Fouquier-Tinville, ex-accusateur public près le tribunal révolutionnaire.*

« Depuis longtemps et notamment l'année dernière, Fouquier-Tinville fréquentait et allait dîner habituellement deux fois par semaine rue Serpente, 6, au deuxième et troisième étage, sur le derrière, chez un nommé Demey, se disant homme de loy, vivant clandestinement avec la fille Martin, escroqueuse et intrigante sur le pavé de Paris, n'ayant d'autres moyens de subsister.

« C'était dans ce coupe-gorge où, au milieu des orgies, on traitait impunément *à prix d'argent* de la mort des incarcérés ; une seule tête de la maison de Boufflers, échappée à l'échafaud par l'intrigue de ces vampires, leur a valu trente mille livres, dont mille livres comptant et un bon du reste payable sitôt la mise

[1] Déposition de Demoret, Procès Fouquier-Tinville (Archives, C, W. 501).
[2] Archives, C. W. 501.

en liberté, sans compter les présents de café, etc., etc. Ces tygres étaient si aveuglés dans ces temps de carnage qu'ils se vantaient publiquement de cet infâme agiotage.

« Leur vieux domestique, honnête homme, que la Martin a ruiné, forcé par circonstances de vivre avec ces fripons, n'ignore pas, sans y tremper, la plupart de leurs crimes.

« SAULNIER,

« *Rue Serpente.*

« 25 germinal an III [1]. »

Et en notes, d'une autre main que ce Saulnier :

« La citoyenne Martin, } n° 6, rue Serpente.
« Le citoyen Jolly, domestique, }

« Onfroy, gendarme, était autrefois portier de cette maison, il a connaissance que Fouquier y allait souvent avec Coffinhal et autres. » Eh bien ! cette lettre ment, je crois ; cet accusateur de l'accusateur public à son tour charge les couleurs.

Wolf, en qui j'aurais plus confiance, raconte, il est vrai, certaine scène qui a dû se passer telle qu'il la décrit. C'était le 9 thermidor. Fouquier, ignorant les troubles (ce qui prouve d'ailleurs jusqu'à quel point il s'isolait dans son farouche ministère), devait, ce jour-là, dîner chez Vergnes, à l'hôtel de la Fraternité. Vers une heure de l'après-midi, Dumont, l'un des commis des huissiers, lui dit qu'il y avait des mouvements dans le faubourg Saint-Antoine, qu'on y battait la générale, qu'Henriot « arrachait de prétendus patriotes des mains des gendarmes », que Dumas avait été arrêté à l'audience même du tribunal révolutionnaire. Malgré tout, vers trois heures et demie, Fouquier sort, le chapeau sur la tête. Vis-à-vis le cabinet des accusés, à trois pas de la porte de sortie de la salle des Piliers, il se heurte contre Sanson, l'exécuteur, et Demoret, son aide.

— Il y a des troubles au faubourg Antoine, lui disent-ils, et dans le faubourg où doit se faire l'exécution. Il serait prudent de la suspendre [2].

— Partez toujours, répond Fouquier, *un peu ému*, rien ne doit arrêter l'exécution des jugements et le cours de la justice. Vous avez, d'ailleurs, de la force armée.

Et il disparut pour aller dîner. Une fournée de six charrettes n'attendait que cet ordre pour s'acheminer à *la barrière Renversée*. Coffinhal et deux collègues assistèrent à ce repas, — que j'imagine troublé.

Fouquier, dans son procès, se défendait bien. On trouvera dans sa défense

[1] Archives, C. W. 501.

[2] Tous ces détails, est-il besoin de le dire, sont d'une authenticité scrupuleuse. (V. Archives, C. W. 501.)

manuscrite l'impression sincère d'un étonnement et peut-être, ce qui serait terrifiant pour la nature humaine, d'une conviction.

« *Dussé-je périr mille fois!* s'écrie-t-il, je n'avouerai point que je me suis trompé. Si le comité voulait me donner communication de tous les chefs d'accusation, peut-être aurais-je d'autres réponses à lui faire, mais il serait nécessaire qu'il m'entendît [1]. »

Il ajoute ensuite :

« Est-il une position plus triste et plus fâcheuse que la mienne *après avoir employé le jour et la nuit pour la chose publique!* »

J'ai lu, dans le *Journal des Débats,* sur Fouquier-Tinville un article de M. Saint-Marc Girardin où certaines circonstances atténuantes sont réclamées pour l'accusateur public. En vérité, en parcourant ses papiers, ses essais de justification, ces volumineux griffonnages où il explique, adoucit, pallie sa conduite, on ne saurait lui refuser je ne sais quelle stupide pitié, celle qu'on accorderait, par exemple, à l'instrument passif d'un effroyable malheur.

C'était une terrible chose que ce tribunal révolutionnaire [2]; mais, l'institution fondée, l'homme qui la dirigeait était-il responsable des excès? On fit payer cher à Fouquier, car tout se paye, sa conduite dans l'affaire des dantonistes, la façon dont on coupa la parole aux accusés; et la déclaration de Fabricius, — qui avait été, il est vrai, l'ami de Danton,— lui tomba sur la tête, eût dit André Dumont, comme un coup de foudre. Fabricius, au surplus, n'est pas seul ici à accuser. Topino-Lebrun, cet honnête et ardent jeune homme qui devait si tristement mourir quelques années après, et demander à Bonaparte de mourir *les mains libres,* Topino-Lebrun, alors juré au tribunal révolutionnaire, dépose ainsi dans l'affaire de Fouquier :

« Devant Pierre Forestier, juge,

« Comparoît :

« Le citoyen François-Jean-Baptiste Topino-Lebrun, âgé de trente et un ans, né à Marseille, département des Bouches-du-Rhône, juré au tribunal révolutionnaire, demeurant à Paris, au Louvre.

« Fouquier lui a paru *un problème.*

« Fouquier ne m'a point paru sans esprit de parti dans l'affaire Danton ; s'il n'a point écrit au Comité de salut public sur la prétendue rébellion des accusés, pourquoi, lorsqu'il a requis la lecture de la loi qui les mettait hors des débats, a-t-il dit dans son préambule : *Attendu la rébellion des accusés?* Pourquoi, le

[1] Archives, C. W. 501.

[2] Lisez l'ouvrage de M. Émile Campardon, *Histoire du tribunal révolutionnaire,* l'édition nouvelle, in-8. Je suis loin d'en approuver l'esprit, mais il est plein de faits et de recherches.

quatrième jour, s'est-il trouvé avec Hermann dans la chambre des jurés pour les engager à déclarer *être suffisamment instruits?* Au moins, après ce jugement, a-t-il fait droit à ces mots de Danton si importants pour notre liberté : *Je demande des commissaires de la Convention pour recevoir ma dénonciation sur le système de dictature ;* ici, c'était à la Convention qu'il fallait écrire et non au Comité de salut public.

« Camille récusa Renaudin, juré (qui l'avait maltraité pour avoir parlé république aux Jacobins), comme son ennemi particulier et comme un soutien du royalisme alors. On ne fit aucun droit à cette demande [1]. »

Et après Topino-Lebrun, le citoyen Jean-Baptiste Fambat, âgé de trente-cinq ans, juré au tribunal, demeurant à Paris, rue Taitbout, n° 36,

« Déclare :

« Quant aux manœuvres qu'on lui impute (à l'accusateur Fouquier), d'accord avec les comités, voici un fait qui peut-être pourra donner quelque induction à cet égard : ayant suivi exactement les séances dans les débats de l'affaire de Danton, il,—lui, Fambat,—se trouva, un des derniers jours de ce procès, pendant la levée de la séance, dans une des chambres adhérentes à celle des jurés ; il y était avec son collègue Topino-Lebrun. L'on vient leur dire que les citoyens Amar et Voulland étaient là. En effet, ils les virent passer à l'instant ; il avait depuis longtemps des choses essentielles à dire au citoyen Amar ; il alla à lui ; il lui parut très-agité, répondit peu à ce qu'il disait, et tout à coup, le prenant sans doute pour un des jurés de l'affaire, il lui dit avec beaucoup de véhémence : *Eh bien! allez-vous bientôt condamner ces scélérats?* Étrangement surpris de son erreur et de son interpellation, il sortit à l'instant sans lui répondre. »

A ces concluantes accusations, Fouquier-Tinville opposait d'ailleurs une contenance courageuse. Il écoutait, assis à la place des accusés, comme s'il eût siégé à la place de l'accusation. Rien, chez cet homme violent, ne trahissait la sourde colère qui devait l'agiter. Elle n'éclata qu'après la condamnation. En allant à l'échafaud, le 17 floréal, avec les quinze autres condamnés, Vilate, Foucault, Sellier, Garnier-Delaunay, Leroy *Dix-Août*, Prieur, Renaudin, Gérard, Châtelet, Bayenval, Benoît, Laune, Verney, Hermann, Dupaumier [2], il laissa échapper sa rage dans un jet de terrible ironie :

— Tu n'as pas la parole ! criait le peuple sur son passage.

— Et toi, canaille, répliqua-t-il, tu n'as pas de pain !

La vérité est que la famine tenait toujours à la gorge Paris, Paris amaigri et décimé. Le royalisme pouvait s'applaudir en voyant le succès de son œuvre : le

[1] Archives, C. W, 501. — Topino-Lebrun était peintre et élève de David.
[2] Duplay, l'hôte de Robespierre, fut acquitté.

peuple mourant, les assemblées populaires dissoutes, les Montagnards emprisonnés, la Convention menée, dirigée, dominée par les réacteurs.

Il ne restait plus, en effet, pour tenir tête à cette mer envahissante de la réaction qu'un groupe héroïque, qui bientôt allait être submergé lui-même, mais qui, en attendant, faisait devant les thermidoriens fière contenance. On voyait s'asseoir à la gauche de la Convention des hommes, jeunes pour la plupart, énergiques, décidés à la lutte ou à la mort, et qui, étrangers au 9 Thermidor, récemment revenus des armées où ils avaient bravement rempli leurs missions, s'étonnaient et s'affligeaient des déchirements de la République. Courageux et dévoués, ils ne laissaient passer aucune occasion de protester, d'affirmer leurs sentiments. Nous les avons vus se prononcer avec énergie contre les accusations de Lecointre qui discréditaient la République, s'opposer à la fermeture du club des Jacobins, qui constituait une première atteinte à la liberté ; protester contre la loi de grande police de Sieyès, crier : A bas les bourreaux! à ceux qui demandaient la proscription après les journées de germinal. Nous allons les voir encore jouer bravement la dernière partie de la République et donner avec des rayonnements d'enthousiasme leur vie pour enjeu.

La belle tête de Goujon, — fine, féminine, sans barbe, un nez droit, aquilin, sur une bouche petite et sérieuse, le menton nettement accusé, encadrant ce calme visage d'une résolution si charmante, des cheveux longs, qu'on devine soyeux, tels qu'ils pouvaient s'échapper du casque d'une Herminie, — s'élève au-dessus du groupe. Ce Spartiate ferme et doux marche au premier rang. Sur les bancs de l'Assemblée se dressait sa taille haute de six pieds. Jean-Marie-Claude-Alexandre Goujon avait alors vingt-neuf ans, mais sa vie si noblement remplie était déjà glorieuse et son nom populaire. Goujon était né à Bourg-en-Bresse, le 13 avril 1766. D'abord marin, à douze ans il assistait sur le *Saint-Esprit* au combat d'Ouessant, où le comte d'Orvilliers fit éprouver de dures pertes à l'escadre anglaise. L'enfant écrivait, le lendemain, à son père, alors à Paris, une lettre qui fut lue tout haut, en plein Palais-Royal, sous l'arbre de Cracovie, comme un bulletin de victoire. Six ans après, Goujon, continuant ses voyages, débarquait à l'Ile-de-France. Il y vit des nègres courbés sous le fouet, réduits à l'état de brutes, et se révolta devant les souffrances de ces êtres disgraciés. Il y avait déjà un républicain et un philanthrope chez ce jeune homme de dix-huit ans.

Quatre ans après, nous le retrouvons aux environs de Paris, uni d'amitié avec Tissot, qui deviendra son beau-frère, étudiant, cherchant avec acharnement la solution des problèmes qui déjà agitent le monde, et traitant le magnifique sujet mis au concours par l'Académie de Dijon pour sujet du prix qu'elle promettait de décerner dans sa séance du mois d'août 1790 : *Déterminer quelle est l'in-*

*fluence de la morale des gouvernements sur celle des peuples.* L'Académie ne devait pas accorder de prix, mais elle allait déclarer que, parmi tous les discours qui lui avaient été adressés, le travail seul de Goujon avait attiré son attention [1]. Elle proposait au surplus « une manière nouvelle d'envisager la question. » Goujon se remit au travail. Il faut lire ce discours remarquable, écrit d'un style sobre et ferme, comparé aux déclamations du temps. Un mâle enthousiasme, le profond amour de la liberté, l'âpre soif de la justice, animent ces pages honnêtes et altières qui semblent tracées par le style d'un Spartiate. Goujon, avec la sévérité ardente de la jeunesse, qui ne transige pas et proclame fermement l'absolu, n'admet ni compromis ni demi-mesures. Un souffle hardi passe dans son écrit, il proclame bien haut que « l'intérêt de toute tyrannie est d'avilir l'homme pour le dominer, » et que le peuple se corrompt fatalement, perd toute vertu et toute énergie dès qu'il abdique ses droits en faveur d'un gouvernement qui n'est pas la Raison ou la Loi. C'est « l'ascendant absolu et irréfléchi de la morale des princes sur celle de leurs sujets que j'appelle, dit-il, influence de la morale des gouvernements sur celle des peuples. Comment déterminer la nature et le degré de cette influence? Comment en développer les suites sans pénétrer jusqu'aux plus secrètes pensées des maîtres du monde et sans dévoiler les odieux complots formés de toutes parts contre la liberté? Que de raisons, sous un maître, pour interdire toute discussion sur cet objet! Parler avec vérité de la morale des gouvernements, n'est-ce pas verser l'opprobre sur ces puissances que l'univers adore? Parler de l'influence de cette morale sur celle des peuples, n'est-ce pas apprendre aux hommes le secret de leur servitude, les faire rougir de leurs fers et leur indiquer les moyens de les briser [2]? » Un nom vient aussitôt à la pensée lorsqu'on lit ces pages bouillantes de Goujon, le nom d'Étienne de la Boétie, mort jeune comme le jeune tribun, sans peur et sans reproche comme lui, et qui, avec autant de hardiesse, dans un style, il est vrai, plus concis et plus mâle, a exprimé des idées analogues. On trouverait plus d'un rapprochement à établir entre ce *Discours sur l'influence de la morale des gouvernements* et le traité fameux *De la servitude volontaire*. Le philosophe et le politique, tous deux poëtes à leurs heures, — autre point de contact, — sont deux révoltés, deux mécontents, deux amoureux de liberté, deux combattants du droit et de l'honneur. Dans un temps de barbarie et de guerres atroces, la Boétie proclame cette liberté qu'il adore, en reprochant à ses concitoyens leur lâcheté.

A une époque de corruption et d'affaissement de la conscience, Goujon affirme bravement les imprescriptibles droits de la vertu. « Nos pères étaient barbares,

[1] Tissot, *Souvenirs de la journée du 1er prairial.*
[2] V. le livre de Tissot et les écrits de Goujon.

10



BIBLIOTHÈQUE NATIONALE R.F. IMPRIMÉS

Goujon rassembla devant sa porte les paysans du village qu'il habitait... (Page 74.)

disons-nous (c'est lui qui parle) ; une valeur brutale les portait à tout décider par la force ; les arts, étrangers parmi eux, n'avaient point changé en une douce urbanité leurs mœurs rustiques et grossières. Ah ! puissions-nous encore être barbares comme eux ! Ils étaient vertueux, leurs âmes étaient pures, leurs cœurs francs et généreux étaient incapables de se courber sous le joug ; leurs haines étaient fortes et durables, mais leurs amitiés l'étaient aussi ; ils n'insultaient point au malheur, etc., etc. » Ne croirait-on pas, encore une fois, voir un citoyen de Sparte égaré dans ce dix-huitième siècle, qui se décomposait alors, tombait en pourriture, et proclamant dans son austérité l'honnêteté, la médiocrité des mœurs, prêchant le brouet noir au lendemain des orgies de Louis XV?

Goujon alors, désespéré, attristé, déjà grave et le front pensif — à vingt ans! — assistait à cette ébullition qui annonçait une tempête, quelque catastrophe inconnue. Les yeux sur l'horizon, il n'osait guère prévoir une éclaircie. Ambitieux du bien de la patrie: « Ah! s'écriait-il, si ma voix pouvait se faire entendre! » Il ne l'espérait pas, et, mélancoliquement, il se contentait d'écrire: « Heureux les peuples qui auront pu voir le fer de leurs chaînes à travers les roses dont on a pris soin de les couvrir! » Il ne devinait point qu'un soir de juillet, moins d'un an après, ce peuple qu'il voyait opprimé maintenant allait s'endormir libre, après avoir bien gagné sa journée.

« Être homme, avait dit Goujon dans son *Discours*, c'est le premier des titres; être libre, c'est la première des dignités. » Avant même que son travail eût été examiné par l'Académie de Dijon, le 14 juillet y avait répondu.

Il dut saluer d'une acclamation triomphante, ce jeune homme, la chute de la vieille citadelle qui, pour les Parisiens, était là, noire et haute, comme la pétrification de la tyrannie. On s'imagine quelle fut sa joie à la nouvelle de la prise de la Bastille. Pendant ces premières années de la Révolution, Goujon demeure spectateur, reste dans l'ombre, regarde et juge. Les acteurs du grand drame ne font leur entrée qu'un à un; il faut qu'ils soient nombreux, car, grâce au bourreau, leur rôle resplendissant ou sombre n'est jamais bien long. Mirabeau venait de mourir. Camille Desmoulins avait poussé à son tour le cri de Bossuet: « Mirabeau se meurt! Mirabeau est mort! » Il avait sévèrement jugé celui qu'il appelait, selon ses nerfs, Mirabeau-Chiffon ou Mirabeau-Tonnerre. Une après-midi d'avril 1791, Goujon rassembla devant sa porte les paysans du village qu'il habitait; il s'agissait de leur faire comprendre quel était le grand homme qu'on avait perdu. Ses longs cheveux blonds, divisés sur le milieu d'un front pur, ondulant en larges boucles, comme ceux d'une femme, sur son cou nerveux; les yeux pleins d'éclairs, le nez droit et la bouche petite, aux lèvres fines, tel qu'on le voit sur la peinture d'Isabey, gravée par Bonneville, Goujon monta sur un banc et prononça, d'une voix émue et grave, l'éloge funèbre de Riquetti l'aîné, ci-devant marquis de Mirabeau. La foule écoutait et pleurait; et lorsque le jeune homme eut fini de parler, elle se retira recueillie comme après une cérémonie imposante. Le lendemain, on ne parlait à Versailles que de l'éloquent et courageux orateur. Peu de temps après, Goujon était appelé à l'administration du département de Seine-et-Oise. Il y apporta tout son dévouement. Procureur général syndic au 10 août, député suppléant à la Convention nationale, il accepta; il rechercha dans la République ces fonctions obscures et délicates où le dévouement trouve toujours à s'exercer. Ce n'était pas seulement un homme de lettres et ce que j'appellerai un politique cérébral, de ceux qui s'éprennent d'une idée comme d'une maîtresse, c'était encore, malgré sa jeunesse indomptable et bouillante, un intelligent administrateur. Il avait les deux grandes qualités de l'homme d'État, la science et le désintéressement; point d'ambition personnelle, des mœurs pures et stoïques. Il avait épousé la sœur de Tissot, son ami, et déjà, passant des bureaux de la Convention à la petite chambre où dormait son enfant, il rêvait d'en faire un citoyen utile un jour à la patrie. On lui avait offert en 1793 le ministère de l'intérieur, il avait refusé, préférant bientôt entrer dans la commission des approvisionnements et des subsistances. Plus tard, désigné pour le poste d'ambassadeur de la République à Constantinople, il allait partir, lorsqu'un arrêté du Comité de salut public lui confie par intérim le portefeuille des affaires étrangères et de l'intérieur [1]. Les dantonistes sont envoyés à l'échafaud; Hérault de Séchelles, dont Goujon était le suppléant, embrasse Danton dans le fond du panier de Sanson ; et Goujon, appelé à la Convention, renonce à ces fonctions de ministre, semblable à ces généraux qui déposaient leur grade pour aller au feu. Bientôt, envoyé aux armées du Rhin et de la Moselle, il envoie au Comité de salut public des lettres de victoire que Barère lit à la tribune aux applaudissements de la Convention. « Les Prussiens, dit Goujon dans son style énergique, avaient fait jurer à leurs esclaves de défendre leurs redoutes jusqu'à la mort. Les redoutes ont été enlevées, les canons pris et les canonniers hachés sur leurs pièces. » (Tripstat, 26 messidor an II) [2]. Après Tripstat, c'est Kerveiler, c'est Spire, ce sont les gorges et le revers des Vosges, depuis Landstoul jusqu'à Newstadt, dont Goujon et son collègue Hentz annoncent la prise. Desaix, Vachot, Saint-Cyr, qui agissaient sous ses ordres, se seraient fait tuer sur un signe de l'intrépide jeune homme. Le 9 messidor, Goujon datait sa dépêche de Landau. Le Palatinat tout entier était à nous, et ses riches moissons maintenant allaient nourrir l'armée du Rhin.

Goujon devait bientôt rencontrer aux armées le gai et exalté Bourbotte. Le 13 thermidor, ils écrivaient tous deux de Thionville pour féliciter la Convention de sa victoire sur Robespierre : « Que tous les traîtres tombent ! Que tous les tyrans soient anéantis ! C'est, n'en doutez pas, le vœu unanime de ceux qui versent ici leur sang pour la patrie [3]. » Rappelé bientôt, il revient à la Convention, qu'il trouve menée déjà, dominée par les réacteurs. Son étonnement est profond, son affliction ne va pas sans colère. Mais bientôt son parti est pris. Il

[1] L'article biographique sur Gougon dans le *Dictionnaire* d'Alphonse Rabbe et Boisjolin a dû être rédigé sur les notes de M. Tissot, qui vivait encore (1839). Tissot, en 1795, n'était pas encore ce qu'il est devenu plus tard, un pauvre sire, dit la chronique.

[2] *Moniteur*.

[3] *Ibid.*

luttera, puisque la lutte continue; il luttera de bonne foi, avec son énergie et sa droiture accoutumées. Dès lors, toutes ses paroles, tous ses discours sont consacrés à la défense de la république. Avec une netteté de vues, une connaissance profonde des choses de la politique, il s'oppose à toute mesure réactionnaire, alors même qu'elle semble satisfaire un besoin apparent de justice. Nous l'avons vu s'élever hautement contre Laurent Lecointre, gémir qu'un républicain accusât ainsi publiquement les anciens gouvernants, et par conséquent le gouvernement; plus tard, avec une persistance acharnée, il s'oppose à la création d'un conseil de commerce qui peut entraver une liberté; il provoque des mesures contre ceux qui attaquent les Droits de l'Homme; il se plaint des persécutions dirigées contre les patriotes; il invite les Jacobins à veiller aux aristocrates; il vote, il ose voter contre le rappel des députés mis hors la loi, de ces Girondins, honnêtes sans doute, mais qui allaient rentrer dans l'Assemblée avec leur désir de représailles, — et quand le président met aux voix le projet de décret présenté par Merlin (de Douai), lorsque la très-grande majorité se lève pour l'adoption, quand les membres mêmes qui siégent à l'extrémité gauche ne prennent point part à la délibération, Goujon, qu'il n'est cependant ni pour les proscriptions ni pour les rigueurs, Goujon seul se lève contre [1].

Il poursuit la réaction partout où elle se cache, sous quelque costume qu'elle se présente; il la traque, il la démasque, il la combat dans les hommes, dans les mots. Il attaque, il veut effacer ce nom de terroristes dont on s'efforce de marquer certaines gens comme d'un fer rouge. « N'en doutez pas, citoyens, ce qui a troublé la paix de la République, ce qui pourrait encore la troubler, c'est la manie que l'on a toujours eue de combattre les raisons par des mots de parti et par des dénominations injurieuses..... [2]. Citoyens, je hais autant que vous les hommes de sang; de ma vie je n'ai fait le mal volontairement, mais je dis que si on se sert du mot de *terroriste* pour poursuivre les bons citoyens... — Personne ne veut poursuivre les bons citoyens, » répondent un grand nombre de membres. — Et Goujon, aux applaudissements de la gauche, avec l'assurance inébranlable de la foi et de l'honnêteté, reprend : « Cette dénomination vague de terroristes, inventée par des hommes qui veulent tout agiter, ne sert qu'à faire planer le soupçon indistinctement sur toutes les têtes; s'il existe des coupables, qu'on les désigne et que la loi en fasse justice. Quant à moi, je déclare que si je me croyais coupable, j'aurais le courage de m'accuser moi-même; je dirais : Si mon sang peut rétablir la paix dans mon pays, qu'il soit répandu [3] ! »

Et comme on sent dans ces paroles, modérées dans leur sombre énergie, la

[1] *Moniteur.*
[2] *Moniteur*, séance du 21 ventôse an III.
[3] *Ibid.*

ferme conviction d'une conscience! Goujon est sage en même temps qu'énergique. Il a de la jeunesse l'indomptable élan, uni au sûr coup d'œil de l'âge mûr. Quoi de mieux raisonné que ces paroles qui résument si bien la situation de ce moment de trouble et de sourds combats : « Si vous voulez que la paix règne dans la République, ne souffrez qu'une dénomination, celle de citoyens ; bannissez toutes les autres, qui ne sont que des armes dans les mains de celui qui veut établir la terreur. »

C'est parce qu'il est un républicain intègre et convaincu que Goujon défend la république tout entière et les républicains, sans distinction de partis ; qu'il veut s'opposer même à la dépanthéonisation de Marat si obstinément demandée. Il ne faut toucher à aucune parcelle du passé, tel est son avis. C'est parce qu'il veut le triomphe de la cause qu'il a servie qu'il menace Tallien, qu'il demande l'ajournement de cette inconséquente loi de grande police présentée par Sieyès, qu'il surmonte ses dégoûts, qu'il combat ses lassitudes, qu'il triomphe de ses désespoirs pour défendre à la Convention les intérêts de la patrie. Le sacrifice de sa vie était fait. Déjà en 1790, dans cette solitude des champs, en écrivant ce drame en prose, *Damon et Phintias*, qui devait être une pièce posthume, il avait comme instinctivement tracé sa propre histoire. Qu'était-ce que le Spartiate Damon, qui bravait dans son cachot le tyran de Syracuse, sinon lui-même, sans cesse armé contre les ennemis de la liberté? Il allait trouver, lui aussi, et son Phintias et ses Denis, et comme Damon, sans doute aussi allait-il s'écrier :

« Sainte vertu, c'est toi que j'implore! C'est toi qui dois soutenir mon courage lorsque je lutte seul contre l'injustice des hommes et le pouvoir des méchants! Être des êtres! toi qui me donnas la force d'écarter de mon cœur les semences du vice, ne souffre pas que je déshonore à ma dernière heure l'œuvre de tes mains! A l'instant où je vais quitter ma dépouille mortelle pour m'élever jusqu'à toi, donne à mon âme le calme de la vertu. Que le méchant envie la sérénité du juste au milieu des appareils de la mort! Déjà mon âme s'agrandit en songeant qu'elle est ton ouvrage ; elle s'épure en se rapprochant de toi! Fort de mon innocence, je prends plaisir à me reposer sur ta justice. C'est toi qui es mon juge ; l'estime des hommes n'est plus rien pour moi : je brave leurs jugements à l'abri du témoignage de ma conscience, je ne les crains plus... je sais mourir [1] ! »

Mais tous les crucifiés ont leur jardin des Oliviers et leur sueur terrible. Goujon, vivant seul, sans relation aucune, au milieu d'une famille nombreuse,

[1] A travers les boursouflures de ce drame, *Damon et Phintias, ou les vertus de la liberté*, circule, est-il besoin de le dire, un vif sentiment de grandeur saine, vraie et toute cornélienne. On sent l'homme nourri d'antiquité et, ce qui vaut mieux, porté par sa propre nature au dévouement et au sacrifice.

fuyant les lieux publics, aimant l'ombre et le calme, souvent regardait mélancoliquement l'avenir. L'héroïsme est lourd à porter. Ce jeune homme pouvait vivre si heureux, solitaire, parmi ses livres, à côté de sa mère, de sa femme, de ses sœurs, de ses enfants ! Souvent, le soir, après les orages de la Convention, le dîner pris en commun, il sortait, emmenant son jeune frère ou quelqu'un de sa famille, se promener aux Tuileries[1]. On longeait la terrasse des Feuillants, on passait devant l'Assemblée, ce volcan, on allait doucement aux Champs-Élysées, laissant de côté le Cours-la-Reine où paradaient les élégants. Et si, en chemin, Goujon rencontrait quelque triomphant muscadin, conspirateur à la poudre d'iris, il rentrait morne et triste en son logis de la rue Dominique.

Il était herculéen avec ses formes gracieuses, et cassait, dit-on, un fer à cheval entre ses doigts, comme le maréchal de Saxe. La douleur, la tristesse, l'inquiétude l'eussent tué peut-être sans cette prodigieuse force de tempérament. La préoccupation d'une fin tragique ne sortait pas de sa pensée. Un jour, ouvrant sa chemise et découvrant sa poitrine, il dit doucement, mais avec l'accent de la résolution, à son médecin : « Montre-moi bien la place du cœur. Est-ce là ? C'est que je me tuerai si l'égalité périt, et je ne veux pas que ma main tremble. »

Tel était un des hommes que la réaction haïssait le plus. Bourbotte, son collègue à l'armée du Rhin, plus âgé que lui, non moins ardent et intrépide, était aussi depuis longtemps désigné aux coups des Thermidoriens. Nature violente mais franche de Bourguignon, révolutionnaire décidé, jeté dans le mouvement dès les premières journées de la révolution, député, en 1792, par le département de l'Yonne, à la Convention nationale, Bourbotte s'était toujours prononcé pour les mesures décisives et promptes. C'était un homme emporté, sanguin, d'un naturel jovial, capable de tous les dévouements, d'une bravoure à toute épreuve, inflexible sur ses principes et les poussant parfois jusqu'à l'extrême avec son impétuosité ordinaire[2]. Il avait réclamé la mise en jugement de la reine, après avoir voté la mort du roi sans appel ni sursis : c'est lui qui, avec Albitte et Chabot, s'opposa à ce qu'on recherchât les complices des massacres de septembre et demanda le rapport du décret contre leurs auteurs. Peut-on blâmer

[1] V. *Défense autographe de Goujon* (aux Archives).

[2] L'article Bourbotte, dans la Biographie Michaud, n'est qu'un tissu d'erreurs. On y lit que Bourbotte, né à Vanel, près d'Avallon, le 5 juin 1763, d'une *famille obscure*, élevé aux frais de Monsieur, qui possédait le château de Brunoy et qui avait pour concierge Bourbotte le père, ne se lança dans la révolution après avoir occupé un petit emploi à Saint-Domingue, que sur les conseils d'un valet du duc de Crillon, qui faisait de l'opposition à la cour. Le régisseur de la terre du duc aurait endoctriné Bourbotte qui, nommé administrateur du département de l'Yonne, avec Marne et Turreau, sous la présidence de Lepelletier Saint-Fargeau; y aurait prêché le massacre et le désordre. Tout cela est calomnieux. Mais on sait ce que valent les allégations de la Biographie Michaud.

l'excès du patriotisme, et ne saurait-on expliquer toutes ces fureurs par le milieu où elles se produisaient? Bourbotte, envoyé en Vendée, devient bientôt un héros que les soldats se mettent à adorer. Il poursuit avec une vigueur indomptable et avec cette science de la guerre que quelques-uns, à cette heure volcanique, possédèrent d'intuition, les rebelles effrayés. A Saumur, dirigeant l'assaut, au premier rang, son cheval est tué sous lui. Il se débat, et, entouré d'ennemis, se défend seul, de ses pistolets et de son sabre, mais il est perdu, lorsque Moreau, simple lieutenant alors, accourt avec sa compagnie et le dégage. Peu de jours après, dans une rencontre, Bourbotte reçoit sur la tête un terrible coup de crosse dont il ne guérira jamais, mais il se précipite sur l'homme qui l'ajuste, relève de la main gauche le canon du fusil, et, de la main droite, fend le crâne au chouan d'un coup de sabre. Il écrasait les Vendéens à toute rencontre, les poursuivait à outrance et envoyait sévèrement à la Convention les croix de Saint-Louis ramassées sur les rebelles et l'argenterie trouvée dans les châteaux. Ce farouche héros des champs de bataille était d'ailleurs le plus gai et le plus confiant des hommes. Il avait élevé, à Savenay, dans cette débâcle terrible des Blancs, à côté d'un tas de morts, un petit Vendéen orphelin, Pierre Jarry. Il l'appelait « Savenay » et le faisait élever avec son propre fils. Joli homme et fort entouré, Bourbotte comptait plus d'un roman dans sa vie. Il apportait en toutes choses son éternelle impétuosité, détestant le caprice et n'aimant que la passion, comme en politique. Davoust, son intime ami, lui reprochait toujours d'avoir la tête trop chaude. Bourbotte, acharné contre la presse, et poussant à l'excès son zèle révolutionnaire, fut bientôt accusé de mesures oppressives, rappelé par le comité de salut public et défendu par Carrier, qu'il devait plus tard, à son tour, essayer de sauver. La Convention l'envoya à l'armée du Rhin. Bourbotte n'allait pas longtemps y demeurer. Thermidor le ramène à Paris. Fidèle à sa Montagne, il combat la faction dominante, et, comme à Saumur, donne sa vie pour enjeu. Lui aussi, violent, acharné, la tête facilement prise et fort exaltée depuis le coup de crosse du Vendéen, sans se modérer, marchait, pour ainsi dire, à la tribune au pas de charge et allait bientôt fournir à ses ennemis l'occasion de frapper.

Il était d'ailleurs assuré de son avenir, et, pour ainsi dire, il avait décrété sa mort. Il portait toujours, du côté du cœur, quand il était aux armées, un petit petit poignard oriental qui l'assurait de ne jamais tomber vivant entre les mains de ses ennemis. « Un jour, dans le plus fort de la réaction, dans un de ces jours où la patrie et la liberté pouvaient périr d'un instant à l'autre, Bourbotte, étant le matin avec un de ses amis, entendit un bruit inquiétant ; il ouvre la fenêtre, et, après avoir longtemps écouté, il dit, en tirant son poignard de dessous son habit et en l'appuyant sur son cœur : « Il y a quelque chose d'extraordinaire dans Paris, peut-être un mouvement royaliste ; mais, quoi que ce puisse être, je ne crains rien, et voilà le moyen de n'avoir pas la douleur de tomber entre les mains des tyrans [1]. »

Le pauvre Davoust, son compatriote, son camarade d'enfance, à présent à l'armée de Rhin et Moselle, où il avait pu apprécier la bravoure presque téméraire de Pierre Bourbotte, lui écrivait, tout soucieux de l'avenir, une lettre de conseils qui devait arriver trop tard. Je ne puis m'empêcher d'en citer un fragment. Davoust, inquiet, affectueux, tremblant de savoir son fougueux ami parmi les tempêtes de la Convention, lui dit, en apprenant les événements du 12 germinal :

« Au quartier général à Spire, le 4 prairial, l'an III
de la République française une et indivisible.

« *Le général de brigade Davoust*
*à son ami Bourbotte.*

« ... Il paroît qu'on a jeté encore dans l'Assemblée comme une pomme de discorde la constitution de 1793... Que je voudrois donc te voir réuni avec moi ! Que d'inquiétudes j'aurois de moins ! *Je ne craindrais pour tes jours qu'un jour d'action !* Eh bien ! je t'avouerai que dans le poste délicat que tu occupes je crains sans cesse. Je t'en conjure, au nom de mon amitié, éloigne-toi de toutes les factions, ne crains pas de revenir sur des opinions erronées que tu pourrois avoir émises. Veux-tu que je te donne un exemple? C'est Tallien que je te citerai. Certes, il a émis jadis bien des opinions qu'il se reproche aujourd'hui ; peut-être a-t-il du moins le bon esprit de ne pas s'entêter à soutenir ses œuvres passées et des systèmes nouveaux. » Et c'est justement parce que Bourbotte s'acharne à son passé et que Tallien renie le sien que le Montagnard lutte avec désespoir. Davoust, qui craint moins pour son ami une balle prussienne qu'un décret d'accusation, lui demande s'il n'a point réclamé, en germinal sans doute, l'appel nominal. Et avec une touchante sollicitude : « Vois, dit-il, si cela était ! « ... Persécuté, enfermé dans un château de Ham, des journalistes auroient imprimé que tu étois un scélérat. Tous ceux qui auroient lu le journal et qui, comme moi, n'auroient pas été ton camarade d'enfance, ton ami, qui ne connoissent pas comme moi, ou ceux qui ont vécu avec toi, ta belle âme, ton cœur généreux et obligeant, ta bravoure ; qui ignorent que tu t'es battu dans la Vendée comme un brave soldat, que tu as eu des chevaux tués sous toi, tous ceux-là, dis-je, le croiroient. Tes ennemis profiteroient de la circonstance, et s'ils ne

[1] Tissot.

BIBLIOTHÈQUE NATIONALE R.F. IMPRIMÉS

Les mains croisées derrière le dos, quand il passait dans le camp... (Page 83.)

parvenoient pas à te perdre, au moins il resterait toujours une cicatrice des calomnies qu'ils auroient débitées à leur aise sur toi[1]. »

Et le futur prince d'Eckmühl, plus prudent sans doute que son indomptable ami, lui donne de ces conseils pratiques que Bourbotte devait singulièrement recevoir : « Ancre-toi toujours au port, qui est la majorité de la Convention... Fais la connaissance de Dubois de Crancé, je le connois assez pour répondre de

[1] Inédit (Archives de l'empire).

son républicanisme, et dans les occasions délicates il pourra te donner de sages avis. » Il va, dit-il ensuite, tenter le passage du Rhin, se porter devant Mayence; il espère une paix générale, et conclut, après avoir répété : « Je t'embrasse comme je t'aime », par ce souhait : « Il faut de l'union dans la Convention, c'est ce que tous les députés oublient. » Et c'est ce que Bourbotte justement n'oubliait pas, lui qui devait mourir pour avoir demandé la concorde et l'abolition de la peine de mort. La lettre de Davoust, adressée à Bourbotte, ne devait point lui parvenir : elle allait arriver seulement au greffe d'une Commission militaire.

Soubrany, comme Bourbotte, Pierre-Auguste de Soubrany, était de par son tempérament actif un soldat. Il avait quarante-cinq ans en 1795.

En 1789, les citoyens de Riom, sa ville natale, l'avaient élu maire. Il sortait alors du régiment de Royal-Dragons, où il était officier. Noble et considérablement riche, il avait tout sacrifié à la république, noblesse et fortune, mais sans arrière-pensée, avec une sainte et patriotique ardeur. En 1792, le département du Puy-de-Dôme l'envoyait à la Convention. Le ci-devant marquis de Soubrany alla s'asseoir sur les bancs de la Montagne. Il ne discourut jamais beaucoup d'ailleurs, il vota. C'était un homme d'action. Dans le procès de Louis XVI, Soubrany fut un des conventionnels les plus radicaux : point d'appel au peuple, point de sursis, la mort. Il lui semblait que la Convention, à cette heure, était comme un immense conseil de guerre. Il vota gravement, froidement. Mais sa place n'était point parmi les orateurs. Il lui fallait les combats, la guerre, une mission aux armées. A l'armée de la Moselle, Soubrany vit capituler Mayence et évacuer Saarbruck par l'ennemi. On l'envoya à l'armée des Pyrénées-Orientales, cette misérable petite armée qui, bronzée par la guerre, après avoir reculé devant les Espagnols, les pourchassait maintenant de montagnes en montagnes, leur enlevant leurs drapeaux et leurs scapulaires. Là, Soubrany, héros lui-même, devait rencontrer un héros, ce général Dagobert, oublié maintenant, une des plus pures et des plus originales figures de la république, vieux soldat qui guerroyait en partisan, allait au feu tête nue, ses longs cheveux blancs lui tombant sur les épaules et, comme un vieillard d'Homère, un grand bâton blanc à la main. Ce Dagobert mériterait de nous arrêter si nous écrivions l'histoire de la conquête de la Cerdagne[1]. Soubrany arriva à temps dans les Pyrénées-Orientales pour faire connaître à la Convention les derniers exploits, devant Puycerda et Urgel, du vieux général. Les Espagnols décidément fuyaient, l'armée française réorganisée comptait ses étapes par ses victoires. Soubrany, toujours en avant, couchant au bivac, se nourrissant comme le soldat, énergique et point dur, d'une

[1] Cette histoire a été racontée par M. J.-N. Fervel, *Campagnes de la Révolution française dans les Pyrénées-Orientales* (1793 1795).

justice républicaine, électrisait les troupes et les eût maniées à son gré. On a été fort injuste envers ces représentants envoyés aux armées et qui, dit-on, ne connaissaient rien à l'art de la guerre. Si l'on comptait, on verrait que ces soldats de la loi ont plus souvent guidé nos troupes à la victoire que les généraux de métier eux-mêmes.

Soubrany allait marquer ses dernières journées de séjour à l'armée des Pyrénées par autant de triomphes. Saint-Elme, Port-Vendre, Collioure tombaient entre nos mains. A l'escalade du fort Saint-Elme, il monta un des premiers à l'assaut, le sabre à la main, selon son habitude. Arrivés au bas du fort, sous une grêle de balles, nos soldats posent les échelles qui doivent servir à l'escalade. Elles sont trop courtes. On recule. Les Espagnols, par un feu plongeant bien nourri, déciment nos bataillons, et Soubrany, calme, donnant du cœur au plus intrépide, va chercher lui-même, sous les canons de la place, les volontaires blessés [1].

Longtemps après cette campagne, Soubrany demeura au surplus populaire dans l'armée. Nos soldats racontaient de lui des prodiges. Ce qui les avait surtout frappés, c'était son geste accoutumé, les mains croisées derrière le dos, quand il passait dans le camp ou devant le front des bataillons [2]. On remarquera que cette pose fut justement celle que choisit plus tard Napoléon, et que ses peintres ont aimé à reproduire.

Soubrany avait pour intime ami, pour compagnon de route et de danger, son compatriote Gilbert Romme, un des hommes les plus intègres de la Révolution. Leurs mères, étroitement unies, avaient élevé leurs fils dans les fiers sentiments du dix-huitième siècle, et malgré la différence des classes, la marquise et l'humble bourgeoise fraternisaient dans leurs enfants. Romme avait un frère aîné, Charles Romme, professeur de navigation à l'école de Rochefort, déjà connu par une méthode nouvelle pour mesurer les longitudes en mer et, depuis 1778, membre correspondant de l'Académie des sciences. Celui-ci devait lui survivre. L'esprit scientifique était, paraît-il, de la famille. Madame Romme, la mère, femme d'un grand mérite, s'occupait des travaux de l'agriculture. Gilbert Romme était épris surtout de mathématiques. Il y était fort remarquable; toutes les sciences d'ailleurs lui étaient familières. On peut le voir, dans le courant de sa vie, aborder à la Convention ou dans les comités tous les grands problèmes de l'instruction publique, des écoles artistiques, des maisons d'éducation, des académies. Il avait attaché son nom à la création de ce calendrier républicain contre lequel la réaction allait s'acharner et aboli l'ère vulgaire. On pourrait,

[1] Tissot.
[2] Souvenirs de Buonarotti.

même aujourd'hui, consulter cet *Annuaire,* dont la Convention, dans sa séance du 30 pluviôse an II, décréta l'impression. C'est vraiment un beau et utile ouvrage, bien supérieur à tous ces almanachs qu'on publie aujourd'hui, et qui n'enseignent rien aux gens de nos campagnes que les dates des fêtes et les jours des frairies. On sent que Romme ne s'est pas contenté de la théorie seule, qu'il a étudié et pratiqué : ses recettes agricoles, son Dictionnaire botanique, la liste des animaux qu'il faut élever, acclimater, et les moyens de les élever sont autant de claires et excellentes leçons que la république avait raison de populariser[1]. Les renseignements fournis par Romme, logiquement rangés par dates (en vendémiaire l'étude sur les vendanges, le raisin; en prairial, les soins à donner aux prairies, la luzerne, le trèfle, l'angélique, le serpolet; en messidor, le blé, etc.), mériteraient d'être réimprimés encore à présent, et seraient vraiment utiles à nos agriculteurs.

Romme était pauvre. Son éducation finie, il lui avait fallu accepter, pour vivre, une place de précepteur chez le comte de Strogonoff, à Saint-Pétersbourg. Il s'attacha, avec une amitié de frère aîné, à son élève, âgé de seize ou dix-sept ans, et qu'il amena de Russie en France au moment où la révolution éclatait. C'était un beau moment pour façonner aux idées de liberté cette jeune âme. Romme conduisait son élève dans les sociétés populaires, allait s'asseoir avec lui dans les clubs, enseignait, pour ainsi dire, la révolution à ce descendant d'une des plus grandes familles de la despotique Russie. On les voyait partout : le jeune comte étonné, troublé, amoureux de cette aurore de délivrance; Romme fier de jeter au monde un grand seigneur rallié à la cause du peuple. Mais on apprit bientôt à Saint-Pétersbourg quelle éducation le précepteur donnait à son élève. L'impératrice Catherine ordonna au comte Strogonoff de rappeler son fils, et défendit à Romme, qui pouvait apporter la peste révolutionnaire, de jamais franchir la frontière de la Russie. Romme se sépara de son élève, lui dictant ses derniers

[1] V. *Annuaire du cultivateur pour la troisième année de la république*, présenté le 30 pluviôse de l'an II à la Convention nationale, qui en a décrété l'impression et l'envoi pour servir aux écoles de la république, par G. Romme, représentant du peuple, à Paris, chez F. Buisson, libraire, rue Hautefeuille, n° 20, l'an III de la république.

Les citoyens qui ont concouru à ce travail, en communiquant les vérités utiles qu'ils doivent à leur expérience et à leurs méditations sont : Cels, Vilmorin, Thouin, Parmentier, Dubois, Desfontaines, Lamark, Préaudaux, Lefèvre, Boutier, Chabert, Flandrin, Gilbert, Daubenton, Richard et Molard.

Par un singulier hasard, et qui fait songer, on lit en tête de l'ouvrage :

AVERTISSEMENT

« Peu de jours après la présentation de cet ouvrage à la Convention nationale, G. Romme est parti pour une mission qui a duré sept mois. Dans l'impression qui a été faite pendant son absence, *prairial* a été omis en entier. »

Et c'est précisément au mois de prairial, an III, que Romme devait mourir !

conseils, son dernier mot d'ordre : l'Humanité, l'Egalité, la Justice, et, sans colère, partit pour sa chère Auvergne, s'établit à Gémeaux et y cultiva sa petite terre.

Mais la province fermentait ; là-bas comme à Paris la traînée de poudre était allumée. Romme entra dans le mouvement ; en 1791, on l'envoie à la Législative ; en 1792 à la Convention. Là, toujours ferme, toujours énergique, allant droit au but, avec la ténacité sourde de ses compatriotes, il accepta la révolution dans ses plus radicales mesures ; il fut sans faiblesse, presque sans pitié, sacrifiant tout au triomphe de l'idée républicaine : sévère à la tribune, doux et bon dans la vie privée, ajoutant le dévouement de tous les jours pour les siens, pour sa femme, pour sa mère, à ses vertus publiques, ardent sans violence, sévère sans cruauté, mais emporté par cette fièvre qui faisait alors battre le cœur des plus froids. On lui a reproché l'arrestation de la femme de Pétion [1] ; il avait voté sans appel ni sursis la mort de Louis XVI ; à l'armée de Cherbourg, avec son collègue Prieur (de la Côte-d'Or), il surveilla durement les Girondins. Mais, inflexible dans sa conduite, il n'oublia jamais ce que vaut sinon la pitié, du moins la justice. Il avait dénoncé le juge de paix Larivière ; il avait lancé contre Chabot, contre Merlin et Bazire, compromis dans l'affaire du comité autrichien, un mandat d'amener ; mais lorsque, arrêté lui-même par la faction girondine, enfermé à Caen, gardé comme otage par les proscrits du 31 mai, après deux mois de prison où il sentait sa vie menacée, lorsqu'il fut libre, lorsqu'il put se venger et frapper à son tour, Gilbert Romme déclara noblement que « *les citoyens du Calvados, ayant pu se croire opprimés, avaient eu le droit de se venger* », et le député du Puy-de-Dôme alla reprendre sa place sur la Montagne.

Romme avait épousé, par un amour fait d'estime et de sacrifice, la femme d'un héros de la Vendée, mort pour la république. Elle était indigente, il était pauvre, et tous deux, associant leurs besoins, trouvaient encore le moyen de faire l'aumône. Rien n'est plus touchant que cette existence d'honnête homme, tout entier dévoué à la patrie, sans autre ambition que le bien public. Entêté d'ailleurs, robuste, solide de corps et d'esprit, véritable mulet d'Auvergne, c'est lui qui avait entraîné Soubrany, le gentilhomme, vers la cause républicaine. On le voit bien, tout cela clairement apparaît dans cette série de lettres de Soubrany que M. Henri Doniol vient de publier [2].

Ces lettres, adressées à M. Dubreuil, directeur de la poste à Riom, sont curieuses et très-intéressantes. Dans la notice laconique qui les précède,

[1] V. Meilhan.

[2] *Dix-neuf lettres de Soubrany*, représentant du peuple à la Convention nationale ; in-8, imprimé à Clermont-Ferrand, à 100 exemplaires, 1867.

M. Doniol nous y apprend que Soubrany, né le 15 septembre 1752, de Pierre-Amable Soubrany, seigneur de Verrières, écuyer, président trésorier de France au bureau des finances de la généralité, et de Marguerite du Boys de Macholle, était qualifié seigneur de Macholle, du Puy-Saint-Bonnet, de la Tour-Lervicat. Il avait eu d'abord une lieutenance au régiment de Royal-Dragon ; les passe-droits l'avaient irrité, et, sans doute sur les conseils de Romme, il avait quitté le service en 89. La Révolution le fit commandant de la garde nationale de Riom. Je souhaite qu'on retrouve la correspondance qu'il adressait, avec Romme, à la municipalité et à la société populaire du Puy, chef-lieu du Puy-de-Dôme. Les dix-sept lettres que nous possédons nous mettent en goût de connaître les autres. On y rencontre un Soubrany intime qui fait plaisir à voir, un homme énergique et doux, le meilleur des fils, l'ami le plus dévoué, le plus intègre des citoyens.

Volontiers modéré, il se laisse dominer, entraîner par l'âpre volonté de Romme, qu'il appelle tendrement Gilbert. Lorsque son compatriote Maignet est accusé, Soubrany le défend. Il est prêt pour tous les dangers ; il est disposé à tous les dévouements. « Je suis fâché, dit-il (2 avril 1792), que Romme et moi soyons calomniés ; mais, convaincu de la pureté de mes intentions, abandonnant ma justification à la justice de ma cause, je l'attends avec tranquillité de la suite des événements [1]. » Dans aucune de ses lettres, il n'oublie Romme ; il le met en lumière, le défend si on l'attaque, et s'attache à le louer, c'est-à-dire à le faire connaître. Ce Romme était inflexible à ses heures. Meillan, dans ses *Mémoires*, l'accuse, je l'ai dit, d'avoir fait arrêter la femme et le fils de Pétion proscrit. Il fallait que le Montagnard eût l'écorce rude pour qu'on pût lui attribuer cet acte, mais rien ne le prouve. Ce robuste honnête homme ne put, ce me semble, pousser la conviction jusqu'à se montrer insensible. Sa force n'était point dureté. Plusieurs fois pourtant, Soubrany le blâme, lui plus modéré ; il faut lire ces lettres. Elles contiennent des vérités cruelles sur l'état de la France et de la Convention en cette année 1795 ; elles sont traversées par des cris de douleur vraiment éloquents, arrachés au Montagnard par le spectacle du gouvernement avili, de la réaction qui triomphe. « Je m'occupe peu des individus ; mais tout entier à la République, je ne vois qu'elle, et je gémis de nos divisions intestines. Le peuple sera-t-il donc toujours la victime de la réaction et des vengeances particulières [2] ? »

« On a profité, dit-il, de la réaction qu'a produite la chute de Robespierre pour nous désigner comme terroristes, buveurs de sang, robespierristes. Je

[1] *Dix-sept lettres de Soubrany.*
[2] 27 nivôse, an III.

répondrai par des faits. Terroristes ! n'est-ce pas les patriotes qui sont aujourd'hui comprimés? Buveurs de sang ! et ce sont eux qui poursuivent avec acharnement leurs collègues. Robespierristes ! qu'on se souvienne que Robespierre, longtemps avant son supplice, ne siégeait plus au haut de la Montagne, où il disait sans cesse qu'étaient ses ennemis, sur laquelle il faisait porter ses listes de proscription, tandis qu'il cherchait, dans ses différentes motions, à gagner le Marais. De quelle partie de la salle sont parties les réclamations contre sa loi de sang du 22 prairial ? n'est-ce pas de la Montagne ? Ouvre les journaux, tu verras que Ruamps eut le courage (et il en fallait alors) de dire : *Si ce décret passe, je me brûle la cervelle* [1]. »

Soubrany est affligé du spectacle qu'il a sous les yeux ; mais s'il en gémit, comme il le dit, c'est pour la République ; personnellement, il se résigne.

« Aucune dénonciation particulière n'a encore été dirigée contre moi. S'il en arrivait jamais, je répondrais comme Scipion. Je présenterais l'état des départements, de l'armée et des frontières à mon arrivée, celui dans lequel je les ai laissés à mon départ. Quant à ma justification, je dirais avec Socrate : « J'y ai « travaillé pendant tout le cours de la Révolution ; je n'ai rien à ajouter. »

On a vu, on verra le citoyen. Voici le fils :

(Mars ou avril 1792.)

« Je vous remercie de la bonté que vous avez eue de m'envoyer des pommes ; je reconnais bien là l'intention de la plus tendre des mères. Je crains qu'elles n'aient souffert en route de la gelée. Elles ne sont pas encore arrivées. Au reste, leur plus grande valeur, quelque chères et rares qu'elles soient, n'est pas dans le fruit, mais bien dans le souvenir d'une bonne mère et dans les soins que vous avez pris pour les faire emballer...

« ... Ne m'envoyez pas d'argent pour le chocolat, je dois en toucher ici pour vous. D'ailleurs j'ai aussi une petite commission à vous donner, pour laquelle je ne suis pas aussi exact que vous, car je ne vous offre pas d'argent. Je vous prie de m'envoyer quelques coffrets de pâte d'abricots ; je serais bien aise d'en donner à la femme de Maignet, ainsi qu'à celle d'un autre de mes collègues, à qui je parlais dernièrement de cette production de notre pays, que je lui promis de lui faire goûter. Si les abricots sont trop chers, je vous prie d'y mêler quelques coffrets de pommes.

« Je vous remercie de votre attention à me faire passer mes deux mouchoirs ; je les ai reçus. Quant aux chaussons, je n'en ai pas besoin, et je vous suis obligé du soin que vous prenez de votre fils. Il paraît que, quelles que soient les affaires

[1] 27 nivôse, an III.

dont vous êtes surchargée, rien ne vous échappe, et que la tendresse maternelle tient toujours votre sollicitude éveillée...

« ... Je crois bien avoir répondu à tous les articles de vos lettres. Il en est un seul sur lequel je ne pourrai jamais vous répondre tout ce que me dicte la reconnaissance la plus vraie et la plus tendre. Vous comprendrez aisément qu'il s'agit de tout ce que je dois aux preuves sans cesse multipliées et aux témoignages, répétés dans toutes vos lettres, de l'attachement de la meilleure des mères. Croyez, ma bonne maman, qu'ils sont bien sentis et bien réciproques ; croyez que votre fils ne pense qu'au moment où il pourra, près de vous, vous entretenir journellement de son respect et de sa piété filiale.

« Salut, fraternité et amitié respectueuse.

« SOUBRANY [1]. »

Quelle simplicité charmante et quel touchant amour, quelle délicatesse d'enfant dans ce terrible et fier héros du fort Saint-Elme ! Il était digne de Romme, et Romme digne de lui.

Tout ce que la révolution pouvait inspirer d'ardeur à une âme bouillante, Duquesnoy, qui siégeait à la Convention aux côtés de Romme et de Goujon, l'avait ressenti. C'était un indomptable et vaillant champion des idées démocratiques, les poussant parfois jusqu'à l'extrême violence. On trouvera contre lui, dans les écrits de Guffroy, des accusations qu'il serait facile de combattre, et qui, d'ailleurs, tombent d'elles-mêmes. Depuis la Législative où, dès le mois de septembre 1791, il s'était assis du côté gauche de l'Assemblée, Duquesnoy luttait ardemment pour la République. Il avait été moine, puis agriculteur : il devait être soldat. Ne le confondons pas avec ce terrible général Duquesnoy qui, sous les ordres de Jourdan, commandait la *colonne infernale* de l'armée de Sambre-et-Meuse, espèce de Carrier en épaulettes, qui faisait bravement noyer les chouans, s'exposant d'ailleurs le premier à la tête de ses troupes, si bien qu'il devait mourir couvert de blessures aux Invalides en 1797 [2]. Celui-ci était le frère du représentant. Ernest-Dominique Duquesnoy, sans avoir sur sa mémoire les sanglants exploits du général, se montra toujours implacable et colère. Il avait contraint son collègue Ballot à voter la mort du roi en lui donnant des coups de canne ; il avait poursuivi les Girondins avec un acharnement singulier ; il avait, à l'armée du Nord, signalé sa mission par ses duretés. Je le peins ici, notez bien, d'après ses ennemis. Sa correspondance atteste un zèle indomptable,

[1] *Dix-sept lettres de Soubrany.*

[2] Pas plus qu'avec l'autre Duquesnoy, si fort raillé par Camille Desmoulins, le traître Duquesnoy, dont le nom, dit M. Marc Dufraisse, fut trouvé dans l'armoire de fer, et qui devait être le mentor de Lucien Bonaparte.

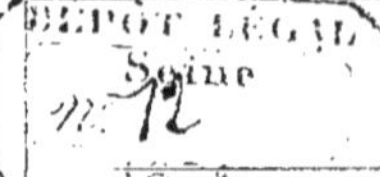
DÉPOT LÉGAL
Seine
n° 12

Les femmes dispersaient les queues formées à la porte des boulangers. (Page 95.)

jusqu'à paraître farouche, pour la cause qu'il a embrassée. Le moine fanatique subsiste sous le costume du conventionnel. On ne jette jamais tout d'une pièce le froc aux orties. Des lambeaux en restent qui brûlent, robe d'inquisiteur, comme une robe de Nessus. « Je vais partir, écrit-il de Paris à Joseph Lebon, le 1er floréal an II, dans deux jours pour la Moselle, et tandis que tu t'occuperas à faire la chasse aux ennemis du dedans, je vais m'occuper de la donner aux ennemis du dehors [1]. » Et le 11 du même mois :

[1] V. *l'Amateur d'autographes.*

« Frère, ajoute-t-il, on n'a pris jusqu'ici que des demi-mesures. Je vais en prendre de vigoureuses, et celui qui viendra me relever n'aura pas grand'chose à faire. »

Ce courageux et farouche chef d'armée, qui « donnait l'exemple de l'intrépidité républicaine aux soldats à la tête desquels il combattait constamment [1], » ce Montagnard inflexible, était aussi le père de famille le meilleur et le plus dévoué des époux. Il avait dans son pays, à Bouvigny-Boyeffles, près de Béthune, des enfants qui grandissaient, une femme aimée, tout cela pauvre : un logis de fermier. A Paris, il ne voyait personne, deux ou trois collègues à peine (voyez sa défense aux *Pièces justificatives*), Duroy, avec lequel il dînait depuis quelque temps, et son ami Scribe, marchand dans la rue Saint-Denis, qu'il allait visiter quelquefois [2]. Ceux qui le connaissaient vantaient sa générosité, car la violence n'exclut pas la bonté d'âme. Mais il fréquentait peu de gens. « Je ne recevais, dit-il dans un écrit justificatif, personne chez moi que ceux qui avaient quelques réclamations particulières à me faire; la matinée y était employée à la lecture des rapports ou des lois; ma correspondance se bornait à répondre aux demandes qui m'étaient faites et pourvu qu'elles fussent étrangères à la politique, et à écrire à ma respectable épouse; et telle était ma circonspection que je ne l'entretenais jamais des affaires publiques. Je me rendais exactement aux séances de la Convention nationale; je dînais en pension particulière avec quelques-uns de mes collègues; je passais le reste de la journée avec un ou deux d'entre eux, notamment avec le citoyen Cochet, député du département du Nord, dont l'amitié m'honore; je ne l'avais quitté que vers dix heures du soir le 30 floréal, heure à laquelle je rentrais chez moi.

« Voilà, citoyens juges, mes occupations, mes habitudes *de tous les jours;* voyez si ce sont celles d'un conspirateur [3].

Duquesnoy, qui sortait en germinal d'une maladie grave causée par les fatigues de la guerre, s'était senti comme adouci, non pas amolli, et prêt à laisser là ses anciennes rigueurs. Il songeait maintenant, non plus à la vengeance, mais à ce qu'il appelait une *réconciliation sincère* entre les partis. On retrouve le mot à chaque page de ses dernières lettres. Ce sont ses *ultima verba.* « Que tous les Français se réunissent dans un seul sentiment, celui de la patrie! » Oubli sincère oubli du passé, des fautes, des violences, c'est ce que réclame cet

[1] *Biographie,* Rabbe et Boisjelin.

[2] Ce citoyen Scribe est le père d'Eugène Scribe. La maison de la rue Saint-Denis où dînait parfois Duquesnoy est cette vieille maison du *Chat noir,* au coin de la rue de la Reynie, où naquit l'auteur de *la Camaraderie.* Le conventionnel devait embrasser plus d'une fois l'enfant dans son berceau.

[3] Archives nationales.

homme simple et franc, qui ne se vante point d'être un politique, mais bien un homme d'action, qui ne raisonne point mais qui sent le faible de la situation, qui le dit en paysan, avec brusquerie, et qui se fait alors — comme ses infortunés compagnons — le porte-voix de tout le pays.

Duroy, ai-je dit, connaissait intimement Duquesnoy. Au moins vivait-il de sa vie, à table d'hôte, simplement, chez Perché[1]. Il était plus jeune de quelques années, il avait quarante et un ans, et Duquesnoy quarante-sept. Ils se connaissaient depuis la Législative. Duroy, avocat à Bernay, puis juge au tribunal lorsque la révolution éclata, fut nommé en 1791 membre suppléant à l'Assemblée législative, membre de la Convention l'année suivante. Qu'on suive ses votes et ses actions, on les retrouvera tous marqués au sceau de la conviction. Duroy n'est pas un modéré. Gros, sanguin, violent, il a parfois des bonds furieux, mais bientôt il s'apaise et revient au fond même de sa nature, bienveillante et douce. Que de fois il avait pris la défense de gens accusés ou menacés, dans les luttes de la révolution! Il avait demandé la mise en accusation de Buzot, il avait réprimé dans son département cette guerre civile fédérative, étouffé cette Vendée normande que Wimpfen et Guadet y avaient soulevée. Mais au retour, il prenait la défense des officiers qu'on destituait parce qu'ils étaient nobles, et qui, disait-il, « pour avoir le malheur d'être nés nobles, n'en sont pas moins sans-culottes. » C'est Duroy qui, désignant Merlin (de Thionville), devinant en lui déjà le Thermidorien, s'écriait alors : « J'estime plus ceux qui n'ont pas voté la mort du tyran (Louis XVI) que ceux qui l'ont condamné pour en mettre un autre à sa place. »

Duroy avait demandé, en pleine terreur, la liberté entière des opinions sur les opérations du Comité de salut public; lui aussi voulait la liberté, l'avénement de la justice et la fin de l'arbitraire. « La loi du 17 septembre 1793 concernant les personnes suspectes a couvert, disait-il[2], la France de prisons, a mis le deuil et la désolation dans un nombre infini de familles; celles du 5 ventôse et du 21 germinal m'ont paru entraîner les mêmes inconvénients; je n'ai suivi que l'impulsion de ma conscience en en demandant le rapport. »

« Je voudrais, écrivait-il encore, calmer toutes les passions qu'une révolution aussi grande que la nôtre a nécessairement mises en mouvement. Je croyais et je crois encore que tous les bons citoyens doivent oublier leurs torts réciproques et les immoler sur l'autel de la patrie[3]. »

Et qu'on dise maintenant de quel côté était la modération, de quel côté le dévouement à la cause de tous, de quel côté la justice. On a vu ces Montagnards

[1] V. Déposition du représentant P.-J. Forestier.
[2] V. ses papiers (Archives).
[3] *Ibid.*

doux, apaisés, rêvant le désarmement des partis, prêts à verser leur sang pour le pays, à la condition que ce sang sera le dernier ; on va voir les Thermidoriens, altérés de vengeance, ivres de réaction, massacrer et proscrire au nom de l'humanité. Et que l'on désigne ensuite, parmi ces hommes, ceux qui, selon l'éloquente expression d'un grand orateur [1], ont versé dans « cette ornière des représailles, ornière de sang et de boue où viennent expirer tous ceux qui s'y sont engagés. »

J'ai oublié quelques noms parmi ceux des Montagnards qui se tenaient à leur poste, inflexibles. Prieur (de la Marne), Rhül, Forestier, Albitte, Peyssard. Prieur, violent, fougueux, opiniâtre, toujours prêt pour les mesures vigoureuses, et qui, pourtant humain et modéré, s'était fait traiter par Carrier, qui ne comprenait pas que la pitié s'unît à la rigueur, *d'imbécile en fait de révolution.* Rhül, le Strasbourgeois, l'ami de Danton, autre démocrate sans peur, celui qui avait brisé sur l'ancienne place Royale, à Reims, devant le peuple entier, la Sainte-Ampoule (octobre 1793), et en avait envoyé les morceaux à la Convention par la voie des messageries publiques, « enveloppés dans une chemise neuve et en mauvais état destinée pour les volontaires, preuve du gaspillage des intendants [2] ». P.-J. Forestier, déjà âgé de cinquante-six ans, pacifique, fort occupé au comité des finances (section des Domaines), calomnié dans le temps par des brochures de son pays (*Forestier tel qu'il est. Les citoyens des communes de Cusset et Vichy, réunis en société populaire, à la Convention nationale*), où il est désigné comme un *mauvais fils, un homme vindicatif, un bas valet des grands,* etc., etc. ; Forestier, que Engerrant, son collègue, appelait « un misérable instrument des chefs de la Montagne [3], » se sentait, comme Romme et Goujon, souvent attristé par le spectacle de la réaction. Aussi les Thermidoriens le craignaient-ils, quoiqu'il ne fût point des plus redoutables. Le Périgourdin Peyssard figurait aussi parmi les derniers de la Montagne. Il n'avait pas quarante ans. C'était un homme simple et qui (il s'en vantait), élu maire de la commune de Périgueux en 1792, y avait donné, pendant cette année orageuse, des preuves de son horreur pour le sang. Accusé, il allait bientôt en appeler au témoignage des citoyens de la Dordogne. Lui aussi vivait, entre sa femme et ses enfants, tout dévoué à la chose publique, héros obscur d'une cause qu'il défendait de toute son âme.

Mais cette obscurité même, cette médiocrité même ajoute à la grandeur du sacrifice de ces hommes et à leur héroïsme, à ce dévouement que l'histoire a

[1] M. Thiers au Corps législatif. Discussion sur le Mexique, séance du 9 juillet 1867.

[2] *Musée des Archives de la rue du Chaume* : J'ai, dit Rhül, brisé la phiole, ce hochet des sots, sur le piédestal de Louis le Fainéant. »

[3] V. les dépositions d'Engerrant.

longtemps négligé jusqu'au moment où il s'est trouvé un justicier[1] pour les décorer de ce titre, — qui leur restera : — *les derniers des Romains*. Nous les avons vus, nous allons les voir opposer à la dissolution, à la réaction, à la débâcle thermidorienne leur foi stoïque, leur front altier, répondre aux calomnies des accusateurs, au glaive du bourreau par les battements assurés d'un cœur calme. Le spectacle d'une telle tragédie n'est pas inutile, car s'il apporte avec lui l'amer désespoir de l'injustice triomphante, il fait rayonner à jamais sur la boucherie sinistre l'éternel éclat de l'exemple, comparable à ces lumières qui se dégagent des cadavres.

Les caractères de ces hommes sont tels qu'ils se font ressortir les uns les autres. Ils ne se ressemblent que par leurs vertus. Romme, l'acharné travailleur, le savant, l'homme des comités, le paysan lié à sa tâche, travaillant comme s'il labourait son champ, sans fatigue et sans trêve, formé avec le souriant Bourbotte, d'humeur si leste et si française, un frappant contraste. Soubrany, c'est le gentilhomme démocrate, apportant aux camps ses grandes manières et son grand courage. Duquesnoy, c'est le type saillant du représentant aux armées, l'homme d'action et d'énergie, infatigable, sans ambition et sans faiblesse. Duroy ne manie point le sabre, mais la loi. Il est Normand, connaît le code, discute et défend ses commettants comme il défendrait ses clients. Il plaide, ce bonhomme d'Évreux, mais pour la liberté, mais pour la justice. Goujon, figure plus poétique, se détache du groupe avec je ne sais quels reflets du dix-neuvième siècle. Il est notre contemporain par sa tristesse, cette mélancolie poignante qui semble le désigner, lui plein de vie, d'une force prodigieuse, aux coups de la Mort. Superbe assemblage d'âmes hautes et de fiers esprits que la tourmente allait emporter!

De germinal à prairial, Paris avait vécu, on peut le dire, de longues journées de désespoir[2]. Le courroux, l'amertume, la stupeur agitaient ou écrasaient la populace. Elle manquait de pain et trouvait parfois à boire. Le moindre grain d'alcool montait à la tête de ces corps minés, affaiblis. Nous allons voir bien des insurgés de prairial arrêtés. Ils seront ivres et n'auront point mangé. Des paroles mauvaises couraient dans la foule ; des femmes, — ce sont toujours les femmes, remuaient chez leurs maris, chez leurs voisins, la lie des âmes. On disait tout haut : *Il faut en découdre! A bas les cheveux rebroussés, les habits bleus!* en faisant allusion aux costumes et à la coiffure des députés. Plus de respect, je l'ai indiqué déjà. A Choudieu, qui les priait de sortir de la Convention, en germinal, les femmes avaient répondu : « Nous sommes ici chez nous! » Elles allaient tantôt crier, au 1$^{er}$ prairial : « Allez-vous-en! Partez! Nous fermerons la Con-

[1] Edgar Quinet. V. le t. II de *la Révolution*.
[2] Quinet.

vention nous-mêmes ! » Plus de foi politique. Les passions, rougies au feu du journal de Babœuf, le seul qui eût encore alors de l'influence [1]. Un immense dégoût, une lassitude, un dédain. Ce cri fut proféré sans qu'il soulevât de rage dans le vieux faubourg : « Un roi ! Un roi et un morceau de pain ! » L'idée de monarchie revenait. Tout plutôt que la famine.

Qui eût pu nier l'orage prochain? Paris entier était assombri. L'inquiétude vague, le magnétisme des grandes éruptions courait les rues. Germinal d'ailleurs n'était pas oublié; le grondement continuait. On se demandait tout bas et même tout haut : *Quand donc tombera le tonnerre?* Et les partis (pauvre republique!) n'attendaient que ce moment pour risquer la bataille suprême. « Vaincre ou mourir ! » se disaient les Montagnards. — « Mourir ou tuer ! » répétaient les Thermidoriens. La liberté repliait ses ailes, l'émigration se reprenait à espérer, et le royalisme préparait ses batteries, comme pour une lutte, tandis que le petit Louis XVII, pris de cette affection scorbutique qui avait emporté son frère en 1789 (Mercier, *Annales patriotiques*), râlait dans la prison du Temple.

[1] On fera bien de le lire pour avoir la note exacte des émeutes.

Je trouve, à l'appui de mes dires sur cette réaction déjà signalée, un témoignage qui semblera à quelques-uns inattendu. C'est celui de Bonaparte. Mis en disponibilité par le girondin Aubry, à cause de ses antécédents *jacobiniers*, de sa liaison avec Robespierre jeune, Bonaparte pauvre, jaune et maigre, rongé d'ambition, dînant économiquement aux *Frères-Provençaux* ou chez Bourienne, promenait dans Paris ses espoirs déçus, et pour occuper sa dévorante activité, il étudiait hommes et choses, écrivait, songeait. M. Lanfrey nous a fort bien décrit l'état de cette âme devant les premiers obstacles. Dans ses lettres de 1795 à son frère Joseph, Bonaparte décrit Paris, le Paris de la réaction, les voitures, les élégantes, les luxes et les fièvres, tout aussi bien que Réal, et l'on devine ses tentations et ses colères devant les conciliabules politiques, les parties de jeux et les soupers qui s'organisent. Plus tard, il dictera à M. de Las Cases et corrigera de sa main un travail sur *le treize vendémiaire* où il retrouvera comme le fantôme de ses ardeurs d'autrefois : « Une épouvantable réaction, dira-t-il, *affligea* la république. » *Affligea*, sur le manuscrit est de son écriture. « Les salons étaient ouverts, on discourait sans crainte ; le parti de l'étranger, qui s'étayait du prétexte du rétablissement des Bourbons, acquérait chaque jour de nouvelles forces. *La perte de la République se tramait ouvertement.* » Et qu'on s'étonne du malaise général, de la douleur publique !

# CHAPITRE III

## LA CONVENTION ENVAHIE

L'orage éclata le lendemain, 1er prairial. Paris s'était éveillé au cri du tocsin. Dès cinq heures du matin, l'insurrection était dans la rue; des hommes armés montaient aux clochers des églises et sonnaient le carillon de l'émeute. Les ouvriers des ports, les débardeurs, empêchaient les autres citoyens de travailler [1]. Les femmes dispersaient les *queues* formées, comme à l'ordinaire, à la porte des boulangers.

Vers neuf heures, le faubourg Saint-Marceau, le faubourg Saint-Antoine, fourmillaient de piques et de fusils. Les commissariats étaient envahis, les comités civils assiégés, leurs membres maltraités, sommés, le poing sur la gorge ou le sabre dans les reins, de fournir du pain au peuple ou de marcher avec lui sur la Convention [2]; l'Hôtel de Ville devenait le centre d'un comité insurrectionnel, et les murailles parisiennes se couvraient de placards qu'on distribuait en même temps à profusion. C'était le plan de l'insurrection, le programme de la révolte, qu'Isabeau allait tout à l'heure faire connaître à la Convention :

« 1. Le peuple, *pour obtenir du pain et reconquérir ses droits,*

« Considérant que le gouvernement le fait mourir inhumainement de faim; que les promesses qu'il ne cesse de répéter sont trompeuses et mensongères;

« Considérant que chaque citoyen se trouve réduit à envier le sort infortuné de ceux que la famine entasse journellement dans les tombeaux;

« Considérant que le peuple se rend coupable envers lui-même, envers la génération future, s'il ne se hâte d'assurer sa subsistance et de ressaisir ses droits ;

« Considérant que le gouvernement est usurpateur, injuste et tyrannique,

[1] *Rapport du commissaire de la section du Jardin des Plantes.* V. aux Pièces justificatives.

[2] *Tu as du pain plein le ventre, nous n'en avons pas, arche!* (Les femmes aux commissaires de sections.)

quand il fait arrêter arbitrairement, transférer de cachots en cachots, de communes en communes, et massacrer dans les prisons ceux qui ont assez de courage et de vertu pour réclamer du pain et les droits communs;

« Considérant qu'un gouvernement usurpateur et tyrannique ne fonde ses espérances criminelles et sa force que sur la faiblesse, l'ignorance et la misère du peuple;

« Considérant qu'un gouvernement aussi atroce ne peut subsister qu'autant qu'on a la faiblesse de le craindre et de lui obéir;

« Considérant que la cavalerie que le gouvernement a tirée de nos armées, pour les affaiblir, n'a pas voulu prêter serment de fidélité à la tyrannie, mais au peuple qu'elle a juré de défendre;

« Considérant que les républicains des départements et des armées ont les yeux fixés sur Paris, qui deviendrait devant eux responsable de tout retard;

« Considérant que l'insurrection est pour tout un peuple et pour chaque portion d'un peuple opprimé *le plus sacré des droits, le plus indispensable des devoirs*, un besoin de première nécessité;

« Considérant qu'il appartient à la portion du peuple la plus voisine des oppresseurs de les rappeler à leurs devoirs, en ce que par sa position elle connaît mieux la source du mal;

« Le peuple arrête ce qui suit :

« Article premier. Aujourd'hui, sans plus tarder, les citoyens et les citoyennes de Paris se porteront en masse à la Convention nationale pour lui demander :

« 1° Du pain;

« 2° L'abolition du gouvernement révolutionnaire, dont chaque faction abuse tour à tour pour ruiner, pour affamer et pour asservir le peuple;

« 3° Pour demander à la Convention nationale la proclamation et l'établissement sur-le-champ de la Constitution démocratique de 1793;

« 4° La destitution du gouvernement actuel, son remplacement instantané par d'autres membres pris dans le sein de la Convention nationale, et l'arrestation de chacun des membres qui composent les comités actuels de gouvernement, comme coupables du crime de lèse-nation et de tyrannie envers le peuple;

« 5° La mise en liberté, à l'instant, des citoyens détenus pour avoir demandé du pain et émis leur opinion avec franchise;

« 6° La convocation des assemblées primaires au 25 prairial prochain, pour le renouvellement de toutes les autorités qui, jusqu'à cette époque, seront tenues de se comporter et d'agir constitutionnellement;

« 7° La convocation de l'Assemblé nationale législative, qui remplacera la Convention, pour le 25 messidor prochain.

DÉPOT LÉGAL
Seine
n° 13
1874



BIBLIOTHÈQUE NATIONALE
R.F.

... Lorsque brusquement la porte du Salon de la Liberté vole en éclats. (Page 102.)

« II. Pour l'exécution du précédent article et des suivants, il sera conservé envers la représentation nationale le respect dû à la majesté du peuple français. Il sera pris les mesures nécessaires pour que la malveillance ne puisse enlever, outrager ni engager dans de fausses démarches les représentants du peuple. En conséquence, les barrières seront à l'instant fermées à cet effet.

« Les personnes et les propriétés sont mises sous la sauvegarde du peuple.

« III. Ceux des représentants qui se trouveraient entraînés hors de leur poste, soit en costume ou de toute manière, seront sur-le-champ remis au sein de l'Assemblée et mis sous la sauvegarde du peuple.

« IV. Le peuple s'emparera des barrières, de la rivière, du télégraphe, du canon d'alarme, des cloches destinées pour le tocsin et des tambours de la garde nationale, afin qu'il n'en puisse être fait aucun usage.

« Les citoyens chargés de l'approvisionnement de Paris auront seuls la permission de sortir de Paris et d'y entrer, tant que durera l'insurrection. Des certificats leur seront délivrés par un comité formé d'un commissaire nommé par chaque section. Ce comité sera responsable des certificats qu'il expédiera.

« Tout approvisionnement externe se fera reconnaître aux barrières en entrant et en sortant.

« Les courriers entreront, mais ils ne sortiront point jusqu'à nouvel ordre.

« V. Les canonniers, la gendarmerie, les troupes à pied et à cheval qui sont dans Paris et aux environs sont invités à se ranger sous les drapeaux du peuple et à s'unir avec lui par les liens de la fraternité, pour reconquérir les droits communs.

« VI. Tout agent du gouvernement, tout fonctionnaire civil ou militaire, tout particulier qui tenteraient de s'opposer aux mesures indiquées dans le présent arrêté, seront regardés comme ennemis du peuple et punis comme tels.

« Tout pouvoir non émané du peuple est suspendu. Tout agent ou fonctionnaire du gouvernement qui n'abdiquera pas sur-le-champ ses fonctions sera considéré comme participant à la tyrannie et puni comme tyran.

« VII. Quiconque proposerait de marcher contre le peuple, de l'outrager d'une manière quelconque, soit en masse, soit dans un seul de ses membres, sera regardé comme ennemi de la liberté et traité comme tel.

« VIII. Les citoyens et les citoyennes de toutes les sections indistinctement partiront de tout point dans un désordre fraternel, et sans attendre le mouvement des sections voisines, qu'elles feront marcher avec elles, afin que le gouvernement, astucieux et perfide, ne puisse plus emmuseler le peuple comme à son ordinaire, et le faire conduire, comme un troupeau, par des chefs qui lui sont vendus et qui nous trompent.

« IX. Le peuple ne se rassoira pas qu'il n'ait assuré la subsistance, le bonheur, le repos et la liberté de tous les Français.

« X. Le mot de ralliement du peuple est *Du pain et la Constitution démocratique de* 1793.

« Quiconque, durant l'insurrection, ne portera point ce mot de ralliement écrit à la craie sur son chapeau, sera regardé comme affameur public et comme ennemi de la liberté.

« Tout drapeau, guidon ou enseigne qui paraîtra devra porter également le même mot de ralliement.

« Tout autre signe ou point de ralliement est absolument défendu et proscrit.

« XI. Il sera fait une adresse à nos frères des départements et des armées, pour les instruire des motifs et des succès de la Révolution, ainsi que des moyens pris pour assurer le bonheur national.

« *Nota.* On ne doute pas que le gouvernement n'essaye d'empêcher l'effet des mesures ci-dessus ; mais il ne le pourra pas. Il ne viendra pas à bout d'arrêter l'indignation du peuple et son juste châtiment, quand même il ferait sortir de ses magasins les subsistances qu'il y tient renfermées et qu'il réserve pour ses infâmes projets [1]. »

Pendant que ce plan, si terriblement motivé, était lu et commenté par les rues, en même temps que le dernier numéro du journal de Babœuf, les femmes, les enfants se formaient en groupes ; les hommes s'emparaient des canons des sections, forçaient les adjudants des comités à leur livrer les fusils et poussaient leurs clameurs :

— La Montagne se relève ! On va en découdre ?

— C'est la lutte entre les mains noires et les mains blanches !

— C'est aujourd'hui qu'il faut que tous ces coquins-là pètent [2].

Le rappel répondait à ces horribles menaces. Le Comité de sûreté générale s'était, dès huit heures du matin, mis en mesure de protéger la Convention contre toute attaque. Mais les sections n'arrivaient que mollement, tandis que grondait l'insurrection à chaque instant grossie. On ne savait encore de quel danger Paris était menacé, et l'écho des tambours retentissait sourdement dans cette ville morne et terrifiée.

La Convention, sous la présidence de Vernier, ouvrit sa séance à onze heures par la lecture de la correspondance. Isabeau, pâle, le plan d'insurrection à la main, se lève, et dès l'abord parle de la situation : « Vous n'ignorez pas, citoyens, la révolte qu'on prépare... [3]. » Il lit ensuite ce long réquisitoire populaire dont chaque phrase éclate au milieu de l'Assemblée comme un reproche menaçant. Les derniers mots achevés, les tribunes, regorgeant de monde, éclatent en applaudissements ; l'Assemblée est muette. *La Convention saura mourir à son poste !* s'écrie un membre en se levant ; tous ses collègues l'imitent, et, la main étendue, ils répètent le même serment [4]. Des applaudissements contraires aux premiers partent alors des tribunes : « Si les citoyens qui ont applaudi d'abord, dit Isabeau, ont donné leur assentiment aux projets des séditieux, c'est que, sans doute, ils ont été surpris ; mais ils reviendront de leur erreur et ils se convaincront que nous ne voulons que leur bien-être. » Clauzel

[1] *Moniteur*, Quartidi, 4 prairial (séance du 1er), n° 243, 24 mai 1795,
[2] Interrogatoire de la femme Mandrillon.
[3] *Moniteur*, n° 244 (4 prairial, an III, séance du 1er).
[4] *Moniteur*.

se lève, découvre sa poitrine, la montre au peuple des tribunes et s'écrie : « Ceux qui nous remplaceront en marchant sur nos cadavres ne travailleront pas avec plus de zèle au salut du peuple. » Et, par une contradiction qui révèle le trouble de son cœur, dit M. Louis Blanc, il ajoute : « Citoyens, songez-y bien : les chefs du mouvement seront punis et le soleil ne se couchera pas sur leurs forfaits. » On applaudit encore à cette maladroite et terrible menace. Auguis invite, au nom des comités, la Convention à décréter que les représentants du peuple sont tenus de rester à leur poste et ne sortiront point du sein de la Convention. — « C'est notre devoir, répondent plusieurs voix (et sans doute plus d'un Montagnard); l'ordre du jour ! » L'Assemblée passe à l'ordre du jour.

A cette insurrection qui se dresse, chacun veut trouver une cause. « Cela part, s'écrie Lehardy, de la même source que le 12 germinal. » Il y voit les mêmes chefs, les mêmes agents : « Ce sont ceux de vos membres que vous avez expulsés ; peut-être même ont-ils encore des adhérents jusque dans le sein de la Convention. » La gauche murmure devant cette accusation sans preuves. « Le mouvement, dit Rovère, a été organisé dans la Convention même. » « Je ne vois dans tout cela, dit Bourdon (de l'Oise), que la rage des royalistes, la rage des prêtres insermentés qui ne respireront jamais à l'aise que sur les cadavres des républicains et sur les ruines de la patrie. » Il conjure le peuple d'attendre, de ne rendre pas inutiles cinq ans de privations et de sacrifices : « Encore quelques jours et ses souffrances finiront. » Génissieux, André Dumont supplient le peuple à leur tour; on décrète qu'il sera rédigé une proclamation pour éclairer les citoyens. Saint-Martin fait adopter plusieurs projets de décrets qui accordent des secours à différents citoyens [1]. Puis, comme s'il tardait à la Convention de faire sentir sa rigueur, l'Assemblée, sur la proposition des comités réunis, décrète que les chefs d'attroupement sont mis hors la loi; qu'il est enjoint aux bons citoyens de les arrêter, et, au cas de résistance, de leur courir sus ; que sont réputés chefs d'attroupement les vingt premiers individus qui seront arrêtés marchant à la tête d'un attroupement ; que les comités de gouvernement sont tenus de rendre compte à la Convention, et d'heure en heure, de la situation de Paris [2]. Le projet mis aux voix et adopté, les femmes qui sont dans les tribunes font entendre leurs rires ironiques.

Et aussitôt, comme si la personnification de la détresse se fût tout à coup dressée devant les législateurs, une députation de la section de Bon-Conseil était admise à la barre de la Convention. L'orateur venait faire connaître à l'Assemblée la misère et les souffrances du peuple, ses besoins, ses tourments. « Jamais nation, dit-il, ne donna à l'univers l'exemple d'une patience et d'une résignation

[1] *Moniteur.*
[2] *Ibid.*

égale à la nôtre... Nouveaux Tantales, nous expirons à chaque minute de besoin et d'inanition au milieu de l'abondance. Si l'on trouve de la farine pour faire cette quantité prodigieuse de gâteaux, de brioches et de biscuits qui, dans toutes les rues, dans toutes les places, dans toutes les promenades, sont exposés aux yeux du malheureux, comme pour insulter à la faim qui le dévore, ne pourrait-on pas trouver un moyen pour augmenter la quantité ou améliorer la qualité du pain de l'égalité?... Soyez justes. mais réprimez par des mesures sages et sévères les agioteurs, les malveillants et les affameurs [1] ! » La pétition est renvoyée aux Comités de salut public, de sûreté générale et de législation. Pour toute réponse, on dit : Patience. Une proclamation est rédigée qui invite les citoyens de Paris à la confiance, à la concorde, à de nouveaux sacrifices. La Convention décrète que les représentants du peuple Henri Larivière, Lahaye. Porcher, Villers, Coren-Fustier, Philippe Delleville, Legos, Chazal, Vitet, Génissieux, Sevestre se rendront sur-le-champ dans les arrondissements des sections de Paris pour éclairer le peuple « sur les manœuvres qu'emploient ses ennemis pour l'égarer. » Cette nomination venait à peine d'être faite, lorsqu'un grand tumulte s'élève dans les environs de la salle : c'est l'insurrection qui est là. Une multitude de femmes se précipitent dans les tribunes en criant : *Du pain! du pain* [2] *!* La dernière tribune du côté de Brutus est envahie. Les femmes montent sur les bancs. *Du pain! du pain!* Les hommes, qui vont arriver, ajouteront : *Et la Constitution de* 1793 ! Pour elles, il ne s'agit que de la nourriture et du vivre, du pain pour les enfants, du pain. Le président, André Dumont, qui a remplacé Vernier, se couvre ; tous les membres ôtent leurs chapeaux. *Du pain!* reprennent les femmes. On veut les calmer, elles rient ou menacent. Elles montrent le poing à André Dumont ; elles jettent à la Convention des injures dans le tumulte. Elles se sentent fortes de toute cette foule qui grossit et mugit au dehors ; leur nombre croît, leurs cris redoublent. *Du pain! du pain!* C'est le glapissement de la faim, mélange de hurlement et de râle. *Du pain! du pain!* Les représentants, immobiles sur leurs siéges, écoutent et attendent. Au bout d'un quart d'heure, dans un apaisement de tempête, le président, qui se couvre et se découvre de minute en minute, proteste que tous ces cris ne précipiteront pas les arrivages d'un seul instant... — « Il y a assez longtemps que nous attendons, » répond une femme. » Le président demande qu'on laisse un des représentants rendre compte de nouvelles satisfaisantes. « Il arrive de presser l'arrivage des subsistances et il va apprendre... » Les femmes ne lui laissent pas le temps d'achever : *Non! non! du pain! du pain!* Toujours le même cri.

*Le Moniteur* ne dit pas ce que répliquèrent alors quelques membres de l'As-

[1] *Moniteur.*

[2] *Procès de Romme, Goujon*, etc., par B.-C. Desessarts, p. 6.

semblée, de ceux qui, le lendemain, allaient parler des « dangers courus par la Convention nationale », mais il enregistre, après cette phrase : *Plusieurs membres parlent dans le tumulte.* Une exclamation significative est celle de Châteauneuf-Randon : *Est-ce que la Convention aurait peur?* Elle n'avait pas peur, mais elle hésitait ; elle ne voyait plus clair ; elle suppliait et menaçait tour à tour, parlait de nourriture et de tribunaux, soulevait les rires ou les murmures de la foule. Louvet s'écriait qu'il fallait détruire à la fois le royalisme et le terrorisme ligués entre eux. André Dumont déclarait aux tribunes qu'il mourrait plutôt que de ne pas respecter la Constitution. « Sachons périr s'il le faut », s'écriait Féraud. Et les femmes, sans varier leur refrain sinistre, de leurs voix enrouées, menaçantes, continuaient, répondaient à tous les discours, interrompaient tous les orateurs avec leur : *Du pain! du pain!*

Le président veut faire évacuer cette tribune qui gronde. Il demande si, à défaut d'obéissance, il doit faire arrêter les individus qui la remplissent. Tous les députés se lèvent et répondent par un seul : Oui. *Tous les députés,* dit *le Moniteur* lui-même : donc les Montagnards aussi. Les tribunes s'emplissent davantage. D'autres femmes encore arrivent, comme une marée humaine. Le président s'adresse à un officier debout à la barre. « Je charge le commandant de la force armée de faire évacuer... » Encore une fois, il ne peut achever. Et les femmes, à cet ordre, répondent par cet autre cri : *Nous ne nous en irons pas!* A gauche du président, la porte, ébranlée par des coups violents de crosses de fusils et de marteaux, crie et va céder. Les plâtras tombent au dehors. « Officier, dit Marec à l'adjudant général Fox, entendez-vous ce bruit? Je vous charge, sur votre responsabilité, d'empêcher qu'on ne porte atteinte à la représentation nationale. » Nommé par le président commandant provisoire de la Convention, Fox répond qu'il fera respecter la Convention nationale ou qu'il périra à son poste. Thibaudeau demande que le commandant soit chargé de repousser la force par la force ; et d'abord il fera évacuer la tribune. Il monte accompagné de quatre fusiliers et de deux jeunes gens armés de fouets de poste. Les femmes résistent ; on les chasse aux applaudissements de l'Assemblée. Mais les « cris séditieux » ne partaient pas seulement de la grande tribune. Le général, depuis une demi-heure, s'occupe à les faire évacuer toutes, lorsque brusquement la porte du salon de la Liberté vole en éclats ; la foule, irrésistiblement poussée, l'enfonce comme un bélier et se dégorge dans la salle. La Convention est envahie. Les insurgés, la pique en main, armés de maillets ou de mousquets, en carmagnoles, en haillons, se précipitent, tandis que les représentants, quelques-uns sautant par-dessus les bancs, gagnent les gradins supérieurs. Entre le peuple et les députés, les gendarmes des tribunaux forment aussitôt une haie ; des sectionnaires en armes, accourant alors par la barre et la porte de droite, se jettent sur les « envahisseurs» et les repoussent : un affreux tumulte et pas d'effusion de sang. « Le calme est rétabli », s'écrie bientôt le président, tandis que, seule, dans une tribune, une femme qu'on n'a point fait sortir, insulte la Convention et la menace encore [1].

Pendant ces terribles scènes, calmes, attristés, le courroux dans la poitrine, mais immobiles et mornes, les derniers de la Montagne se croisaient les bras et attendaient. Ils attendaient qu'on les tuât à leur poste, et tout à l'heure Duroy, sa tête chauve appuyée contre le rebord de la tribune où les femmes étaient empilées, ne bougeait pas sous les coups qui tombaient sur son crâne, semblable en cela à ceux du Sénat de Rome, rivés, eût-on dit, à leurs chaises curules.

Ce n'était d'ailleurs rien encore, et la journée commençait. Il était près de deux heures. La porte, brisée déjà, cède une seconde fois, les maigres insurgés sont encore là. Auguis, en costume de représentant, se précipite sur eux, le sabre haut, à la tête d'un détachement de citoyens. « Repoussez la force par la force ! » crie Laignelot dans le tumulte, et Bourdon (de l'Oise) : *En avant! serrez vos rangs !* C'est une bataille. Le chef des assaillants, pris au collet, traîné par les cheveux au milieu de l'Assemblée, va être massacré. Des officiers l'arrachent à la mort. Le président, depuis le commencement de ce combat corps à corps, est couvert. On avait trouvé, dans la poche de l'homme arrêté, un morceau de pain, un *gros morceau de pain,* dit *le Moniteur*, et bientôt le président lui-même ajoute qu'il en avait *ses poches pleines* [2]. Les historiens de l'insurrection, presque tous thermidoriens, n'ont pas manqué de faire de cette capture un trophée. Cet homme avait du pain sur lui, donc cette révolte n'était pas la protestation des affamés. Pâle, entouré et menacé, l'homme se disposait à mourir. Il y avait à côté de lui d'autres prisonniers, et infailliblement les citoyens les eussent massacrés ; Auguis monte à la tribune, et conseille, autant par fermeté que par prudence, de ne pas faire couler le sang : « On a fait courir le bruit que vous égorgez les femmes ! » En conséquence les hommes arrêtés sont conduits au Comité de sûreté générale.

L'anxiété n'était, en effet, pas moins grande au dehors qu'au dedans. Les sections, réunies autour de la Convention, sans ordres, sans nouvelles, stationnaient en rang avec leurs canons. Les bruits les plus contradictoires couraient les groupes, se répandaient dans cette foule armée, lasse et énervée. Parfois un homme quittait sa compagnie, entrait chez quelque marchand de vins, buvait, se mêlait ensuite au tumulte de la Convention. Les femmes vociféraient, poussaient leurs cris et leurs menaces, parcouraient le Carrousel en demandant *du*

[1] *Moniteur*. Peut-être Rose Lacombe.
[2] *Moniteur*.

*pain*, en insultant les représentants qui, parfois, passaient au galop d'un cheval. On en maltraita plus d'un, à coups de poing ou de pierres.

A deux heures, Féraud ainsi poursuivi se réfugia à la Convention, les habits déchirés, pâle et harassé. On s'empresse autour de lui : il était presque évanoui. C'était le moment le plus terrible. L'insurrection tentait son grand effort, et l'on entendait passer, comme des rafales, les lugubres bruits du pas de charge. Que se passait-il au dehors ? La Convention décrétait que le représentant Delmas était chargé de la direction de Paris ; le président proclamait que la section de la Fontaine-de-Grenelle, avait, en repoussant les assaillants, bien mérité de la patrie ; Dussault admirait « la contenance fière et décidée des ambassadeurs des puissances étrangères qui n'avaient pas quitté leur tribune pendant cette lutte [1] », et demandait qu'il fût fait mention honorable de cette conduite au procès-verbal et au Bulletin. Puis, pendant un moment elle suspendait ses délibérations. Mais, — il était trois heures trente-trois minutes [2], — de nouveaux cris se font entendre dans le salon de la Liberté : « Aux armes ! aux armes ! » La force armée y court ; le tumulte recommence, et le président (c'était Boissy) se couvre encore. Un bataillon traverse la salle en criant : *Vive la République !* Les baïonnettes sont croisées ; des coups de feu partent ; l'Assemblée assiste au combat. Est-elle bien encore une Assemblée. Parmi ses membres, les uns demeurent cloués à leur banc, les autres se collettent avec l'insurrection ; Dubois-Crancé saisit dans la foule un homme qui portait sur son chapeau, tracés à la craie, les mots de ralliement : *Du pain et la Constitution de* 1793 ! L'homme se débat, s'échappe ; il est ressaisi ; on l'entraîne hors de la salle [3]. Les coups de feu continuent : pas un conventionnel n'est atteint. La foule grossit ; repoussée, elle revient à la charge. La garde est forcée. Féraud, désespéré se jette en travers de la porte, conjure les assaillants de ne pas violer la représentation nationale. L'ivresse du dévouement a succédé chez lui à la prostration. Il est saisi soudain de cette folie sublime qui fait les martyrs. Il veut mourir ; il découvre sa poitrine :

« Tuez-moi, dit-il, vous n'entrerez qu'après avoir passé sur mon corps ! ce n'est pas la première fois qu'une balle m'atteindra. Prenez ma vie, mais respectez la Convention. »

Il se couche sur le seuil ; la foule passe. Les hommes, les femmes, toute la cohue du faubourg a pris d'assaut la Convention.

Des combats s'engagent à coups de poing ; les députés sont arrachés de leurs bancs, Kervélegan, Delecloy, un des soixante-treize, l'accusateur de Duhem après le 12 germinal, celui qui venait de faire décréter que l'emplacement du

[1] *Moniteur*.
[2] Desessarts.
[3] *Moniteur*.

... et pendant que son camarade tient les jambes, la coupe avec son sabre. (Page 106.)

lieu des séances des Jacobins serait consacré à l'établissement d'un marché sous le nom de 9 Thermidor.

Le parquet est aux sabres nus, aux carmagnoles rayées; les insurgés s'arrêtent devant le président; sur tous les chapeaux l'inscription : *Du pain et la Constitution de* 1793 ! Un citoyen, le jeune Mally, arrache un de ces chapeaux; il est forcé de reculer et se réfugie sur les marches de la tribune où une balle va le coucher. On l'emporte. Féraud, accouru au pied de la tribune, se frappait la tête et s'arrachait les cheveux. Mais c'est maintenant le président qu'on couche en joue. Boissy-d'Anglas, immobile devant les canons de fusil, ne fait pas un geste. Féraud veut le couvrir de son corps; il escalade la tribune : un officier l'aide à monter. Les insurgés saisissent alors Féraud par son habit; l'officier assène à l'un d'eux un coup de poing dans la poitrine. Une folle qui était là, parmi les femmes, Aspasie Carle Migelli, répond par un coup de pistolet, mais c'est sur Féraud qu'elle tire : elle l'a entendu nommer, elle croit que c'est *Fréron*. Il tombe. La foule devient ivre devant ce cadavre. Aspasie Carle Migelli, qui, hier encore, par les rues, criait *Vive le roi!* se précipite sur le corps et le frappe de ses galoches. Le peuple, qui prenait, lui aussi, Féraud pour Fréron, traîne son corps par les cheveux dans les couloirs. Un marchand de vins, un jeune homme de vingt-six ans, Luc Boucher, pris soudain de cette fièvre que les Florentins ont appelée la *luxure de sang,* s'approche du cadavre, entend qu'on demande la tête, et pendant que son camarade Soret tient les jambes, la coupe net avec son sabre, « *comme une rave* », a-t-il dit plus tard [1] ; puis il la jette à la foule : *Vous l'avez voulue, la voilà*[2]*!* On emporte le *trophée* sur la place du Carrousel.

Dans la Convention, le désordre, l'effroi, l'horreur étaient à leur comble. Une foule hurlante, déguenillée et farouche, des cliquetis d'armes, des appels, des jurons, des menaces ; des femmes, les cheveux épars, assises aux places des députés, les carmagnoles envahissant les tribunes, la foule sur les marches, la foule dans le parquet, la foule sur les bancs. Les députés, amis et adversaires, groupés au hasard, également menacés et parfois maltraités par cette multitude, qui n'écoutait et ne distinguait personne dans une assemblée qu'elle ne respectait plus. Chaque banc, chaque coin de la salle vit une lutte partielle. Les députés sont insultés, menacés, quelques-uns blessés. La poussière, la vapeur des foules, enveloppant comme d'un nuage l'Assemblée mugissante, une insupportable chaleur, des cris assourdissants, tout se confond et se heurte. Sombre tableau ! Le peuple outrageait ses tribuns ! Et le président siégeait sous les drapeaux en haillons qu'avaient arrachés à l'ennemi les soldats de Hondschoote et de Jemmapes.

Les insurgés entraient à la Convention au pas de charge en soldats[3]. Quelques-uns parfois couchaient en joue le président, mais il ne devait plus — heureusement — y avoir de sang répandu. Féraud tomba seul dans cette journée déplorable, encore — nous l'avons vu — le coup de feu qui l'atteignit ne lui était-il pas destiné. On entendait à présent le tocsin sonner au pavillon de l'Unité ; les cours, le jardin du palais regorgeaient de gardes nationaux et d'artilleurs. Au milieu d'eux défilait le long cortége des affamés qui pénétraient dans la Con-

[1] V. le procès de Luc Boucher.
[2] Interrogatoire de Luc Boucher.
[3] *Moniteur*.

vention. Parfois même, les rangs s'ouvraient pour les laisser passer. On ne savait rien, ni ce qu'étaient ces hommes armés, ni ce qu'ils voulaient. Les insurrections ont leur Inconnu qui fait leur force. On ne s'explique pas d'ailleurs la conduite des comités, leur longue inaction pendant cette journée. Ces bataillons n'avaient qu'à s'ébranler, à marcher pour dégager la Convention nationale, et ils stationnaient là, inutiles, augmentant peut-être le désordre et la terreur.

Pendant ce temps, on se disputait la parole dans le sein de la Convention [1]. Ce n'était plus l'Assemblée, mais le peuple qui parlait. Les plaintes, les motions folles, les propositions de décrets se croisaient parmi les cris. On entendait parfois, dans une façon de silence, articuler quelque lambeau de phrase : « Nous voulons la Constitution de 93, et du pain. — Qu'avez-vous fait de nos trésors et de notre liberté ? — *Du pain ! du pain !* » Lorsque le discours ou la proposition plaisait à la foule, les tambours battaient aux champs. Le président parfois essayait de protester ; les furieux l'interrompaient. C'était le délire. Un canonnier monte à la tribune, et, d'une voix forte, lit le plan insurrectionnel affiché le matin sur les murailles. Les applaudissements se mêlent alors aux roulements de tambour. La foule maintenant est maîtresse. Si la force armée se montre, la foule crie : *A bas !* et la force armée se retire. — *A bas les armes !* dit le peuple aux grenadiers de la gendarmerie qui entourent les représentants sur les bancs supérieurs. Et les grenadiers évacuent la salle.

« Toute la partie de la multitude qui occupe les bancs de l'*extrémité gauche*, dit ici le *Moniteur, cause* avec les députés qui y sont restés. » Est-il besoin de faire ressortir la perfidie du compte rendu, rédigé d'ailleurs, non pas le 1er, mais le 4 ou le 5 prairial ? La multitude *cause* avec les députés ! Telle de ces phrases deviendra bientôt terrible dans l'acte d'accusation. Le compte rendu même du *Moniteur* est dirigé contre les accusés, et la version d'Aimé Jourdan les condamnera.

Ils ne causaient pas, et l'on pourrait les retrouver, les uns au pied de la tribune, comme Goujon qui, entouré d'officiers, s'écriait : « Si la Convention est dissoute, nous sommes perdus ; » les autres, sur la Montagne, pâles et immobiles, comme Romme, qui restait rivé à son banc, cloué à son devoir.

Dans ce tumulte, Duquesnoy fait remarquer à ceux qui l'entourent que les loges des journalistes sont presque désertes [2]. *Il rit aux éclats*, ajoute le rédacteur Jourdan. Il y a là rancune de journaliste. Duquesnoy certes ne riait pas en ce triste moment. On lisait toujours le plan d'insurrection. Lecture interrompue cent fois par les cris, par le tapage formidable. En vain la foule ordonnait-elle au président de sonner pour ramener le silence, Boissy-d'Anglas, ancré dans cette

[1] *Moniteur.*
[2] *Ibid.*

force d'inertie qui triomphe des plus bouillants courages, ne répondait point. Ce tumulte affreux durait pourtant depuis près de trois heures ; il fallait l'apaiser, le cœur de certains représentants saignait de voir la Convention envahie, presque déshonorée, la République ainsi déchirée. Rhül se lève droit sur son banc, il demande la parole au président, il parle, dans le bruit, aux femmes placées près de lui, il essaye de les calmer ; Romme, Duroy, demandent la parole. La foule crie : *Silence!*

Et la nuit venait.

Romme, dans sa défense, a éloquemment décrit le sentiment de douleur poignante qui devait agiter ceux de ses collègues qui vivaient et voulaient mourir républicains. Aux approches de la nuit, la fièvre des malades redouble, et il doit en être ainsi de l'exaspération des foules déchaînées. « Autour de moi, dit Romme, des femmes enceintes, des mères de famille, des ouvrières faisaient entendre le cri de la misère, gémissaient des maux qu'elles souffraient et de ceux dont elles ne pouvaient garantir leurs malheureux enfants.

« Les esprits déjà exaspérés s'irritaient du désordre même qu'ils avaient produit ; les malveillants les excitaient encore par des propositions criminelles qui, sur des hommes sans défiance, pouvaient faire des impressions funestes.

« Les événements du matin faisaient redouter les suites de l'impatience qui éclatait de toutes parts. Il n'était plus possible aux femmes de se retirer à cause de l'engorgement qui existait à toutes les issues, et c'est elles qui avaient le plus à souffrir.

« L'anxiété des représentants du peuple augmentait par le silence des comités de gouvernement. Étaient-ils assiégés? étaient-ils dissous ? le sang ne coulait-il pas dans les sections éloignées? Enveloppée au dedans par une multitude aigrie, égarée ; sans espoir de secours du dehors, la Convention portait seule tout le poids de cette journée, et sa longue inertie aggravait le danger. En ne voyant pas ses membres, les malveillants devenaient plus audacieux et osaient proposer de délibérer à sa place.

« La Convention, pour sortir du danger imminent qui la menaçait, était réduite à ses seules forces morales, à ses seuls moyens intérieurs.

« Plusieurs représentants du peuple demandent la parole de leur place et ne sont pas entendus. Rhül obtient la parole, il demande que les comités de gouvernement viennent rendre compte de ce qu'ils ont fait pour les subsistances ; il est peu entendu.

« Le tumulte recommence, plusieurs personnes dans la mêlée demandent la parole. Le président ne l'accorde qu'aux représentants du peuple. Il reconnaît par là tacitement et respecte leur droit imprescriptible de parler toutes les fois que le sentiment du bien public le leur commande.

« Je manifeste mes inquiétudes autour de moi, mes collègues les partagent ; ils me pressent de parler ; je cède à leurs sollicitations.

« Je n'avais qu'une invitation à faire ; on me presse d'aller à la tribune ; j'y parviens difficilement ; elle était occupée par des hommes et des femmes ; il était alors de six à sept heures.

« Je suis mal accueilli, ajouta-t-il [1]. Des cris de fureur se font entendre.

« Des cannibales, suivis d'un cortége barbare comme eux, entrent dans la salle en portant une tête sanglante au bout d'une pique. Cet horrible attentat réveille toutes mes craintes sur ce qui pouvait se passer au dehors. Ce n'est qu'en me rendant au Comité de sûreté générale pour exécuter le décret d'arrestation, que j'appris que notre malheureux collègue Féraud avait été égorgé.

« Accablé sous le poids de tant d'horreurs, je me demande, dans l'amertume de mon cœur, où réside l'autorité tutélaire de la sûreté publique. Dans ce sanctuaire déshonoré par les malveillants, rempli des gémissements du malheur, je la vois enchaînée et presque aux abois ; le gouvernement est peut-être frappé de dissolution, la force armée nous abandonne. Est-il des âmes assez courageuses pour oser répandre encore quelques rayons de leurs vertus républicaines ? Les droits de l'homme, les lois qui doivent les garantir sont-ils voilés pour jamais?

« Ces pensées déchirantes me rendaient peu attentif au danger que je courais moi-même. Des jeunes gens me font remarquer un homme qui voulait diriger son fusil contre moi ; on le retient ; d'horribles imprécations étaient vomies contre moi. Après le président, j'étais le plus en vue et le plus exposé. J'allais me retirer ; on m'observe que je n'exposerais pas seulement ma vie, que je compromettrais la représentation nationale tout entière. »

C'est, qu'en effet, le moment était venu où il fallait parler, opposer des orateurs aux énergumènes populaires, jeter à cette foule la promesse de paix, non plus, comme l'avait fait le matin André Dumont, de banales considérations sur le dévouement et le sacrifice, mais des paroles appuyées par des faits et d'énergiques mesures. Or, de l'aveu même de ceux qui l'accuseront, Romme allait proposer telles solutions que la Convention devait justement décréter le lendemain comme les meilleures et les plus sages.

Cependant Fox était venu demander des ordres à Boissy-d'Anglas. Autour de la Convention, la foule se pressait innombrable. Les faubourgs semblaient tous s'être fixé rendez-vous là. Boissy-d'Anglas ne se contenta point de donner des ordres énergiques, il les signa. Les ordres portaient : *Repousser la force par la*

[1] Dans son récit de la journée de prairial (lettre à M. Lacretelle), Boissy-d'Anglas prétend que Romme n'a point quitté sa place. Il ne sait, lui témoin oculaire, rien de ce qui s'est passé. Cette ignorance s'explique d'ailleurs par le tumulte et le voile de la poussière. Mais alors pourquoi accuser?

*force*. Lorsqu'on lui présenta au bout d'une pique cette tête défigurée, écrasée, souillée, traînée partout, de Féraud, le président crut que c'était la tête de Fox. Les ordres qu'il venait d'écrire étaient donc entre les mains du peuple ! Il se découvrit, et lentement, pendant que la multitude applaudissait, il salua cette tête qu'il croyait avoir fait tomber.

On sait quelle popularité allait rejaillir sur Boissy-d'Anglas à la suite de cet acte d'impassible courage. Soixante et douze départements allaient le choisir bientôt pour les représenter. *Ils me nomment plus que roi !* s'écriera Boissy. Je veux bien qu'il ait mérité la faveur de l'histoire, mais il faut avouer qu'il a bien mal compris le temps dans lequel il a vécu et particulièrement le mouvement de prairial auquel il dut d'être à jamais mis en lumière. Dans une lettre adressée à Lacretelle, l'historien de la Révolution, Boissy-d'Anglas, relevant quelques erreurs, en vient à parler de Romme — qu'il appelle Rome — et le qualifie tout nettement de *factieux*. Il dit :*Rome et ses complices*. Ses complices ! Boissy, devenu vieux, n'a donc pas dépouillé cette passion furieuse qui causa la mort de ces malheureux et honnêtes gens ? Dans sa retraite de Bougival, il juge Romme, Goujon, Soubrany comme s'il était encore au fauteuil de la Convention. Singulier aveuglement, injustice criante. Boissy-d'Anglas, dans cette lettre à Lacretelle, cède d'ailleurs au mouvement involontaire qu'a tout homme de sculpter sa propre statue : « Prévoyant bien, dit-il, que j'allais être tué, mon regret principal était de ne voir personne qui fût digne de raconter exactement de quelle manière je serais mort[1]. » Cela est fort bien, mais dans certaine conversation, Boissy-d'Anglas a été, ce semble, plus véridique et plus franc que la plume à la main. « Quelque temps après cette terrible séance, dit M. Saint-Marc Girardin, Boissy-d'Anglas montrait à M. Pasquier et à quelques amis la salle de la Convention, et leur expliquait sur les lieux la séance du 2 prairial[2]. « Étant monté avec lui sur l'estrade du fauteuil du président, disait M. Pasquier, j'aperçus au fond de cette estrade une porte que je n'y avais pas encore vue.—Qu'est-ce donc que cette porte nouvelle ? lui dis-je. — Oui, vous avez raison, dit tout haut M. Boissy-d'Anglas, elle n'est percée et ouverte que depuis peu de jours et *bien heureusement peut-être pour ma gloire*. Car qui peut savoir ce que j'aurais fait, si j'avais eu derrière moi cette porte prête à s'ouvrir pour ma retraite ! Peut-être aurais-je cédé à la tentation. » J'aime, je l'avoue, cette modestie envers soi-même, mais je la voudrais doublée de justice envers les autres[3].

[1] *L'Autographe*, 1er mars 1864.

[2] C'est du 1er prairial que veut parler M. Saint-Marc Girardin. «J'admire peu dans l'histoire, dit M. Marc-Dufraisse, les habiles comme Sieyès et Boissy-d'Anglas. « *Histoire du droit de guerre et de paix*).

[3] Je trouve cette citation de M. Saint-Marc Girardin dans un livre de M. Ed. Fournier, *l'Esprit dans l'histoire*.

L'apparition de la tête coupée avait fait naître une façon de calme rempli de stupeur. Le peuple, se poussant à la tribune, en profita pour lancer, comme autant de bombes, ses propositions. Une femme, Aspasie peut-être, les bras nus, s'agitait et parlait, tandis que des hommes, occupant le bureau, écrivaient et jetaient à la foule des papiers qu'on s'arrachait pour les lire. — Un homme des tribunes demandait que la Convention décrétât la permanence des sections, réclamait des visites domiciliaires pour les subsistances, l'arrestation de tous les émigrés, l'activité de la Constitution de 93, la mise en liberté de tous les patriotes. Chacune de ces propositions était appuyée par des *oui* et des applaudissements. D'autres réclamaient une municipalité à Paris, l'arrestation des députés qui n'étaient pas à leur poste, la rentrée des députés mis hors la loi. Une voix s'élevait, perçante, répétant les mêmes mots par intervalles, jetant le même appel : *L'arrestation des coquins et des lâches !* La nuit était venue. Il était neuf heures. Boissy-d'Anglas céda le fauteuil au vieux Vernier, qui tout à l'heure encore criait au peuple : « Dans deux jours vous aurez du pain ! » « Le désordre, dit M. Louis Blanc, avait commencé à s'organiser. » On vit, en effet, cette tumultueuse réunion d'hommes s'ordonner dans son désordre, allumer les lampes, demander, au nom du peuple français, qu'on débarrassât les bancs du bureau et les banquettes d'en bas pour que les députés pussent s'y placer et délibérer [1], et la foule obéir, remontant dans la partie supérieure de la salle et faisant descendre les députés qui étaient là. « Le peuple va quitter cette salle, venait de crier un homme, mais il n'en quittera pas les portes que vous n'ayez décrété ses propositions. » Il avait demandé encore, dans le tumulte et au nom du peuple souverain, que Soubrany fût nommé général de l'armée parisienne. Le moment décisif approchait où il fallait délibérer, prendre un parti. Les députés se placent sur les banquettes inférieures, se massent au pied de la tribune ; ceux qui ne peuvent pas trouver de siége se tiennent debout dans le parquet [2]. Il est convenu que le peuple restera couvert et que les députés voteront en levant leurs chapeaux. Romme demande qu'à l'instant le président mette aux voix la proposition qu'il fait, comme représentant du peuple, de mettre en liberté tous les patriotes. Vernier, effrayé, répond par une question : « Sommes-nous en nombre suffisant pour délibérer ? — Oui, oui, » répète la foule.

Les députés montagnards sont debout, prêts à monter à la tribune. Allons, c'en est fait, ils se dévouent. Advienne que pourra demain, ce qu'il faut aujourd'hui c'est sauver la patrie. Ont-ils confiance dans le peuple ? Espèrent-ils la victoire ? Peut-être. Duroy, assurément, et Soubrany, et Romme. Mais Goujon, avec le magnétisme du martyr, s'écrie, escaladant la tribune : « Marchons à la

[1] *Moniteur.*
[2] *Ibid.*

mort! » Les autres frémissent, l'espérance a jailli comme un éclair. Qui sait? la République sera sauvée. Il ne s'agit que d'avoir du courage. Ils en ont.

Ils sentent que l'heure est venue de faire triompher leurs idées, d'écraser la réaction. Toute leur énergie est tendue vers un même point. Ils ne se sont pas entendus, ne se connaissent pas, mais s'unissent instinctivement dans un même effort. Duroy propose que le décret de mise en liberté des patriotes soit ainsi rédigé : « Que tous les citoyens qui ont été mis en arrestation pour opinions politiques depuis le 9 thermidor et contre lesquels il n'y a point d'acte d'accusation soient mis en liberté dans toute l'étendue de la République à la réception du décret. » Rien n'était plus juste. Romme demande que le décret soit envoyé à l'instant par des courriers extraordinaires. Tout dépend, il le sent bien, de la promptitude dans le combat. Il réclame le silence et, le calme renaissant, il demande la suspension de toutes les procédures commencées contre les patriotes incarcérés. Duroy parle des *différentes bastilles* où sont détenus les représentants. Les décrets proposés sont régulièrement mis aux voix par le président, les chapeaux levés aux applaudissements du peuple. Les Montagnards redoublent d'énergie. « Il faut, reprend Romme, nous occuper de fournir du pain au peuple. Il est temps de faire cesser le scandale qui a lieu depuis quelque temps, relativement aux subsistances; l'abondance règne pour ceux qui ont beaucoup d'assignats, tandis que l'indigent est obligé de mourir de faim. Nous sommes tous pressés par le besoin. Je propose que dès ce moment il n'y ait qu'une seule espèce de pain pour tous... Je demande qu'il soit fait à l'instant des visites domiciliaires pour rechercher les farines. » Il demande encore la convocation des sections de Paris, leur permanence, le droit pour les citoyens de nommer dans chaque section des comités de subsistances. Duroy rédigeait les propositions, il les lit, on les adopte. Goujon, à son tour, et comme s'il prévoyait déjà le contre-coup du mouvement, veut qu'on éclaire les départements et les armées sur les causes du mouvement qui s'accomplit. « Car, dit-il, nos ennemis ne manqueront pas de dénaturer les événements [1]. » Il propose de faire un appel aux patriotes opprimés, et que la Convention nomme une commission extraordinaire pour faire exécuter les décrets qu'elle vient de rendre, puis, comme « il faut prendre garde que quelque autorité existante avant le moment actuel n'ait ordonné aux troupes de faire des mouvements », il demande que les comités du gouvernement soient à l'instant renouvelés. On le voit, pour eux, pour ces patriotes éblouis, ce 1er prairial ouvre une ère nouvelle à la République. Quel rêve! La patrie redevient maîtresse de ses destinées.

Bourbotte arrive, tout enflammé, monte à la tribune, réclame l'arrestation

[1] *Moniteur.*

R.F.

Alors, étendant la main, pareil à quelque délateur vulgaire. (Page 116.)

des folliculaires vendus à la réaction, qui calomnient et « traînent dans la boue ceux qui ont défendu la liberté ». Puis, après tous ces décrets, il demande d'une voix fière que pour compléter cette journée, on abolisse la peine de mort. « Non, non ! » s'écrie la foule. Mais le mot est dit. « La proposition qui vient d'être faite, s'écrie une voix, prouve que ce ne sont point des buveurs de sang et des Terroristes qui remplissent la Convention. » On les tuera pourtant comme tels. Les chapeaux sont levés, et la peine de mort est abolie, excepté pour les émigrés et les fabricateurs de faux assignats.

A ce moment, Duquesnoy demande que le Comité de sûreté générale soit cassé et renouvelé à l'instant; que quatre de ses collègues soient nommés pour s'emparer des papiers des comités et suspendre les membres qui les composent. Toujours les chapeaux sont levés. Duquesnoy, Prieur (de la Marne), Bourbotte et Duroy sont nommés pour composer cette commission. Ils jurent qu'ils rempliront avec courage la mission que la Convention vient de leur confier. Legendre et Delecloy montent à la tribune, réclament la parole au nom du Comité de sûreté générale et descendent parmi les huées. Boissy-d'Anglas, qui a repris le fauteuil, se couvre; Legendre se retire. « Vous voyez, dit Duquesnoy, que les comités de gouvernement sont contraires à vos décrets; j'insiste donc sur la proposition déjà faite qu'ils soient à l'instant suspendus. » Soubrany invite ses collègues qui viennent d'être nommés au Comité de sûreté générale à se réunir sur-le-champ et à prendre toutes les mesures nécessaires pour empêcher que « les tyrans du 12 germinal ne fassent encore une pareille journée [1] ». Il est minuit. Les quatre membres partent.

Arrivés à la porte, ils se heurtent contre un détachement de « bons citoyens [2] » commandé par Raffet. Legendre, Auguis, le girondin Kervélégan, Bergouin et Chénier marchent à la tête. « As-tu, dit Prieur (de la Marne) au commandant, ordre du président d'entrer dans la Convention? — Je ne te dois aucun compte, répond Raffet. — A moi, sans-culottes! » réplique Prieur en se tournant du côté de la foule. Mais cette foule est déjà moins nombreuse, on la somme de se retirer, elle refuse, la section de la Butte des Moulins, baïonnette en avant, la charge aussitôt. La foule ondule, fuit, puis revient sur ses pas, repousse un moment la force armée, lorsque la section Lepelletier vient se joindre aux hommes que commande Raffet, ce rival de Henriot lors de l'élection au commandement de la garde nationale avant le 31 mai. Les tambours battent la charge, des bataillons entrent par la porte de droite en criant : *A bas les jacobins!* Les insurgés repoussés se précipitent aux issues, escaladent les tribunes, courent aux portes, sautent par les fenêtres. L'émeute est balayée par ces brillants ex-grenadiers de la section des Filles-Saint-Thomas, qui toujours au pied du trône avaient été battus en 92 par les Marseillais, et le 20 juin aux côtés de la reine. Les députés reprennent bientôt leur place; ceux qui tout à l'heure parlaient sont déjà regardés comme des coupables; les conventionnels sortent de leurs coins, reparaissent, et la majorité triomphante des représentants de la République ne pense déjà qu'à se venger de l'injure qu'elle a subie, de la terreur qui l'a dominée, et son premier cri est un cri de colère : *A bas les assassins!*

[1] *Moniteur.*
[2] *Ibid.*

Autour de l'Assemblée, la foule dispersée, impatientée, n'attendait plus; ce peuple de Paris, qui ne reculerait pas devant la mitraille, avait été mis en fuite par un temps horrible. Et puis, comme dit le cardinal de Retz, cet artiste en révolutions : « J'ai observé qu'à Paris, dans les commotions populaires, les plus échauffés ne veulent pas ce qu'ils appellent se désheurer. » La fatigue s'était emparée de tous. Les révoltés s'éloignaient répandant la nouvelle des décrets que venait de rendre la Convention, remettant au lendemain les « affaires sérieuses », et laissant au pouvoir de leurs ennemis les députés qui venaient de se dévouer pour le peuple.

Alors la réaction commence. Il faut se hâter, « il faut que cette nuit ne se passe point sans que la Convention fasse sentir le poids de sa main à ceux qu'elle a déjà *investis* [1]. » Il y a des meurtriers à punir, des scélérats à immoler, des coupables à découvrir. « Il faut les signaler, il faut les frapper. » C'est le premier mot de cette assemblée qui tremble encore. Puis l'accusation nette succède aux insinuations. Toute la Montagne est là qui payera pour les insurgés. Un Pierret demande la punition des provocateurs, de ceux-là qui, « dans les missions, se promenaient avec des guillotines », de ceux-là « qui ne mangeaient pas un poulet sans l'avoir fait guillotiner ». La peur, l'horrible peur, pousse à tous les excès des modérés, des vieillards. Defermon, dès la première minute, demande que l'on dénonce aussitôt les provocateurs de l'odieuse révolte. Un seul cri lui répond : *C'est la Montagne !*

La Montagne est là, représentée par les plus énergiques et les plus indomptables de ses membres qui, pâles, calmes, froids, ont repris leurs places et attendent, le front haut, le décret de proscription. Il ne sera pas long à tomber. Chacun accuse, et chacun se venge. Thibaudeau, dans un discours ponctué de cris : *A bas les jacobins!* menace les conspirateurs « qui étaient dans cette enceinte et qui y sont encore, qui menaçaient leurs collègues de leurs poignards, qui préparaient à toute la Convention le même sort qu'au malheureux et innocent Féraud ». Le poignard des derniers de la Montagne! Cette arme ne devait frapper que les Montagnards eux-mêmes. Mais la colère et la terreur de Thibaudeau l'emportent. « Allons! Il faut les frapper ces hommes qui ont eu l'audace de proposer un nouveau despotisme [2]. » Et l'on applaudit. Plus de *demi-mesures*, il faut écraser cette *minorité factieuse et turbulente*. Qu'on annule les décrets, qu'on les déchire ou qu'on les brûle, mais surtout qu'on arrête « les députés qui, par leur motion ont secondé les séditieux ». C'est ce qu'il appelle « resserrer les liens de l'union et de la fraternité ». Un secrétaire, dit le *Moniteur*, brûle alors

[1] *Moniteur*.
[2] *Ibid.*

les minutes des décrets *fabriqués* par les révoltés. Puis des voix s'écrient, des voix impatientes : « Nommez, nommez les membres coupables[1] ! »

Bourdon (de l'Oise) s'est déjà levé. Il dénonce Peyssard parce qu'il est ci-devant noble, ci-devant garde du corps de Capet; il dénonce Soubrany parce qu'il est ci-devant marquis[2]. Delahaye veut qu'on n'épargne personne, qu'on arrête Bourbotte, qu'on arrête Goujon, qu'on arrête Duroy, qu'on arrête Albitte l'aîné, et les citoyens des tribunes, les réactionnaires qui y ont remplacé les insurgés commettent le crime de lèse-nation qu'ils reprochent aux révoltés en s'écriant, contre toute légalité : *Qu'on les juge demain!* Demain! c'était bien tard. « Il ne faut pas, s'écrie Tallien avec son geste de rhéteur et son emphase féroce, *il ne faut pas que le soleil se lève et que les scélérats existent encore!* Fréron avait demandé avant lui une justice sévère. Duquesnoy veut parler. *Citoyens collègues... — A bas! à bas!* lui crie-t-on de tous côtés.

Et la Convention décrète l'arrestation de Bourbotte, de Duroy et de Duquesnoy. « Il ne faut pas oublier Goujon! » s'écrie Bourdon (de l'Oise). « Et Prieur (de la Marne), » répliquent plusieurs voix. « Prieur, dit Defermon, a marché dans la ligne des hommes qui ne voulaient la liberté que pour l'étouffer. Je demande l'arrestation de Prieur. » Doulcet tente de le défendre, mais André Dumont, Dumont l'ex-maratiste, rappelle la conduite tenue par Prieur au 12 germinal. Rancune d'un mois. Il quête les bravos des tribunes : « Comptez sur les bons citoyens, ils sauront faire rentrer dans la poussière cette poignée de brigands qui ne veulent que le pillage et le meurtre[3]. » Et l'arrestation de Prieur, mise aux voix, est adoptée *au milieu des plus vifs applaudissements.*

Vite, allons, qu'on se hâte. On décrète d'arrestation Romme et Soubrany. Le président Legendre, qui a pris la place de Boissy, avertit l'Assemblée qu'on réclame l'arrestation de Goujon. Goujon demande la parole. *Non! non! c'est un assassin!* On la lui refuse. Il est décrété d'arrestation. « Je demande, dit Bourdon (de l'Oise), toujours acharné, que ceux qui viennent d'être décrétés d'arrestation passent à la barre et que la force armée s'en empare. On applaudit, la proposition est décrétée. Devant ce décret, pas d'hésitation, pas de rébellion. Bourbotte, Duroy, Duquesnoy froidement vont aux gendarmes. Mais il en manque. Où est Romme? On l'appelle. Il ne répond pas. Bourdon (de l'Oise) alors, étendant la main, pareil à quelque délateur vulgaire, désigne la place où

[1] *Moniteur.* L'impatience! Voilà bien le sentiment qui agite cette assemblée de trembleurs, Courtois (de l'Aube) raconte (voy. les notes manuscrites aux Archives de la Préfecture) que, le jour où Lecointre accusa les membres des anciens comités, un représentant s'écriait : *Dépêchons-nous de décréter l'accusation! j'ai du monde à dîner!* Je ne serais pas étonné qu'il eût dit de même, au 1er prairial : « Qu'on les arrête! Et allons nous reposer! »

[2] *Ibid.*

[3] *Ibid.*

Romme, impassible, les bras croisés, se tient bravant les furieux par son impassibilité. Le Montagnard alors se lève lentement et marche à pas comptés vers la barre. Entre les sabres des gendarmes ce groupe d'hommes, exposés aux injures de la majorité triomphante, demeurait silencieux et calme sous le torrent de cris et de menaces.

Quel désolant spectacle présente alors cette Assemblée où la peur fait pousser toutes les lâchetés ! Ceux-là mêmes qui tout à l'heure se taisaient et tremblaient se redressent hautains avec des gestes violents et des paroles de mort sur les lèvres. Un tas d'anonymes exaspérés par la terreur demandent, au hasard, en toute hâte, pris de la folie de la vengeance, des arrestations, des accusations, des condamnations. Qu'on arrête Peyssard, qu'on arrête Borie, qu'on arrête Fayau, qu'on arrête Lecarpentier, Pinet aîné, Ligny Bellegarde ! Ces deux derniers sont épargnés ; on décrète les autres d'arrestation aux cris de *vive la Convention!* Et Tallien se lève encore, Tallien le rhétoricien des heures de vengeance, Tallien le jouisseur, qui n'a jamais combattu que pour les causes gagnées d'avance. Ces arrestations ne lui suffisent pas, et, dans sa soif de sang, dans son ardeur de guillotine, il va jusqu'à demander la mort de ces deux hommes, prisonniers et innocents, l'intègre Pache et le brave Bouchotte. « Le mouvement d'aujourd'hui, dit-il, tendait à ramener les Jacobins et à rétablir l'*infâme commune;* il faut faire justice de ce qui en reste ; il faut que Pache et Bouchotte, deux chefs de cette faction abominable, périssent[1]. » Tout à l'heure, se tournant vers les députés arrêtés, avec ses attitudes d'histrion sanguinaire : « Malgré les assassinats, malgré les proscriptions que vous aviez organisez, misérables, avait-il dit, la République vivra ! » *Comme si des républicains de la trempe de Romme, de Soubrany, de Goujon*, écrit M. Louis Blanc, *avaient conspiré la mort de la république[2] !*

Mais les proscriptions ne sont pas finies. On lit la rédaction des décrets d'arrestation prononcés contre Bourboite et ses compagnons, et Garron fait observer que l'on n'a pas compris dans les décrets d'arrestation Rhül, qui, le premier, avait appuyé la proposition. Rhül est décrété d'arrestation. Plusieurs voix demandent encore l'arrestation de Charlier, que Lyon avait appris à respecter, et, suprême ironie, injustice dernière, Lehardy n'a pas honte de venir accuser devant cette Assemblée, qui ne recule devant aucun excès, Robert Lindet, un des plus purs de la Convention. « Il existe encore, dit-il, *un monstre* dans votre sein, c'est Robert Lindet. » Robert Lindet, le probe, l'actif et silencieux organisateur des subsistances, Lindet un monstre. « C'est le plus astucieux des

[1] *Moniteur.*

[2] *Histoire de la révolution*, t. XI, p. 163.

hommes », dit encore Lehardy. Thomas Lindet défend son frère, Pierret demande l'ordre du jour, Dumont (du Calvados) déclare que, dans son département, où Robert Lindet fut envoyé, pas un homme n'a péri. Il n'est pas jusqu'à Bourdon (de l'Oise) qui ne parle en faveur de l'ancien membre du Comité de salut public. Le *monstre* accusé par Lehardy est épargné.

Les députés arrêtés étaient toujours là à la barre, et Romme pouvait ironiquement sourire en écoutant Bourdon (de l'Oise) conseiller à la Convention le décret des propositions mêmes qu'il avait faites le matin. « Il est affreux, disait Bourdon, de voir que le peuple ne reçoit chaque jour qu'un petit morceau de pain noir, tandis que le riche peut se procurer une quantité suffisante de pain blanc ou beaucoup d'assignats. Je demande qu'il n'y ait plus deux sortes de pain. Le courage des bons citoyens m'est un sûr garant des sacrifices qu'ils feront; les riches se priveront de leurs jouissances pour secourir leurs frères. (*Oui! oui!* s'écrie-t-on.) Je demande que les traiteurs, pâtissiers, soient tenus de verser dans les magasins de la République les farines qu'ils ont et qui leur seront payées au prix coûtant, afin d'en faire du pain pour tous les citoyens [1]. » Exacte répétition des propositions de Romme. Or, celui-ci était un conspirateur, et Bourdon (de l'Oise), un vrai républicain!... A défaut de leur conduite dans la Convention, où ils avaient été exposés à la fureur de la populace, le simple récit de la journée des conventionnels eût cependant prouvé qu'ils n'étaient ni les auteurs ni les fauteurs de l'émeute [2]. Ils avaient été surpris par elle comme la Convention tout entière. Le 1er prairial, Romme était sorti de chez lui, rue Neuve-du-Luxembourg, 21, section de la place Vendôme, à onze heures, pour se rendre au Comité des travaux publics dont il était membre. « Avant de partir, entendant de son cabinet battre le rappel ou la générale, il ne savait trop, il avait envoyé la citoyenne qui prenait soin de son ménage savoir le motif de ce bruit, et peu après cette femme était revenue disant que ce n'était rien, que la garde nationale était appelée à se rendre à la section. Entré au Comité des travaux publics, il y avait déposé deux livres, avait appris d'un commis que Paris s'agitait, qu'un mouvement se déclarait dans les rues, et était alors aussitôt allé à son poste, qu'il n'avait point quitté pendant les heures d'invasion, pas même pour aller dans les salles voisines [3]. » Entre six et sept heures du soir, il avait demandé la parole, non au nom du peuple, mais en son nom propre, comme il en avait le droit, et vivement sollicité d'ailleurs par ses voisins. C'était Boissy qui présidait. Pour parvenir à la tribune, il lui avait fallu fendre la foule, se colleter avec des insurgés, et, à la tribune même, il faisait signe, — la chose

[1] *Moniteur.*
[2] En dépit des accusations mensongères de Georges Duval. (*Souvenirs thermidoriens.*)
[3] Procès des députés. Archives de l'empire. C. W[2]. 517.

fut établie lors du procès, à un de ses collègues, Massieu, qu'il parlait seulement pour apaiser l'agitation.

Duroy n'avait pris la parole que le soir, vers dix heures, encore le bureau de la Convention était-il réorganisé; plusieurs membres avaient déjà parlé, et la parole lui fut accordée par le président lui-même. Il était debout sur son banc, mais parce que les dossiers des bancs inférieurs étaient renversés et brisés. « J'ai fait, allait-il dire bientôt, des propositions que j'ai crues propres à calmer la multitude en fureur. Je le croyais d'autant plus nécessaire que nous avions été invités *de* nous réunir pour délibérer et que les ténèbres de la nuit rendaient le danger plus imminent[1] » Ces propositions, comme celle de Romme, comme celle de Goujon, avaient d'ailleurs calmé le peuple, — les journaux thermidoriens l'avouent, — et assurèrent le triomphe de la force armée. Duroy n'était pas sorti de la salle, n'avait pas même dépassé, dit-il, la première travée qui est en face du bureau du président. Il ne connaissait certes pas un insurgé. Pendant neuf longues heures, il était resté sur son siége, en haut, tout près des tribunes qui regorgeaient d'insurgés. Des femmes, à cause de son embonpoint, lui reprochaient d'avoir plus de deux onces de pain par jour, lui hurlaient dans les oreilles : — *Coquin, tu reçois trente-six livres en assignats et six livres en numéraire!* Et le gros Duroy ne bougeait pas. Il avait appris qu'une sédition se préparait le matin, à huit heures. A neuf heures et demie, il était à la Convention. La séance n'était pas ouverte. Quelques députés, assez inquiets, causaient à voix basse. Duroy était sorti et s'était promené, avec son collègue Rougemont, dans le Jardin National, sans parler à qui que ce fût. Des gens passaient armés de piques ou de fusils. A onze heures et demie, il était rentré et n'avait quitté son poste, — encore était-ce dans un moment de calme, — que pour « lâcher de l'eau auprès du Comité de sûreté générale, où il rencontra Rovère, à qui il demanda si on pouvait espérer le calme[2]. » C'était vraiment là un bien terrible conspirateur.

Le matin du 1er prairial, l'*assassin* Goujon allait par ce beau temps clair, se baigner le long du Cours-la-Reine. On entendait au loin le sourd grondement de la grande ville qui s'éveillait menaçante, les roulements étouffés du tambour. Mais Goujon ne savait pas qu'il y eût une émeute dans l'air. Il s'était rendu à la Convention au moment où dans les rues on battait la générale. Il y était resté jusqu'à la fin de la séance, insulté, frappé même, excepté un moment où il était allé au Comité des inspecteurs de la salle. Le président Vernier ayant fait faire place devant la tribune et apporter des banquettes, Goujon, sollicité, emporté

[1] Défense manuscrite de Duroy.

[2] Procès de Duroy, Archives, C. W², 517. — Détails cités presque textuellement.

par sa douleur patriotique, avait pris la parole, mais au nom de la République, mais avec l'assentiment du président, mais pour sauver la Convention. Décidément, c'était un criminel.

Soubrany, dans son appartement de la rue Honoré, n° 343, étudiant, lisant, ne se doutait guère de ce qui se passait au dehors. Après être demeuré tout le jour à son poste, il n'était sorti « qu'après que la Convention eût été délivrée. » Au moment de rentrer, il rencontre un collègue.

— Où vas-tu? lui dit celui-ci. Tu es décrété d'arrestation. Il faut fuir.

— Moi! répondit fièrement Soubrany; ma conscience est pure : je ne fuirai pas la justice nationale que je réclamerai dans tous les instants. Fort de ma conscience, je vais me remettre entre les mains de la Convention et me soumettre à ses décrets.

Et il marcha droit à la barre, auprès de ses collègues.

Peyssard était, le matin même, à la trésorerie de la Convention, donnant un récépissé d'emprunt volontaire. Il entend battre le rappel, et prévoyant l'émotion de sa famille, court place du Louvre, hôtel de Marigny, rassurer ses jeunes enfants, revient à la Convention (il était midi) et n'en sort qu'arrêté. Forestier, accusé de conspiration, avait été repoussé dans les corridors de la Convention par des femmes ivres, qui lui criaient, montrant la tête de Féraud : — *Ce n'est pas la seule que l'on tranchera aujourd'hui!* Assis entre Merlin (de Douai) et Bourdon (de l'Oise), —l'accusateur, — il leur avait demandé s'il ne fallait pas combattre, comme trop radicale, la suspension des Comités. Ils avaient répondu : Oui. Alors seulement il avait parlé, et on l'accusait [1]! Duquesnoy avait appris le mouvement à dix heures et demie, le matin, par son collègue Dubrun, avec qui il avait déjeuné. Il était entré vers midi à la Convention et ne l'avait point quitté. Il se trouvait au pied de la tribune lorsque Auguis pénétra dans la salle avec la force armée. « Je n'ai, dit-il dans sa défense, aucune société dans Paris que celle de deux ou trois de mes collègues qui ne sont et ne seront sûrement pas accusés; je ne recevois personne chez moi que ceux qui avoient quelques réclamations particulières à faire, etc., etc. » Qu'on relise ici ce que je citais de lui à la page 129: « Ma correspondance se bornoit à répondre aux demandes qui m'étoient faites, — et pourvu qu'elles fussent étrangères à la politique, — et à écrire à ma respectable épouse, et telle étoit ma circonspection que je ne l'entretenois jamais des affaires publiques. Je me rendois exactement aux séances de la Convention nationale; je dînois en pension particulière avec quelques-uns de mes collègues; je passois le reste de la journée avec un ou deux d'entre eux, notamment avec le citoyen Cochet, député du département du Nord, dont l'ami-

[1] Procès de Forestier.

DÉPÔT LÉGAL
Seine
N° 16



BIBLIOTHÈQUE NATIONALE
RF
DÉPÔTS

Où vas-tu? lui dit celui-ci. Tu es décrété d'arrestation. (Page 120.)

tié m'honore[1]; je ne l'avois quitté que vers dix heures du soir, le 30 floréal, heure à laquelle je rentroi chez moi. Voilà mes occupations, mes habitudes de *tous les jours;* voyez si ce sont celles d'un conspirateur [2]. »

Bourbotte aurait pu tout aussi clairement donner l'histoire de sa journée. Dans son modeste appartement de la rue Neuve-des-Bons-Enfants, n° 10, il travaillait, lorsqu'il entend du bruit dans la rue, appelle son domestique et s'in-

[1] Le même qui déclarera devant les juges qu'il *ne sait pas ce qui s'est passé.*
[2] Archives, C. W², 547.

forme. Au même instant arrive son ami Forestier. Il était neuf heures du matin; Forestier lui apporte une lettre en le priant de la mettre à la poste de la Convention.

— Pourquoi cette rumeur? demande Bourbotte. Je parie que ce sont encore les femmes qui s'agitent.

— C'est un mouvement, répond Forestier, que tente la populace pour avoir occasion de piller.

Au moment de le quitter, Bourbotte dit à Forestier:

— J'enverrai ce soir chercher du pain chez vous pour le dîner, si celui que j'attends de la campagne n'arrive.

Et ce *chef de conspiration* descend à jeun dans la rue. Il traverse le Palais-Égalité, ne remarque rien sur les visages, et entre à dix heures à la Convention. Avant de s'asseoir à sa place, il passe au bureau où l'on vendait des fournitures, du papier, des plumes aux députés et écrit à son ami, à la campagne, en lui réclamant son pain. Sa lettre et celle de Forestier mises à la poste, il gagne son banc et y demeure. Il y demeure tout le jour, il y demeure quand la nuit arrive. Il oppose une attitude fière aux menaces des insurgés. Un homme s'approche de lui, ricanant et lui disant : « La Convention est cernée, quarante mille hommes vous assiégent; vous irez tous dans les cachots, mais auparavant rendez compte de l'or et des grains de la France [1]. » Bourbotte ne répondait point. L'insurgé, les yeux hagards, à figure noire, armé d'une longue pique, semblait s'être attaché à lui, l'avoir choisi dans la Convention. Il ne le quittait pas, le frappait parfois à coups de poings sur la tête. Bourbotte, dominant sa colère, se retournait alors et se contentait de sourire. Un coup rendu à cet homme et la lutte commençait et peut-être un massacre général. Bourbotte s'éloigna doucement, ruisselant de sueur, couvert de la poussière que les insurgés soulevaient en frappant du pied dans les tribunes. Il était accablé, l'estomac tiraillé, sans avoir mangé de pain depuis vingt-quatre heures. Lorsque au-dessus de ces têtes hurlantes parut la tête aux lèvres crispées de Féraud, il se sentit pris d'une soudaine faiblesse. L'émotion, l'inanition l'accablaient. On l'invite à prendre l'air; il descend dans un café avec l'adjudant général Liébault et « il boit un verre de vin pour se remettre; à l'instant, une forte vivacité succède chez lui à l'abattement. » Cet homme exténué, soudain ragaillardi par le vin, se redresse; il éprouve le besoin de parler, d'agir, de lutter. Il rentre. Ce n'est plus le même homme. Il court à la tribune. On le presse de parler, il parle, mais pour le salut de l'Assemblée et de la patrie. Au moment où Mathieu et Kervélégan, faisant irruption dans la Convention par la porte de droite, à la tête de leur colonne, étaient attaqués,

[1] Défense manuscrite de Bourbotte.

repoussés, exposé à être massacré sans que personne prît sa défense, Bourbotte, n'écoutant que son courage, se précipite de la tribune, s'élance entre Kervélégan et un insurgé qui tenait le sabre haut, et reçoit bravement le coup destiné à son collègue. Et Bourbotte, — comme les autres, était un conspirateur! Bourdon (de l'Oise) pendant toute cette journée lui avait parlé amicalement. Charles Delacroix, placé à ses côtés, lui avait dit : « Je crois que c'est vous qui avez sauvé la Convention, et je saurai le déclarer. » Et Bourdon (de l'Oise) l'accusait, et Delacroix le laissait arrêter !

Ainsi ces *monstres,* comme disait Lehardy, pouvaient établir, heure par heure, le bilan de leurs actions durant cette terrible journée, et sortir, la mémoire nette comme leur conscience, de cette inique accusation. Mais, non, Tallien l'avait dit, et Tallien représentait bien l'esprit dominant de cette Convention maintenant sans tête et sans cœur : *Vengeance, citoyens! vengeance prompte*[1] *!*

Le Comité de sûreté interrogeait déjà, fonctionnait, faisait comparaître devant lui les individus arrêtés. Clauzel venait de dire à la Convention qu'à peine les trois comités avaient-ils su que la Convention n'était plus libre qu'ils avaient pris l'arrêté suivant :

« Les comités réunis, convaincus, par les renseignements et les libelles qui ont été répandus, que le projet direct du mouvement qui a eu lieu a été d'anéantir la liberté, se rappelant d'un exemple (*sic*) donné par l'Assemblée constituante lorsqu'aux premiers jours de la révolution, chassée par le tyran du lieu de ses séances, elle se retira au Jeu de Paume, etc., ont arrêté qu'ils ne reconnaîtraient aucun prétendu décret qu'on leur présenterait au nom de la Convention, jusqu'au moment où ils pourront communiquer avec elle et qu'elle pourra délibérer librement; que les membres des comités ne quitteront pas leur poste, à moins qu'ils ne soient chargés de l'exécution de quelque arrêté, jusqu'à ce que la liberté de la Convention soit entièrement rétablie.

« Les comités, instruits des decrets qui ont été arrachés à la Convention, ont défendu aux autorités constituées d'en exécuter d'autres que ceux qu'ils leur transmettraient[2]. »

Mais au lieu de rester dans cette inaction douloureuse, dans cette inerte expectative, les comités n'eussent-ils pas mieux fait, comme le devoir leur en était imposé, d'avertir la Convention, d'heure en heure, de ce qui se passait dans Paris !

Les députés arrêtés sont à peine entraînés hors de la salle, que les sections viennent féliciter la Convention de sa victoire. Elles sont là les sections royalistes : la section Lepelletier, la section de la Butte-des-Moulins, qui applau-

[1] *Moniteur.*
[2] *Ibid.*

dissent et qu'on applaudit. Legendre, encore sous le coup de la peur, demande que, dorénavant, les conventionnels délibèrent en costume *et armés*. Il est deux heures du matin. Isabeau, au nom des comités, vient rassurer l'Assemblée. « Tout paraît tranquille dans ce moment. On entend seulement battre la caisse du côté de la rivière, dans la section de la Cité, qui fourmille de factieux. Mais on a pris des mesures pour faire cesser ce bruit. »

— Il faut marcher dessus et les désarmer ! crie un citoyen des tribunes.

Et les représentants répondent à ce cri illégal par de *vifs applaudissements* [1]. Une heure après, Auguis vient répéter que le calme paraît régner dans la ville. « On avait faussement dit que la générale battait dans la section de la Cité. On y fait dans ce moment, avec la plus grande tranquillité, la distribution du pain. Les comités pensent que la Convention peut s'ajourner jusqu'à sept heures. Les comités resteront en permanence. »

A trois heures trois quarts, la séance est suspendue.

Déjà, dans les faubourgs, on préparait les armes pour la bataille de la rue, et le tocsin, endormi, allait s'éveiller avec le jour.

[1] *Moniteur*.

# CHAPITRE IV

## LES JOURNÉES D'ÉMEUTE.

Le 2 prairial, la Convention reprit sa séance à dix heures du matin. Bourdon (de l'Oise) aussitôt proposa un décret qui ordonnait le recensement immédiat des farines et des grains battus ou en gerbes, et chargeait les administrateurs de districts de nommer des commissaires pour cette opération. La Convention rendit ce décret, que justement le clairvoyant Gilbert Romme avait proposé la veille à peu près dans les mêmes termes, ce qu'on lui imputait à crime aujourd'hui. Les administrateurs du département de Paris étaient peu après admis à la barre. Ils venaient conjurer la représentation nationale de porter « un regard sévère sur les hommes chargés de l'administration » et de « frapper de mort le monstrueux agiotage[1]. » La Convention ordonna l'impression et l'affiche du discours. Mais, ne voulant point paraître céder à un accès d'une modération qu'elle détestait, elle s'empressa bien vite de réclamer des mesures nouvelles de vengeance et de nouvelles arrestations.

Bourdon (de l'Oise) demande un décret de hors la loi contre les brigands, et il s'écrie : « Des forces, et marchons! » « Il faut, ajoute André Dumont, que les voleurs qui se disent patriotes, il faut que les hommes infâmes qui donnent le nom de royalistes aux bons citoyens, il faut que ces hommes périssent[2]. » Tous ces cris de mort, toutes ces excitations aux mesures les plus atroces sont vivement, presque frénétiquement applaudis. C'est qu'on a annoncé avec terreur que les révoltés sont assemblés à l'Hôtel de Ville, et que de là, s'érigeant en *Convention nationale du peuple souverain* et entourés d'une force armée, ils veulent marcher sur la Convention et l'écraser. « *Le voilà donc connu ce secret plein d'horreur!* dit Bourdon (de l'Oise). Ce n'était pas du pain qu'on voulait, c'était le sang de la représentation nationale ! » Puis il demande que l'Assemblée décrète que le rassemblement réuni à la Maison Commune sera mis hors la loi.

[1] *Moniteur.*
[2] *Ibid.*

Legendre fait observer que, dans tous les mouvements, il y a beaucoup de curieux, et qu'il suffit bien de mettre hors la loi les chefs de l'attroupement, si on ne veut envelopper une infinité d'innocents. Vainement. La Convention déclare qu'il sera fait aux rebelles des sommations de se retirer, et elle adopte la proposition de Bourdon.

« Déjà les ordres sont donnés, dit Tallien, et l'on marche contre *l'infâme Commune.* » C'est toujours, on le voit, son langage du 9 thermidor. A la vérité la municipalité n'existait pas à l'Hôtel de Ville. Et comment eût-elle pu s'y constituer ? Le peuple, soulevé, n'avait pas de chefs ; il n'avait aucune autre idée politique que celle de forcer le gouvernement à pourvoir aux subsistances. Ce mouvement que la réaction voulait faire passer pour une odieuse conspiration n'était qu'un accès de colère, et même de colère contenue. Sauf le meurtre de Féraud, crime d'une misérable folle et de deux ou trois coquins, aucun attentat ne fut commis par ces milliers d'hommes armés, affamés et poussés à bout. L'émeute, si ce sang n'eût pas été répandu, eût marqué simplement dans l'histoire comme une menaçante manifestation. Lorsque les colonnes qu'on avait fait marcher sur la commune arrivèrent sur la place de Grève et pénétrèrent dans l'Hôtel de Ville, elles n'y trouvèrent aucun rassemblement. Où donc se cachait cette *infâme Commune* que Tallien voulait envoyer d'un coup de plume à l'échafaud ? Girard prétendait que les factieux venaient d'y proclamer Cambon maire de Paris et Thuriot procureur de la Commune [1]. Point du tout, et le rassemblement s'était bientôt dispersé, sans avoir fait acte de municipalité ou de Convention populaire. « Je viens de visiter le quartier de Grève, disait un pétitionnaire à la Convention ; il n'y a pas une âme. »

Les sections révoltées s'étaient déjà concentrées dans les faubourgs ; et de là, marchant sur la Convention, se déployaient, leurs canons en tête, avec les cris formidables de la veille : Du pain et la constitution de 93 [2] ! La force armée de la Convention, en marche sur la Commune, avait rencontré cette foule qui se portait sur les Tuileries. N'étant pas en mesure de lui disputer le passage, elle s'était effacée, et les sections de Montreuil, de Popincourt et des Quinze-Vingts étaient venues se ranger en bataille sur la place du Palais national (place du Carrousel) [3] au moment où, sur la proposition de Laporte, au nom du Comité de salut public, la Convention proscrivant le tocsin lui-même, la grande voix de la Commune du moyen âge, décrétait :

[1] *Moniteur.*

[2] Chaque section avait une compagnie de canonniers de cinquante hommes, y compris le capitaine, deux canons ; cent hommes de cavalerie par section, sept cent soixante et un hommes par bataillon.

[3] *Moniteur.*

« 1° Toutes les cloches qui existent dans la commune de Paris seront brisées et fondues en canon.

« 3° La cocarde nationale est le seul signe de ralliement : tout autre signe ou écrit sur des chapeaux ou des bannières est expressément défendu.

« 4° Quiconque, après la publication de cette loi, sera muni d'un signe ou d'une devise particulière, sera désarmé et, s'il résiste, traité comme rebelle à la loi. »

Et justement on venait annoncer à la Convention qu'elle était cernée comme la veille. Les gueules des canons menaçaient une fois de plus la représentation nationale. Les sections fidèles au gouvernement entouraient bien, il est vrai, les sections rebelles; la cour et le jardin étaient garnis de troupes. Mais n'allaient-elles point faire comme la gendarmerie des tribunaux qui, envoyée pour arrêter les insurgés, s'était au contraire jointe à eux? La gendarmerie, expédiée par le représentant Duntzel, pour garder l'Arsenal, avait lâché pied et passé au faubourg. Son chef, le lieutenant Legrand, et tous ses hommes devaient payer de leur tête cette désertion. Mais quoi! on les avait recrutés parmi les gardes françaises, qui avaient pris la Bastille. Ils aimaient le peuple. « A bas les sabres! à bas les baïonnettes! » criait le peuple aux citoyens des bataillons. Et les citoyens obéissaient [1]. « La cavalerie cédait au torrent, » dit Réal. On voyait des cavaliers descendre de cheval, ramenant leurs montures par la bride et disant qu'ils voulaient bien combattre l'ennemi sur la frontière, mais non tirer sur le peuple. La foule, qu'ils traversaient, applaudissait, poussait des cris de joie [2]. Il était cinq heures.

L'Assemblée, frappée de stupeur à ces nouvelles, resta un moment suspendue. Tout à coup, Boursault entre précipitamment dans la salle et monte à la tribune. « En venant ici, dit-il, je rencontre une section armée qui marchait de ce côté. Des scélérats ont crié : *C'est un député!* J'ai été aussitôt assailli. Quelques braves citoyens m'ont entouré et ramené ici au milieu de leurs baïonnettes. Je me suis adressé à de braves ouvriers pour leur faire sentir que, si la Convention était détruite, ils seraient anéantis, Paris manquerait de pain et les Jacobins du 9 thermidor tyranniseraient. Je leur ai dit ; « Si nous n'avons pas « huit onces de pain, mangeons-en six ; si nous n'en avons pas six, mangeons-« en quatre ; nous sommes Français, nous sommes frères, nous devons souffrir « les privations. » Le dévouement des citoyens qui nous environnent me rassure ; je ne crois pas que l'on puisse égorger une Convention qui représente le peuple français [3]. » Puis il invite les citoyens des tribunes à se rendre sur-le-

[1] Réal.
[2] *Ibid.*
[3] *Moniteur.*

champ sous les drapeaux de leurs sections pour défendre la représentation nationale. Les citoyens applaudissent et descendent. Ils vont à leurs postes.

La situation de la Convention était inquiétante. Toutes les rues avoisinantes étaient occupées par l'insurrection, fourmillaient de piques, retentissaient de cris. La rue Saint-Honoré, la rue des Petits-Champs, la rue des Bons-Enfants étaient remplies d'une rumeur menaçante et du cliquetis des armes. Devant la Convention, un grand nègre, Delorme, capitaine des canonniers de Popincourt, se promenait menaçant à côté de ses pièces chargées. A sept heures un quart, un mouvement se fit parmi les sections insurgées. Delorme s'approcha de ses canonniers comme pour commander le feu, et soudain les artilleurs, dont les pièces, du côté du palais, tenaient en respect celles des révoltés, les tournent précipitamment et vont se joindre avec leurs canons aux sections rebelles de Montreuil, de Popincourt et des Quinze-Vingts [1]. Dans la cour, on crie aux armes. Les citoyens dévoués à la Convention se rangent en bataille. Le bruit du dehors vient glacer l'Assemblée, et Legendre, pâle, apercevant des mouvements sur les bancs des députés, demande que ses collègues restent à leur poste. « La nature, dit-il, nous a tous condamnés à la mort ; un peu plus tôt, un peu plus tard, qu'importe? Soyons calmes ; la plus belle motion que nous ayons à faire, c'est de garder le silence [2]. » Et l'Assemblée, immobile, presque silencieuse, attendit pendant plus d'une demi-heure le résultat de la lutte qui allait s'engager.

Mais pas un coup de feu ne devait être tiré. Déjà les sections fraternisaient entre elles. On avait échangé des parlementaires, et — les sections royalistes, dissimulant leur désir violent de représailles, — les sections des faubourgs avaient quitté, pour un moment, leurs allures menaçantes. « Dans tous les bataillons, on criait : *Vive la République! Respect aux représentants* [3] ! » Ainsi les « brigands » se laissaient facilement désarmer par une avance et ne cherchaient pas aussi obstinément que le prétendaient les thermidoriens le pillage dans la guerre civile. Encore ce malheureux peuple de l'an III était-il peu éclairé et moralement déformé par la misère.

La Convention, encore en proie à la terreur, s'occupe en toute hâte de signer un pacte qu'elle déchirera tantôt brutalement. Elle nomme dix de ses membres pour aller s'expliquer avec les sectionnaires. Elle veut « sceller l'union » en adoptant le décret suivant :

« La Convention nationale, en déclarant qu'elle continue à s'occuper sans relâche des subsistances des citoyens de Paris, décrète que la commission des

[1] *Moniteur.*
[2] *Ibid.*
[3] *Ibid*, discours de Laporte.

Tinel alors monta sur le faîte, et, se frappant au cou d'un instrument tranchant. (P. 133.)

Onze lui proposera les lois organiques de la Constitution de 1793, quintidi 25 du présent mois.

« Le présent décret sera proclamé sur-le-champ aux citoyens qui entourent la Convention nationale, publié dans toutes les sections de Paris, et envoyé aux départements et aux armées par des courriers extraordinaires [1]. »

La foule, comme le disait en rentrant dans la salle Charles Delacroix, un des

[1] *Moniteur.*

commissaires envoyés sur la place du Carrousel, ne désirait autre chose que l'organisation prochaine de la Constitution. Que si la Convention, en rendant ce décret, dont l'idée, si l'on en croit Beaulieu, venait de lui être suggérée par Legendre, avait été sincère, à coup sûr la révolte des jours suivants n'eût pas eu lieu. Hélas ! les proscriptions, les mesures rigoureuses allaient non-seulement suivre leur cours, mais redoubler après la rentrée des sections dans les faubourgs ! Bien plus, Charles Delacroix arrivait escorté de six délégués des sections, et lorsque l'un de ces pétitionnaires voulut parler, de violents murmures couvrirent sa voix, qui disaient clairement que rien n'était apaisé ni oublié.

Le pétitionnaire, il est vrai, porta haut la parole devant l'Assemblée. Il réclama au nom du peuple ce que le peuple avait demandé la veille : du pain, la Constitution de 1793 et la liberté des patriotes incarcérés. A ces mots, fièrement articulés, les tribunes éclatent en cris de haine : *A bas les Jacobins!* Le président réclame le silence. — « Le peuple, répète l'orateur, demande l'élargissement des patriotes mis en arrestation depuis le 9 thermidor. Il veut l'exercice de la Constitution et la punition des agioteurs ; puis il se retirera dans ses foyers, sinon il est résolu à mourir au poste qu'il occupe en ce moment [1]. » Et comme les murmures augmentent : « Je ne crains rien, moi, en particulier, dit le délégué ; je me nomme Saint-Giez ! Au surplus, voilà le vœu du peuple : Vive la République ! vive la liberté ! vive la Convention... si elle est amie des principes ! » On jugera de la puissance qu'avait alors l'émeute par la violence du langage de son orateur. La majorité de la Convention n'essaya pas de soutenir une lutte inégale. Elle fit lire tout haut le décret gonflé de promesses qu'elle venait de rendre, et le président, au milieu du bruit et des murmures, donna aux pétitionnaires l'accolade fraternelle [2]. Tout à l'heure, sur la place du Carrousel, Charles Delacroix avait été accablé de serrements de mains; il parle, dans un de ses discours, de « l'effusion de cœur et de la tendresse brûlante de cette foule. » La paix était donc signée entre la Convention et le peuple. Les sections, confiantes, heureuses des engagements qu'elles avaient arrachés aux représentants, regagnèrent en chantant leurs faubourgs.

Quant aux députés qui la veille s'étaient dévoués pour le peuple, le peuple, je le répète, ne s'en inquiétait pas. Peut-être même ignorait-il jusqu'à leurs noms.

Il ne s'irrita guère que le lendemain, à la tombée de la nuit, au moment où l'on conduisait à l'échafaud un homme, le serrurier Tinel [3], que le tribunal criminel venait de condamner à mort. C'est que Tinel était du faubourg, et que

[1] *Moniteur.*
[2] *Ibid.* (2 prairial).
[3] Et non Quinet, comme le dit M. Louis Blanc.

les sections le connaissaient. C'était un des leurs, on les atteignait directement en le frappant. Le peuple, qui n'avait pas bronché en voyant des troupes nouvelles arriver à Paris dans cette journée du 3, précaution qui démentait les promesses pacifiques de la Convention, se souleva le soir devant la charrette de Jean Tinel mené au supplice.

C'était Tinel, disait la clameur publique, qui le 1er prairial, avait assassiné le représentant Féraud. L'erreur a subsisté jusqu'aujourd'hui. Nous avons démontré que Féraud fut frappé de la main d'Aspasie Carle Migelly [1].

A la vérité, le 1er prairial, à neuf heures de relevée, Jean Tinel, qui portait au bout d'une pique la tête meurtrie de Féraud, avait été amené devant le commissaire Jean-François Comminges, de la section de la Butte-des-Moulins. On lui avait arraché des mains cette pique plantée, horrible détail, dans la bouche de Féraud. La tête se trouvait là, devant le commissaire, « laquelle est garnie de cheveux châtains, dont le crâne paraît avoir été enfoncé, les yeux fermés, le nez bien fait, bouche moyenne, menton rond, visage ovale, avec une assez forte barbe, mais paraissant avoir été rasée depuis peu, ayant reçu une blessure au menton [2]. » Ces détails authentiques ont leur éloquence. Posée sur une table, devant Tinel, la tête mutilée n'est reconnue par personne. Tinel lui-même ne sait peut-être pas le nom de celui qu'on a massacré. « Il ne l'a pas coupée, dit-il ; il se trouvait sur la place du Carrousel : un homme qu'il ne connaît pas a pris sa pique, et enfilé la tête dedans et lui a dit de porter le tout, ce qu'il a fait, *ayant bu un coup* [3]. » Il n'a d'ailleurs jamais vu le corps.

Tous ces détails peuvent être parfaitement exacts. Tinel, arrêté à neuf heures, n'a certainement pas porté seul la tête de Féraud. Bien d'autres se sont passé de mains en mains le sinistre trophée. Des scélérats ou des niais, glorieux, oui glorieux de se montrer avec cette tête au bout de leur pique, se sont promenés, semant l'effroi dans les rues, paradant, avec cet affreux instinct de comédien qui dort au fond de certains hommes. Tinel était venu au Carrousel avec sa section, à midi, les mots sacramentels : *Du pain*, etc., écrits sur son chapeau à la craie blanche. Il y était resté tout le jour, sans rien manger, et n'avait, dit-il dans son interrogatoire, quitté les rangs que le soir. Il n'avait donc pu frapper.

Pendant qu'on l'interrogeait, on cherchait des gens pour déclarer l'identité de cette dépouille.

[1] Voici le signalement de Tinel, d'après sa carte de sûreté : « Taille 4 pieds 10 pouces, cheveux et sourcils noirs, front quarré, nez moyen, yeux gris, bouche grande, menton pointu, visage ovale, »

[2] *Cri public contre Jean Tinel, prévenu d'être l'un des chefs des attroupements*, rédigé au moment même de ce premier interrogatoire, par J.-F. Comminges. (Archives de la préfecture de police.)

[3] Réponse de J. Tinel.

La tête est enfin reconnue (par François Berthollet, huissier de la Convention, et André Pavart, garçon de salle de la Convention, accourus ou mandés), pour celle de Féraud. Le député habitait près de là, section des Tuileries. La tête est aussitôt remise au citoyen Esprit, commissaire de police de cette section, pour être réunie au corps, déjà transporté à son domicile [1].

Deux jours après, Jean Tinel était condamné à mort. On le fait monter dans la charrette ; mais devant le pont au Change, la foule assemblée refuse de s'écarter devant le cortége. Les gendarmes font avancer leurs chevaux avec peine jusque sur la place de Grève, et des hommes, des femmes,—des *hommes déguisés en femmes* montent dans la charrette et s'y tiennent. Là, en un tour de main, Tinel est enlevé, disparaît dans la foule. « Le bruit courut, dit M. Louis Blanc, que ce mouvement avait été excité sous main par les comités eux-mêmes qui, furieux de l'humiliation qui avait été infligée la veille à l'Assemblée et encouragés par l'arrivée des troupes, ne cherchaient plus qu'un prétexte d'attaquer les faubourgs [2]. » Ce sont là, à mon avis, des assertions bien difficiles à contrôler, et je ne crois pas que la Convention fût assez certaine de la victoire pour offrir elle-même le combat. Elle l'accepta sans doute avec joie quand elle vit les faubourgs domptés à demi. Mais les destinées de la lutte tenaient à un hasard, et si leurs désirs de vengeance étaient allumés davantage, l'inquiétude des thermidoriens ne devait pas encore être dissipée.

Nous entendrons d'ailleurs, devant la commission militaire, expliquer très-naturellement l'enlèvement de Tinel. La charrette passait. On crie : « Voilà un homme qui va mourir pour avoir demandé du pain pour le peuple ! » La pitié se mêle à la rage. On se précipite et on enlève le condamné.

Tinel, délivré, s'était tout d'abord réfugié chez lui, rue de Lappe, 22. L'asile n'était sûr qu'autant que le faubourg était décidé à la résistance. La femme du serrurier alla trouver sa fille, la femme Lemaître, rue de Charenton, 170, et lui conseilla de cacher le condamné. Lemaître objecta que la retraite était encore assez dangereuse, et il conduisit lui-même son beau-père chez la citoyenne Martin, qui tenait, rue de Reuilly, un débit de vins, *aux Barreaux verds* [3]. Puis lui-même, pour détourner les soupçons, alla coucher barrière de Clichy, chez Latuille, son ami, qui devait être le fameux *père Latuille* de 1815. Mais Jean Tinel ne devait pas demeurer longtemps dans le grenier où il s'était blotti. Le 6 prairial, la police fut sur ses traces et cerna la maison. Il entendit monter les soldats, gagna rapidement le toit et s'y tint cramponné. Le commissaire, à la

[1] Archives de la préfecture de police.

[2] *Histoire de la Révolution*, t. XII, p. 172.

[3] Tous ces détails, publiés ici pour la première fois, ont été puisés aux Archives de la préfecture de police.

fenêtre, l'apercevait, le sommait de descendre et menaçait de faire tirer sur lui. Tinel alors monta sur le faîte, et, se frappant au cou d'un instrument tranchant, il se précipita de là-haut dans la cour d'une maison voisine. On l'y trouva tout sanglant et la rotule de la jambe droite fracturée, mais respirant encore, bien vivant. Cet homme de cinquante ans avait le souffle tenace. L'identité du condamné une fois reconnue, le tribunal criminel ordonna que le jugement rendu le 3 serait à l'instant mis à exécution. Tinel fut conduit à l'échafaud dans une charrette, couché sur des matelas, entortillé de draps, et on le monta, enveloppé d'une couverture. Cette fois, personne ne fit mine de vouloir l'arracher au couperet. C'était le 6 prairial. La situation de Paris avait bien changé depuis trois jours, et les événements avaient été rapides.

Dans la soirée du 3 prairial, les Comités faisaient distribuer, au dépôt des Feuillants, des armes à toute cette jeunesse dorée, maintenant avide de se donner, dans les rues de Paris, le spectacle d'une guerre. Les Tuileries étaient pleines de jeunes gens, le fusil sur l'épaule et se préparant avec joie aux horreurs de la guerre civile. — *Mes amis*, disait l'un d'eux, *jamais plus belle occasion ne fut offerte; nous allons venger les lois, rétablir la morale et acquérir de l'honneur* [1]. Les membres de la Convention chargés de la direction de la force armée de Paris avaient donné au général Kilmaine l'ordre de rassembler sur la place du Palais-National une division composée de ce bataillon de jeunes gens appelé bataillon d'avant-garde, des détachements des sections de la Butte-des-Moulins, Lepelletier et des Champs-Élysées, auxquels on avait joint 200 dragons, en tout 1,200 hommes, avec deux pièces de canons. « Mes instructions, dit Kilmaine [2], portaient de me rendre avec cette division dans le faubourg Saint-Antoine, de cerner la maison de Santerre et d'y chercher Cambon et Thuriot qui s'y tenaient cachés ; 1,500 ou 2,000 hommes devaient me suivre pour me soutenir. »

Kilmaine ne quitta la place du Carrousel qu'à cinq heures et demie du matin. La colonne qu'il commandait était déjà en marche. Vers trois heures, elle s'était formée, et, marchant lentement, elle avait longé la rivière, un piquet de cavalerie en avant et des dragons en queue. Louis Costaz, ce professeur de mathématiques soudain improvisé guerrier, et qui raconte naïvement les *sensations agréables* qu'il a éprouvées pendant ces journées d'émeute [3], parle de « figures

[1] *Histoire du bataillon des jeunes citoyens à l'attaque du faubourg Saint-Antoine, le 4 prairial an III*, par Louis Costaz, volontaire de ce bataillon et professeur de mathématiques. (In-8, chez Derenne, Palais-Égalité, 1795.)

[2] *Détails circonstanciés de ce qui s'est passé le 4 prairial au faubourg Saint-Antoine*, par le citoyen Kilmaine, général de division commandant la colonne de droite.

[3] « J'ai été occupé, dit-il, toute ma vie d'études littéraires, d'analyse mathématique et

affreuses » qu'on rencontrait sur les quais, des hommes qui suivaient la marche de la troupe d'un air menaçant. Les farouches sectionnaires voyaient défiler avec rage ce royalisme armé, ces bataillons de la réaction.

Arrivée place de Grève, la colonne évite l'arcade, s'engage dans la rue qui fait face à la Seine, et, prenant par les rues latérales, se trouve bientôt dans la rue Saint-Antoine, à la hauteur de la rue Saint-Gervais. Elle demeura là jusqu'à cinq heures, silencieuse, car elle n'avait ni tambours ni clairons [1]. Il fallait bien surprendre les faubouriens à leur réveil. Cette glorieuse expédition ressemblait vaguement à une descente de police. L'historien du bataillon des jeunes gens, que commandait le citoyen Joannot, décrit poétiquement le lever du jour sur cette troupe en bon ordre, la lumière du soleil se reflétant sur les fusils, les hommes, les femmes placés des deux côtés de la rue, regardant et *serrés contre les murs*. Le naïf orgueil, l'enfantin triomphe du bourgeois qui se sent pour la première fois une arme entre les mains, perce à travers ces pages comme il devait certes éclater sur les visages fades de ces muscadins. Chacun d'eux, sans doute, en voyant l'effroi des citoyens réveillés par le bruit de la rue et étonnés de ce déploiement de forces, pouvait dire aussi :

Je suis donc un foudre de guerre !

Louis Costaz prétend que les femmes, en le regardant, s'écriaient : *Oh ! les beaux jeunes gens* [2] ! Mais il avoue que quelques rebelles, se souvenant peut être des fusillades de la Fédération, au Champ de Mars, murmuraient : *Ce sont les grenadiers de La Fayette !* Vers cinq heures et demie, la colonne s'arrêtait près de la barrière du Trône (barrière Renversée), et, avant de redescendre le faubourg, y faisait halte, épuisée par cette courte marche. Les muscadins avaient faim. Ils se mirent à manger, en riant, des petites raves. — *A la guerre comme à la guerre !* disaient-ils. Ils s'imaginaient que cette promenade militaire faisait d'eux des héros capables d'en remontrer aux soldats de Mayence, à ceux de Sambre-et-Meuse. Ce repas frugal les amuse. On croirait voir des Sybarites goûter du bout des lèvres le brouet noir du Spartiate. « A côté de moi, dit Costaz, on acheta un panier de petites raves ; la femme en demanda cent sous, on lui donna vingt francs. Une conduite semblable eut lieu à peu près sur tous

philosophique. Ces occupations n'engendrent pas communément l'enthousiasme militaire. J'ai fait sur moi, le 4 prairial, une expérience d'un nouveau genre : j'ai observé toutes les circonstances de la révolution qui s'opère dans un homme qui passe brusquement du silence et de la sécurité du cabinet au milieu du tumulte et du danger des combats. Cette révolution a été accompagnée de sensations agréables que ne peuvent imaginer les hommes qui ne se sont pas trouvés dans les mêmes circonstances. (*Histoire du bataillon des jeunes citoyens.*)

[1] Louis Costaz.

[2] *Histoire du bataillon des jeunes citoyens.*

les points de la ligne : elle nous concilia beaucoup de partisans, et les femmes disaient que nous valions mieux que ces *gueux de jacobins.* » Et que prouve le fait, s'il est authentique, sinon que ces sections royalistes avaient encore à leur disposition du numéraire, et pouvaient se montrer prodigues à l'heure où l'on ramassait, dans les carrefours, des hommes qui mouraient de faim ?

La maison de Santerre était située à cette extrémité du faubourg. Depuis deux jours, les feuilles publiques imprimaient que la fameuse brasserie n'était qu'une *jacobinière.* On parlait de la piller. Les muscadins prétendaient noyer dans sa cuve le *général du Houblon.* C'étaient leurs plaisanteries, à eux. Kilmaine, arrivé devant la maison de Santerre, fit mettre la troupe en bataille et donna ordre de fouiller la maison de fond en comble. Thuriot s'y cachait, c'était certain, et Cambon et bien d'autres. Mais soit que la police eût été mal renseignée, soit que les murs de la brasserie gardassent bien leur secret, les soldats, malgré leur acharnement à tout sonder, remuer, briser, revinrent avec la mine basse. Ils n'y avaient trouvé personne.

« N'ayant rencontré, dit Kilmaine, aucune trace de Cambon ni de Thuriot, je me remis en marche pour regagner le boulevard, et pour y attendre, en faisant rafraîchir et reposer les troupes, que toutes les forces fussent prêtes pour la grande mesure d'arrêter les assassins et leurs complices, et le désarmement. J'appris en chemin qu'on travaillait à barricader les rues ; je m'arrêtai devant le Comité civil de la section des Quinze-Vingts, dont je fis appeler deux membres que je questionnai sur l'assassin du représentant Féraud, et ceux qui l'avaient soustrait au supplice, sur la situation des esprits des habitants du faubourg et sur les barricades avec lesquelles on prétendait m'empêcher de passer ; ils me dirent que l'on prenait des mesures pour découvrir l'assassin et ses complices ; ils me firent observer, ce que j'avais déjà remarqué, que les brigands étaient en très-petit nombre en comparaison des bons citoyens du faubourg ; ils m'observèrent aussi que, dans le nombre de ceux qui paraissaient les plus animés, il y en avait beaucoup qui n'étaient qu'égarés par des calomnies perfides semées contre la Convention nationale ; ils me dirent qu'ils m'accompagneraient, qu'ils partageraient les dangers avec moi, et qu'ils n'avaient aucun doute que ces fameuses barricades ne tombassent à la première sommation faite au nom de la loi et de la représentation nationale ; en attendant, ils me conjurèrent au nom de la patrie de n'employer la force qu'à la dernière extrémité, parce qu'ils espéraient qu'elle serait inutile et que plusieurs bons citoyens en seraient les victimes ; les moyens de persuasion et l'usage de la raison contre des hommes égarés étaient trop dans mes principes pour ne pas les employer ; nous nous mîmes en marche, et je me présentai à la première barricade, accompagné des commissaires des Quinze-Vingts ; nous fûmes accueillis par des hurlements et les plus atroces injures d'une multitude d'hommes armés, et d'un plus grand nombre de femmes ou plutôt de furies qui voulaient nous égorger vifs, à ce qu'ils nous assuraient; je laissai calmer les hurlements, et je les sommai, au nom de la loi, de livrer l'assassin et ceux qui l'avaient sauvé du supplice, et d'ouvrir sur-le-champ la barricade que je menaçais, en cas de refus, de faire sauter à coups de canon, en rejetant sur les rebelles toute l'horreur des suites de leur opiniâtreté[1] ! »

Le général donnait l'ordre en même temps de mettre les canons en batterie. La barricade s'ouvrit, et la colonne put reprendre sa marche vers le boulevard. Mais à peine avait-elle fait quelques pas en avant que le bruit se répand parmi les insurgés que l'arrière-garde de la colonne a enlevé les canons de la section de Montreuil. Des hommes accourent, du fond du faubourg, racontant ce qui s'est passé. Le dernier peloton de la force armée était arrivé, suivant le reste des troupes, à la hauteur du corps de garde de la section de Montreuil, lorsqu'elle aperçut les canons que les sectionnaires gardaient, appuyés sur leurs piques. (On sait que les faubourgs n'avaient plus droit au fusil.) La troupe, irritée des cris des faubouriens, les chargea à la baïonnette, les repoussa dans le corps de garde, les désarma et s'empara des canons. Aussitôt de toutes les maisons sortent, attirés par le bruit de la lutte, des hommes armés de piques, des femmes qui vocifèrent, et l'arrière-garde de la troupe est à son tour assiégée. On voit alors comme sortir de terre une haute barricade qui coupe la retraite à la troupe du côté de la rue de Charonne, pendant que la seconde barricade, qui allait s'ouvrir comme la première, se referme devant l'avant-garde. Les bataillons sont enserrés dans cette prison de pavés. Les hommes entourent la troupe, les femmes apparaissent aux fenêtres, hurlantes et armées. Kilmaine voit le danger de la position ; ses troupes, fusillées en tête et en queue, écrasées par un feu plongeant, tombant des fenêtres et des toits, vont disparaître dans un terrible combat. Il peut, il est vrai, par une attaque hardie s'ouvrir un passage, emporter la barricade à la baïonnette ou la faire démolir par ses canons. Mais il hésite. D'ailleurs, les *beaux jeunes gens* de tout à l'heure, les muscadins commencent à s'émouvoir. « La rage, dit Costaz, et conséquemment *un peu de trouble*, étaient dans nos rangs. » Sur les conseils de Vernier, du Jura, qui accompagne l'expédition, Kilmaine envoie le général Brune ordonner à l'arrière-garde de rendre les canons de Montreuil. Il se console en se disant qu'il n'avait d'ailleurs, pour les emmener, ni cordes, ni bretelles[2]. Les canons sont rendus, aux applaudissements de la foule, qui, se sentant maîtresse de la colonne, crie maintenant : — *Bas les armes! A bas les baïonnettes!* Et les muscadins obéissent.

[1] *Détails circonstanciés de la journée du 4.*

[2] Voyez sa brochure.

Ils passèrent tous comme des vaincus. (Page 137.)

Ils avaient hâte de s'enfuir au plus vite, de sortir de ce guêpier hérissé de fer. Le peuple imagina pour eux une humiliation qui ressemblait un peu aux Fourches Caudines. Ils passèrent tous, comme des vaincus, sous le joug, un à un, sous les risées et les huées des femmes, à travers les barricades, par des ouvertures pratiquées dans les pavés. — *Bon voyage, les mains blanches!* criaient les femmes; *n'y revenez plus, les collets noirs !*

Encore y mirent-elles, à la dernière barricade, un peu plus de façons. Les sectionnaires de l'Indivisibilité, furieux contre les sections Lepelletier, ne voulaient point consentir à laisser passer l'armée de la Convention. Il fallut que les commissaires de la section des Quinze-Vingts, qui escortaient Kilmaine et son état-major, vinssent haranguer les insurgés et les apaisassent. On fit encore un chemin dans la barricade et l'on passa, souffleté par les mêmes rires. Mais, quoi? on pouvait se consoler : pas un muscadin n'avait été tué, pas un soldat blessé; tout était sauvé, fors l'honneur.

On ne saurait d'ailleurs s'empêcher de sourire en lisant dans la relation de L. Costaz cette bravade satisfaite : « Nous avions donc *porté l'effroi* dans ce faubourg qui s'était arrogé le droit de dicter des lois à la République française, et dont les secousses irrégulières ébranlent et scandalisent l'Europe depuis cinq ans. *Nous étions sûrs de le vaincre quand nous voudrions*[1]. »

Les troupes de Kilmaine s'étaient rangées sur le boulevard en bataille, lorsqu'une colonne arrivant de la rue Saint-Antoine, commandée par le général Montchoisi, vint se joindre à elles. Fréron, à côté de Montchoisi, caracolait en tête de trois cents dragons. Il avait à sa disposition quatre pièces de canon et pouvait essayer d'enlever le faubourg. La jonction des deux colonnes une fois opérée, les troupes défilèrent le long du boulevard, en réalité battant en retraite. Devant la rue Saint-Gilles, un groupe d'hommes armés vociférait contre les jeunes gens à cadenettes. On les désarma. On repoussa encore devant la Porte-Saint-Martin des femmes en fureur qui demandaient du pain. Ces exploits suffisaient à la gloire des muscadins, embrasés non de patriotisme, mais, comme eût dit Camille, de *patrouillotisme !* et lorsque le général donna ordre de s'arrêter au coin de la rue Montmartre et du boulevard Poissonnière, les héros de la journée éprouvèrent l'appétit d'arroser comme il faut leurs lauriers. Hélas ! dans les cafés du boulevard ils ne trouvèrent que de la bière et des bavaroises. Le fameux restaurateur Roze, où parfois jadis dînaient Danton, Desmoulins, Hérault, était proche, rue Grange-Batelière. Tout le bataillon y fit irruption, chantant *le Réveil du Peuple*. On dîna et l'on dîna bien. « Il était difficile, dit Louis Costaz, avec sa naïveté ordinaire, de prendre un repas en meilleure compagnie; tous jeunes gens pétillant d'esprit, ornés de connaissances positives, *et décens comme des vierges*. » En dépit de Costaz, on est édifié sur la moralité de ces soldats de boudoirs.

Pendant que les muscadins buvaient le vin de Roze, Fréron quittait le boulevard et se rendait au Comité de salut public pour le décider à accélérer la répression de cette émeute. La troupe attendait sous les arbres les armes à la main. Parfois, un passant, inquiet, s'approchait des bataillons, demandait un renseignement sur le résultat de la journée, s'éloignait ou causait tout bas.

[1] *Histoire du bataillon des jeunes citoyens.*

« Quelques personnes, dit Kilmaine, s'informèrent auprès d'un dragon du 3e, pour savoir quel était le général qui commandait. Le dragon dit qu'il me connaissait bien, mais qu'il avait oublié mon nom; que j'avais combattu avec eux contre les Prussiens, dans la ci-devant Champagne. Sur ce mot Prussien, l'on fait courir le bruit que j'étais un général prussien, et voilà tout de suite que la Convention nationale fait venir des généraux prussiens pour réduire les rebelles de Paris[1]. » La terreur se répandait en effet parmi le peuple. On disait que la Convention voulait faire sauter le faubourg, décimer sans merci les sections des Quinze-Vingts, de Popincourt et de Montreuil. Laporte ne présentait-il pas à l'Assemblée, au nom des comités, un énergique projet de décret que la Convention adoptait avec des acclamations?

« Les habitants du faubourg Saint-Antoine seront sommés à l'instant de remettre entre les mains de la justice les assassins du représentant du peuple Féraud, et notamment celui qui, dans la journée d'hier, a été arraché au supplice.

« Ils seront sommés de remettre leurs armes et les canons des trois sections composant le faubourg.

« En cas de refus, le faubourg Saint-Antoine sera déclaré en état de rébellion.

« En conséquence, les sections de Paris marcheront sous les ordres des généraux pour réduire les rebelles.

« Toute distribution de subsistance cessera d'avoir lieu pour ce faubourg[2]. »

A trois heures et demie du soir, les deux colonnes des généraux Kilmaine et Montchoisi étaient renforcées des troupes d'infanterie et de cavalerie du général Stingel qui venaient de déboucher de la rue de la Loi. Le 3e dragons était là presque au complet. Fréron arriva, portant le décret de la Convention, et avec lui Delmas, Laporte, et Barras avec son sabre de vermeil. Le général Menou devait commander en chef la nouvelle attaque. On se mit en marche à quatre heures, et l'on retrouva devant la Porte Saint-Martin le rassemblement d'affamées. Les boulevards étaient pourtant à peu près déserts; çà et là des figures tristes[3], des visages inquiets, des patriotes accablés des maux de la République. Au coin de la rue Vieille-du-Temple se tenait un groupe immobile, regardant ce défilé sans faire un mouvement. — *Qu'est-ce que vous faites là?* leur cria Kilmaine. *Êtes-vous ici en spectateurs à l'opéra? Retirez-vous, ou je vous fais mettre des jaquettes et marcher avec nous!* Les autres s'enfoncèrent dans la vieille rue d'un air morne.

[1] *Détails circonstanciés sur la journée du 4.*
[2] *Courrier républicain*, cité par M. Louis Blanc.
[3] Louis Costaz, *Histoire du bataillon des jeunes citoyens.*

Les chasseurs du 21e et les dragons du 3e avaient été placés en vedette. Un homme arrivait parfois droit devant le nez de leurs chevaux, et, sans armes, criait : *A bas les muscadins!* On l'arrêtait. Une femme s'était approchée des dragons, courait à côté d'eux, les conjurait de ne point charger le peuple. Les soldats marchaient toujours. « Comment! dit-elle alors à l'un d'eux, tu es Français et tu refuses de parler à une femme? » L'historien du bataillon des jeunes citoyens nous a transmis la réponse du dragon : *Quand je suis de service, je ne parle qu'avec mon sabre!*

Non loin du faubourg, la troupe quitta le boulevard, enfila la rue Saint-Gilles jusqu'à la rue des Tournelles, et, par la place et la rue de l'Indivisibilité, marcha droit sur le faubourg. Kilmaine disposa sa troupe en cinq colonnes et fit braquer ses canons sur la première barricade. Les troupes, toutes disposées à la bataille, venaient de tirer, au coin de la rue des Tournelles, sur des gens qui passaient. Toutes les rues menant au faubourg étaient gardées, un piquet de cavalerie placé très-près de ces petites maisons qui avaient survécu à la démolition de la Bastille et qui formaient tout naturellement fortifications. On criait aux habitants de fermer les fenêtres, on les couchait en joue. En dépit des fusils, une vieille femme haranguait la troupe, et criait : *Du pain!* On la fit taire de force.

Le faubourg cerné, les commandants annoncèrent à leurs troupes qu'on allait *faire un coup* [1]. Les insurgés allaient rendre l'assassin de Féraud, ou l'on irait l'arracher de son asile. Le bataillon des muscadins se trouvait rangé en bataille justement devant la maison de Beaumarchais qui, maintenant à Hambourg, vivant de misère, usait la vieille redingote avec laquelle il était sorti de France en juin 93, portait ses chemises huit jours et se nourrissait de bœuf réchauffé [2]. Kilmaine ordonna à un adjudant général, qui avait dans sa poche le décret de la Convention, d'aller, entre quatre hussards et escorté d'un piquet de dragons, le lire aux insurgés devant la barricade. Les rebelles répondirent par l'envoi de parlementaires demandant du temps. « Si vous n'avez pas obéi d'ici à une heure, répondit Kilmaine qui se sentait maintenant appuyé et maître de la situation, le faubourg sera réduit en poudre, et demain on en cherchera vainement la place. »

Presque au même moment arrivaient, avec Menou, les représentants qui, choisissant la maison de Beaumarchais pour leur quartier général, délibérèrent froidement s'ils mettraient le feu au faubourg [3]. Le général Menou s'y opposa, comme plus tard, en vendémiaire, il devait refuser de mitrailler la section Le-

[1] Louis Costaz.
[2] Lettre de Beaumarchais à son ami Raymond.
[3] *Mémoires* de Thibaudeau.

pelletier révoltée [1]. « Je n'accomplirai un tel projet, dit Menou aux représentants, que sur un décret spécial de la Convention. » Sans lui le faubourg était traité par Fréron comme l'avait été Toulon. Les faubouriens, on le conçoit, hésitaient devant de telles menaces. Les commissaires des sections, les petits fabricants, représentaient au peuple les désastres qui allaient suivre. Tant de sang répandu dans une lutte maintenant inégale, assurément inutile ! La réaction se fit bientôt et parcourut cette foule. Tout à l'heure elle refusait de livrer ses canons, bientôt elle allait consentir à livrer ses chefs canonniers.

Les canonniers de la section Popincourt étaient commandés par un nègre de Saint-Domingue, Guillaume Delorme, formidable colosse, demeurant rue et cul-de-sac Sébastien, et qui menait tout le quartier sur un signe. Il avait trente-huit ans. C'était un hercule ; il exerçait le métier de charron-serrurier et ployait une barre de fer sur son genou. Le 4, à demi nu, il commandait ses pièces, en chemise, une ceinture rouge autour des reins et des pistolets à sa ceinture. On voyait apparaître sur la barricade sa face de bronze illuminée d'un fauve sourire, sa tête crêpue, ses dents blanches, ses jambes nues. Lorsque les sectionnaires consentirent à livrer leurs canons, à défiler devant les muscadins et la troupe de ligne, pendant que les dragons entraient dans le faubourg, Delorme les suivit. Les insurgés rendaient leurs armes en gardant leur air de révolte [2]. Lui surtout, dressant sa tête énorme, son front de bœuf, regardait les soldats en face. Des gardes nationaux de la section Lepelletier s'avancent vers lui. « Je vous passe mon sabre au travers du corps si vous touchez à mes pièces ! » Le général Menou s'avança alors vers lui, lui demandant : « Êtes-vous républicain? — As-tu-tu du-du pain à me-me donner? répondit le nègre, qui était bègue [3]. — Rendez-moi votre sabre. — Le voici, dit Delorme après avoir hésité assez longtemps, mais soyez tranquille, il ne sera jamais en meilleures mains que les miennes ! »

Et, montrant les canonniers : « Si je rends mon sabre, c'est que les lâches rendent leurs canons ! Ils n'ont pas voulu vous *savonner* ce matin ! Ah ! les lâches ! On l'arrêta sur-le-champ.

A huit heures, Fréron et Auguis annonçaient à la Convention la victoire de ses troupes. Moins d'une heure après, des commissaires du faubourg, demandant à venir à la barre, étaient repoussés sur les ordres du président. Et non-seulement on ne voulait point les recevoir dans le sein de l'Assemblée, mais André Dumont proposait de faire bombarder cette partie malsaine de Paris. La Convention victorieuse ne connaissait plus que la vengeance. Et les muscadins,

[1] On sait que Bonaparte accepta cette tâche.
[2] Déposition du citoyen Séguin (dossier de la commission militaire.)
[3] *Ibid.*

qui n'avaient cependant pas combattu, défilaient par les rues avec des attitudes de Spartiates. Louis Costaz prétend qu'ils entendaient à leurs côtés retentir des louanges semblables à celles-ci : *Ils n'ont pas fait couler une goutte de sang! Si les Jacobins avaient eu le dessus, les rues en seraient baignées!* Comme si les faubourgs, — les *Jacoquins,* — s'étaient montrés barbares envers la jeunesse dorée lorsqu'elle était en leur pouvoir. — *Mes amis*, s'écriai-t-on encore, *on vous appelle muscadins! Vous avez raison de vous bien mettre, puisque vous avez de quoi*[1] *!*

Et l'aveugle historien de cette journée écrivait avec une joie irréfléchie : *La République a été réellement fondée le 4 prairial.*

Depuis le 1er prairial, la République était perdue. Maintenant, pour se défendre, les accusés allaient rencontrer non des juges, mais des soldats. La Convention traitait Paris en ville prise, et la justice n'appartenait plus à la loi, mais à une commission militaire.

[1] *Histoire du bataillon des jeunes citoyens.*

---

Le visionnaire Th. Carlyle, dans le tome troisième de son *Histoire de la Révolution française,* — la traduction vient de paraître (octobre 1867) peint avec des couleurs vives l'invasion de l'assemblée, l'émeute des faubourgs, *le lion à son dernier soupir*. Mais en ce chapitre comme en tous les autres, que d'erreurs, d'illusions, de fantasmagories! C'est ainsi que l'historien fait mourir Rhül d'un coup de pistolet, fait présider à Romme, dans l'Est, une « nouvelle et véritable Convention nationale » et *mettre les autres hors la loi*! Où M. Carlyle a-t-il pris ces renseignements? Mais que je lui passe après tout volontiers ses naïvetés, ses préventions, ses injustices, en faveur de telle page où cet Anglais donne à nos Français l'exemple du courage dans l'affirmation d'une vérité : « Quand l'histoire, dit-il, portant ses regards en arrière, les jette sur la France d'autrefois, qu'elle y voit le servage muet s'approcher en tremblant du palais de son roi, étaler ses millions de visages livides, de corps hideux, épuisés et couverts de haillons, présenter sous ces hiéroglyphes sinistres ses suppliques et ses doléances, et n'obtenir, pour toute réponse, que de nouveaux gibets de quarante pieds de haut, l'histoire alors avoue avec douleur qu'on ne peut citer une période où les 25 millions de Français aient, en général, *moins* souffert que pendant cette période appelée la Terreur! » Carlyle ajoute que ce ne furent pas les millions de muets qui souffrirent. Ce furent en effet, les parleurs, les écrivains, les penseurs, les journalistes, les tribuns, les bourgeois. Et le peuple l'oublia!

# CHAPITRE V

## LA COMMISSION MILITAIRE

Au lendemain de ces désastreuses journées, au moment où dans les rues, dans les maisons, on poursuivait, où l'on multipliait les visites domiciliaires, où l'on fouillait les auberges, les hôtels garnis, où l'on prétendait partout découvrir des suspects, où l'on demandait leur secret aux hôpitaux mêmes, où l'on pourchassait les patriotes jusque dans leurs lits de malades, où l'on désarmait les sections; à l'heure où l'insolence de la jeunesse dorée s'affirmait davantage; à cette heure de trouble et de surprise, de désespoir et de peur, où la clémence consistait à demander qu'on fusillât les gens au lieu de les guillotiner [1], où des soldats, habitués aux mesures de rigueur, disposaient en toute hâte du sort des citoyens, une voix s'éleva, saisissante et hardie, qui demanda à la Convention de quel droit elle instituait pour ceux qu'elle présumait coupables une commission militaire.

« Qu'est-ce qu'une commission militaire ? » disait cette voix. Un tribunal arbitraire, redoutable même à l'innocence, sans instruction, sans formes, sans jurés, sans défenseurs, enfin sans aucune des garanties protectrices que la loi accorde ordinairement aux accusés.

« Peut-on faire usage d'une pareille institution dans un État libre ? Contre le militaire seulement, et dans certains cas, comme trahison ou fuite devant l'ennemi. Pour la répression des autres délits, le respect dû à la vie des hommes nous a fait établir des tribunaux réguliers à la suite des armées. Quant aux citoyens, pour les faire juger par une commission militaire, il ne faut rien moins que la raison suprême du salut public; encore la liberté s'effraye-t-elle d'un pareil exemple. Cette fille du ciel répugne à se servir des armes de la tyrannie [2]. »

[1] Discours de Clauzel.

[2] *Réflexions adressées à la Convention nationale sur la question de savoir si elle doit laisser juger par la commission militaire les représentants du peuple arrêtés le 1er prairial* (in-8, 1795).

Et quelle était cette voix qui parlait si haut de justice, qui demandait pour ces accusés nouveaux la garantie du jury dont avaient joui Barère, Billaud-Varennes et Carrier lui-même? C'était la voix éloquente d'une mère. Ces cris maternels, les décrets mêmes et le canon ne les étouffent pas. Avant tous, avant les juges, avant les amis, avant Tissot, avant l'histoire, la mère de Goujon avait protesté. Elle courait à l'imprimerie tandis qu'on arrêtait son fils, et défendait son enfant et ses compagnons avec lui, en protestant contre une mesure applicable seulement en temps de guerre, et en s'écriant : « J'interroge l'histoire. Elle me répond que toutes les magistratures extraordinaires ont dévoré la liberté des peuples [1]. »

C'est de prairial, en effet, comme on l'a remarqué, que date l'introduction du militarisme dans les actes du gouvernement. Le sabre aura désormais droit de discussion dans les affaires publiques. La loi ne règne plus seule. Dans la journée du 4, quarante-huit heures après ses pacifiques promesses et l'accolade donnée à Saint-Giez par le président Vernier, la Convention nationale rendait, avec son empressement ordinaire, le décret suivant :

ARTICLE PREMIER.

Tout individu faisant de fausses patrouilles, cherchant à suborner les troupes et la garde nationale, ou portant sur son chapeau ou vêtements des signes séditieux proscrits par la loi du 2 de ce mois, sera de suite livré à la Commission militaire pour être jugé et fusillé sur-le-champ.

ART. 2.

Les Comités de salut public, de sûreté générale et militaire réunis organiseront sur l'heure, pour l'exécution de l'article précédent, la commission militaire composée de cinq membres.

Visé par le Représentant du Peuple, inspecteur aux procès-verbaux,

MONNEL.

Collationné à l'original, par nous, Représentants du peuple, secrétaires de la Convention nationale.

A Paris, le 4 prairial de l'an susdit.

MOLLEVAULT, P. MARTIN [2].

Mais on modifiait bientôt le décret, en remplaçant le mot *fusillé* par les mots *conduit* à l'échafaud, Sanson ne devant, je suppose, point perdre ses droits, ou encore la mort du soldat, infligée aux condamnés, ayant été trouvée trop douce par la Commission militaire. Cette Commission fut composée des citoyens M. J. Capitain, colonel, président; Verger, adjudant général, chef de brigade;

[1] *Réflexions adressées à la Convention* par femme Ricard, veuve Goujon.

[2] *Extrait du procès-verbal de la commission nationale* du 4ᵉ jour de prairial, l'an IIIᵉ de la République française une et indivisible. (Archives de l'empire.)

19



BIBLIOTHÈQUE NATIONALE R.F.

L'on demandait leur secret aux hôpitaux. (Page 143.)

Talmet, chef d'escadron; P. Beaugrand, capitaine; Gauder, capitaine d'artillerie; Romanet, Deville, volontaires, et Rouhière, commissaire-ordonnateur des guerres, nommé secrétaire de la Commission. Bonneau, capitaine au 19e régiment de chasseurs à cheval, avait été désigné comme secrétaire adjoint. On n'eut pas l'occasion d'employer ses services. Le citoyen Rouhière était zélé.

Tous, au surplus, voulurent faire preuve de zèle, le capitaine Gauder excepté, qui, dès le lendemain de sa nomination, s'excusa, prétendant qu'une blessure grave, provenant d'un coup de feu et pour laquelle il était à Paris en congé de convalescence, l'empêchait de continuer ses fonctions. Les autres firent sans lui. Ils siégèrent durant deux longs mois, sans répit dans les premiers jours, prolongeant leurs séances jusqu'à une heure de la nuit et les rouvrant, le lendemain, à huit heures du matin[1]. Ils comprenaient ce que leur demandait la Convention, des mesures promptes et farouches. « En révolution, avait dit un des *modérés* de l'Assemblée, il s'agit de foudroyer ses adversaires. » La commission s'en chargea, et Romanet seul, dans ce groupe sévère, tomba malade, épuisé par sa tâche.

Guillaume Delorme, le commandant des canonniers de la section Popincourt, comparut le premier devant ce terrible tribunal. Son jugement absorba la journée tout entière du 4. L'arrêt ne fut rendu que le 5. Le nègre fit assez bonne contenance, et prétendit qu'on l'avait contraint de marcher sur la Convention avec sa section. — *Qui? — Le peuple*[2] ! On l'accusait d'avoir distribué à ses hommes de l'eau-de-vie dans laquelle il avait versé de la poudre. — Il s'en défend ; il prétend d'ailleurs qu'il était *bu,* qu'il était *ahuri.* C'était leur excuse à tous. Et, en effet, tel qui ne trouve pas un repas à prendre rencontre un verre à boire, et se grise. Ces affamés se jetaient sur les spiritueux qui soutiennent, trompent l'estomac, excitent, raniment les forces, enivrent. Beaucoup auraient pu dire comme Simon Lagesse : « Je n'ai qu'un hareng saur dans le corps, pas de pain, mais j'ai deux pintes de vin ! — *J'étais bu!* Nous allons la rencontrer, cette réponse, sur les lèvres de la plupart des insurgés. Ils se troublent, d'ailleurs, les uns et les autres devant leurs juges. On le verra. Ils balbutient, leur audace se courbe, ils tremblent. Ils se renvoient l'un à l'autre les accusations ; ils apportent, pour la plupart, un front bas devant la Commission. Ils essayent de ruser, d'apitoyer le tribunal. Leur rage calmée, l'énergie est passée. Courage des foules, lâcheté des individus. La passion anime ces grandes masses d'hommes hors des gonds ; pris un à un, le caractère leur manque. Ils tombent mal. Quelle différence avec les députés qui mourront pour eux !

Delorme, condamné à mort, le 5 au matin, comme « convaincu d'être auteur et complice de la conspiration qui a eu lieu les 1er, 2 et 4 de ce mois (je cite le texte du jugement, à peu près semblable pour les autres condamnés) et de la révolte qui en a été la suite, à l'effet de dissoudre la Convention nationale et d'assassiner les représentants du peuple, et d'avoir suborné la garde nationale de sa section[3] », fut exécuté à onze heures, ce matin même, sur la place de la Révolution.

[1] V. les procès-verbaux des séances de la commission.

[2] On comprendra que nous ne mettions pas une note au bas de chacun de ces interrogatoires Mais toutes ces réponses, ces dialogues, tous ces détails sont extraits littéralement des dossiers des accusés. (Archives Nationales. Cartons de la Commission militaire.)

[3] Archives de la rue du Chaume.

La guillotine attendait d'autres victimes. A six heures de l'après-midi, on lui amène Jean-Jacques Legrand, lieutenant des vingt-trois gendarmes, qui avait passé de l'Arsenal dans les rangs du peuple, et Nicolas Gentil, menuisier et dessinateur-brodeur, convaincu pour tout crime de s'être promené sur la place du Carrousel, avec les mots proscrits sur son chapeau : *La Constitution de* 1793 *et du pain* [1] *!*

Le 6, la Commission envoie à l'échafaud Luc Boucher, marchand de vins au coin de la rue du Faubourg-Saint-Martin et de la rue des Vinaigriers. Celui-ci, âgé de vingt-six ans, entré à la Convention avec ses compagnons et pris de la folie du sang, surexcité par le bruit, par les cris, par l'atmosphère échauffée de tous ces corps se heurtant dans l'Assemblée, a vu tomber Féraud, s'est précipité avec une énergie de fou sur le représentant et lui a coupé la tête. — Ainsi, c'est vous ? — *Malheureusement, c'est moi! Soret, mon camarade, a tenu les jambes. — Et qu'est devenue la tête? Je ne sais pas.* — Il était allé se cacher à la nouvelle barrière de Bercy, vis-à-vis justement le poste de la force armée. Sa culotte teinte de sang le trahit. Luc Boucher fut exécuté à une heure de l'après-midi.

Quatre heures après, dix-huit malheureux qui n'étaient pas des assassins ; succédaient au misérable, dix-huit gendarmes des tribunaux, coupables d'avoir passé du côté du peuple. Ils n'avaient pas à se défendre. La déposition de Fréron les accablait.

« Je soussigné déclare qu'après la seconde sommation faite par les représentants du peuple aux députés envoyés vers eux par les rebelles du faubourg Antoine, ils ont fait arrêter plusieurs gendarmes, *les uns sortant à pied et sans ordre, sans doubler le pas et d'un air indifférent, et se coulant le long de nos rangs;* les autres à cheval, commandés par leur capitaine. Je les avais envoyé sommer, par un jeune officier qui faisait auprès de moi le service d'aide de camp, nommé Hureau, de rendre leurs armes, et peu de temps après ils sont venus, formant une patrouille, le capitaine en tête. Je donnai ordre de les désarmer à l'instant, de les mettre à pied et de les envoyer, sous bonne escorte, sur les derrières de l'armée. Ils ne répondirent rien et avaient la contenance tout à fait troublée.

« Paris, le 6 prairial an III de la République.

« *Le représentant du peuple,*

« FRÉRON. »

[1] Ce Gentil, pour être exact, avait été condamné déjà avant la révolution, je crois, à dix ans de fers, à Bicêtre. Ce n'était pas, il est vrai, une raison pour la commission militaire de le condamner si atrocement.

« Je déclare, en outre, moi, aide de camp, que les gendarmes n'ont rien dit; que moi j'ai crié, en les ramenant : *Vive la Convention!* et qu'ils n'ont dit mot.

« Hureau [1]. »

— Nous avons été *corrompus* par les insurgés, répondent les gendarmes. Dans le faubourg, nous avions le sabre au fourreau! » Et, chose remarquable, le président de la Commission met, de sa main, leur réponse en note. Ce sont des militaires; il serait volontiers indulgent. Un des gendarmes assure qu'en apercevant l'armée parisienne ils ont agité leur drapeau, en criant : *Vive la République et la Convention!* Un autre, Louis Maréchal, assure qu'ils lisaient la proclamation au peuple et l'invitaient à se rendre. Dix-huit de ces malheureux, dix-huit, furent exécutés le 6, à cinq heures de l'après-midi. Il y avait dans ce groupe de soldats des gardes-françaises qui avaient pris la Bastille, héros de la Révolution, que la Révolution décapitait, et qui eussent pu crier au peuple, sur le passage de la charrette, comme l'année précédente Camille Desmoulins : « C'est moi qui ai fait la République! » On se montrait, au milieu de ces têtes rudes, deux jeunes gens de dix-neuf ans, deux frères, deux jumeaux, Edme et Abraham Croallat, les plus jeunes de ces soldats, et qui moururent en se souriant l'un à l'autre, comme ils avaient vécu.

C'est en parcourant les dossiers de ces accusés qu'on peut se rendre un compte exact de la singulière précipitation avec laquelle les arrestations avaient été opérées. Les passants, les curieux, dès que la force armée s'est vue toute-puissante, ont été entraînés au Comité de sûreté générale et jetés dans les prisons. Un certain Baron entre chez un marchand de vins pour se rafraîchir. « En réalité, lui est-il répondu, c'est pour conspirer. » On l'arrête. Il porte un couteau sur lui, c'est un homme évidemment dangereux. Le malheureux a une mère de soixante-douze ans, qui implore pour lui ses juges; il a perdu récemment son fils, mort à la frontière. Et, pour le sauver, il faut qu'un représentant, Lemoine (du Calvados), vienne attester sa moralité.

Nicolas Hennequin, accusé d'avoir porté la tête de Féraud, parce qu'il demeure dans la même maison que Tinel, rue de Lappe, se défend, s'excuse, compte sur des attestations qui le représentent comme un bon fils qui n'a *jamais cherché dispute à personne*. Mais il avoue que le 3 prairial il a essayé de sauver Tinel de la guillotine; qu'il a coupé les cordes des mains du condamné. *J'étais bu.* L'excuse éternelle! — Condamné à mort. Le texte de l'arrêt porte cet incroyable considérant : « Hennequin, *violemment soupçonné* de complicité, etc. » Ainsi donc, le soupçon tue. Hennequin fut exécuté le 8 prairial, à cinq heures de

[1] Archives.

l'après-midi. Il avait pour compagnon, dans ce voyage à l'échafaud, Ignace Dupuy, ancien soldat, employé aux charrois des armées, de mai 1792 à août 1793, maintenant ouvrier chez Ollivier, fabricant de faïences, rue de la Roquette, — cet Ollivier qui avait offert à la Convention un poêle en faïence, représentant la réduction de la Bastille. Le matin du 1er prairial, Dupuy était allé chez son patron, découvrant sa poitrine et disant : « Je n'ai pas de chemise, il m'en faut. — Je vous en donnerai demain, je n'ai pas la clef de l'armoire. — Alors, donnez-moi dix francs ! » A cheval sur le dossier des banquettes, c'est entre ses jambes — au dire de l'accusation — que le coup avait été porté à Féraud. Dupuy le niait ; il se défendait d'avoir promené la tête du cadavre : aucun témoin ne venait le contredire. Sa violence chez son patron, le matin, l'accusait seule. Condamné à mort.

La guillotine ne chôme pas. On exécute dans la même journée, le 11, Louis Chauvel qui, dit un *seul témoin,* a ramassé la tête de Féraud, l'a portée un moment, puis l'a passée à Tinel ; Étienne Chebrier, qui a lu tout haut une pétition dans la tribune de la Convention, et le menuisier François Duval qui, après avoir lu, s'est tourné du côté du président, en lui disant : *L'insurrection est le plus saint des devoirs. Annonce-le tout haut ! Annonce aussi qu'il faut un tribun pour le peuple !* Devant le tribunal, Duval et Chebrier s'accusent réciproquement. Chebrier déclare qu'après avoir lu la pétition, il l'a passée à Duval ; Duval assure que Chebrier, son ennemi, invente ce mensonge pour le perdre. Ils furent menés ensemble à l'échafaud.

Les moindres indices amènent d'ailleurs des gens devant cette terrible Commission. Un mot dit en passant peut coûter la vie. L'imprudence est un crime. Toute accusation est écoutée, tout témoignage à décharge est regardé comme suspect. De braves gens risquent le couperet parce qu'on prétend les avoir entendus prononcer quelque parole factieuse. (Louis Mainfroy, accusé d'avoir dit : « Legendre s'est mis à la tête des coquins pour assassiner des femmes. Il nous faut sa tête et celle de Bourdon (de l'Oise) ; » Antoine Paradis, soupçonné d'avoir dit qu'il fallait sonner le tocsin au 1er prairial ; Simon Lagesse, prévenu d'avoir dit, en parlant des députés : « Il faut que j'en tue trois cents pour ma part ! » Et, montrant un sac contenant de la poudre et des chevrotines : « Voilà de quoi leur laver la figure ! » etc., etc.). Les haines mesquines prennent des allures violentes, et les jalousies de voisinage, les commérages changés en dénonciations, deviennent des arrêts de mort. Quel odieux spectacle que celui de la nature humaine ainsi vue par tous ses côtés mauvais et fauves ! Quel attristant tableau que celui de ces femmes, de ces mères qui adressent aux juges des prières sans réponse, aux accusés des consolations sans espoir ! Le neveu de Chebrier lui fait *passer du bouilli* la veille même de sa condamnation. D'autres accusés parlent au tribunal de leurs femmes enceintes, de leurs enfants sans pain, de ces pauvres êtres qui attendent la délivrance quand c'est l'heure de la condamnation qui va sonner. Et les femmes, les mères, comme toujours, sont sublimes. Ces misérables ont des amours qui veillent sur eux, qui combattent pour eux, avant de se résigner à les pleurer et veulent se dévouer à leur salut.

Les femmes, en ces jours de commotions, plus nerveuses, sont à la fois plus effrayantes et plus admirables. Accusées, elles se défendent bravement, et, tandis que les hommes se chargent entre eux, elles se laissent condamner sans se dénoncer. Elles ont une franc-maçonnerie à elles. Marie Mandrillon est accusée d'avoir couru, le 1er, les boulangeries, en prêchant la révolte, jetant des pierres dans les boutiques, criant, un couteau à manche blanc dans la main : *C'est aujourd'hui qu'il faut que tous ces coquins-là pètent!* Personne, aucune de ses voisines, ne se trouve pour l'accuser. Aucun témoignage contre Marguerite Flamant qui demandait si le *faubourg allait descendre.* Aucun témoignage contre Madeleine Leduc. arrêtée dans son lit, chez elle, et soupçonnée d'avoir applaudi lorsque passait sous ses fenêtres la tête du député Féraud.

C'était René Mauger peut-être qui la portait alors. Ce misérable, cheveux rouges et crépus, vêtu d'une carmagnole rayée, sort des Tuileries tout pâle ; un homme qui portait la tête le voit, se met à rire et lui dit : « Toi, tu es bien blanc! tu vas porter la tête à ton tour! » Mauger, plus mort que vif, prend la tête. Il devient aussitôt le centre d'un groupe. Tout à l'heure, effrayé, plein d'horreur, le voilà tout fier maintenant de se sentir regardé. Il se met à marcher, à gesticuler avec la tête embrochée dans sa pique. « A bas la tête! lui crient quelques-uns.—Non, non, » disent les autres. Mauger la redresse davantage. Un nommé Hubert quitte alors son bataillon, court à Mauger, secoue la pique et fait tomber cette tête qui lui fait horreur. Le lendemain, Mauger, qui était coiffeur, se vantait chez ses pratiques d'avoir, lui aussi, porté la tête du représentant. L'humeur comédienne l'avait emporté. René Mauger fut exécuté le 18.

Quatre jours auparavant, la Convention, dans une séance solennelle, avait rendu un hommage éclatant à la mémoire de Féraud. L'éloquence de Louvet s'était élégamment mariée aux hymnes patriotiques pour chanter le trépas du malheureux jeune homme, mais aussi pour maudire ceux qu'on appelait ses meurtriers. Ses meurtriers, les malheureux honnêtes gens enfermés en ce moment dans un vieux château des côtes de Bretagne, ou courant les chemins à travers des assassins apostés tout exprès! La Convention n'avait rien négligé pour frapper les imaginations par cette fête funèbre. La salle des séances avait été ornée de guirlandes de chêne en festons. Les corps constitués, les tribunaux, les députés des quarante-huit sections de Paris, occupaient les tribunes publiques. Tous les représentants siégeaient en costume, armés, un crêpe au bras gauche. De chaque côté du bureau, devant les secrétaires, étaient placées des urnes cinéraires parsemées d'étoiles d'or, sur un fond noir, avec des inscriptions patriotiques. L'une et l'autre étaient couvertes d'un crêpe funèbre, de couronnes de fleurs, de verdure et de chèvrefeuilles. Devant la tribune, à la place même où Féraud était tombé, s'élevait un tombeau couvert d'un marbre blanc sur lequel étaient placés les armes, le chapeau militaire et l'écharpe tricolore du représentant. Le buste de Brutus se trouvait ainsi au-dessous de ce monument[1].

Les ambassadeurs des puissances étrangères, — ceux qui n'avaient point bougé devant l'émeute du 1er, — Sandoz, Rollin, ambassadeur de Prusse, Reybatz, ambassadeur de la république de Genève, James Munroë, représentant des États-Unis, Mehemed-Ali-Effendi étaient placés en face du président.

Au-dessus du président siégeaient, dans leur grande tenue militaire, les membres de la Commission qui, ce jour-là, donnaient relâche aux arrêts de mort.

C'était le jour du deuil, il ne tenait qu'à la Convention que ce fût le jour de l'oubli. Louvet « pouvait rendre des actions de grâce au génie de la République, » mais il voulut aussi évoquer les Euménides et faire entendre devant ce tombeau le cri que poussait Merlin (de Thionville) à chaque paragraphe d'une lettre datée de Strasbourg : *Vengeance ! vengeance !* Comme si les vengeances n'avaient pas été assez terribles en ces temps derniers où le sang coulait si fort.

La Convention n'avait-elle donc pas suffisamment dénoncé et proscrit? Jamais la Terreur n'avait multiplié, avec cette féroce impatience, les décrets d'arrestation. Il suffit, en ces heures de réaction hideuse, d'un nom jeté par un de ces thermidoriens pour que l'homme soit à l'instant proscrit. Les colonnes du *Moniteur* sont remplies de ces accusations laconiques qui équivalent à un arrêt. On décrète d'arrestation sept ou huit députés par séance. Aujourd'hui Ricord, Salicetti, Escudier, Laignelot, Sergent, d'Artigousse, Thirion, Panis, demain Jagot, Voulland, Élie Lacoste, Lavicomterie, David, Dubarran, Bernard (de Saintes), Jean Bon Saint-André, Robert Lindet, tous les anciens membres des comités de gouvernement.

« C'est un beau jour pour les royalistes, » dit Prieur (de la Côte-d'Or), qu'on excepte, on ne sait pourquoi, de cette mesure terrible, avec Carnot et Louis (du Bas-Rhin).

Pour Carnot, un mot le sauva. Une voix s'écria : *Il a organisé la victoire*. Et qui, quel membre dit cela? Le *Moniteur* ne le mentionne pas. C'est qu'il

[1] *Moniteur*.

était aussi dangereux alors de défendre un accusé que d'être accusé soi-même.

Il fallait fuir pour échapper à ces fureurs, ou se donner la mort de ses propres mains. Pas d'autre issue.

Prieur (de la Marne) était en état d'arrestation chez lui, rne Helvétius, 11, au premier étage (section de la Butte des Moulins), gardé par deux gendarmes des tribunaux, la fenêtre de sa chambre donnant sur la rue. Le 11 au matin, un des gendarmes, Devaux, entendit au dehors une certaine rumeur. Il sort. Des gens assemblés regardaient, attachée à la croisée ouverte, une écharpe tricolore qui pendait le long de la muraille. Dans la nuit du 10, Prieur avait noué là son écharpe de représentant, et s'en était servi pour se laisser couler jusqu'à la rue. Lorsque les gendarmes comparurent devant les comités furieux, le député était déjà loin [1]. Celui-ci échappait donc à ses juges. Il ne devait pas être le seul.

La veille, à dix heures du matin, le 10 prairial, le gardien des scellés apposés chez Rhül, en pénétrant dans la chambre du représentant, petite pièce éclairée par une croisée donnant rue Saint-Honoré et située à l'entre-sol, trouva le vieux patriote mort dans son lit. « Il était étendu en travers, couché sur le dos, le corps à moitié nud, et l'autre partie couverte d'une chemise ensanglantée ainsi que les draps du lit et les mains du cadavre que nous avons encor trouvé chaud [2]. » Aux pieds du lit on ramassa un couteau ensanglanté, en manche de bois d'ébène, rond, dont la lame était très-pointue [3]. Rhül s'était frappé « de haut en bas, à deux travers de doigt du bout du sein gauche. »

Et Maure, un honnête homme, le représentant Maure, dégoûté de cette sanglante comédie, allait se tuer, lui aussi, d'un coup de pistolet, pour en finir [4].

C'est que l'heure était lourde et l'atmosphère insupportable. Il ne faisait pas bon vivre en l'an III. Que de lâchetés ! Le 19 prairial, la ville de Rouen demande le changement du calendrier, ce *calendrier qui démontre la stupidité de son auteur,* — Romme, le vaincu ! — et qui entraîne la République dans une dépense énorme, puisque son *exécution nécessite le changement de toutes les horloges.* (*Annales patriotiques.*) Changement de front radical, complète abjuration. « Tout était montagne autrefois, dit Mercier, aujourd'hui tout est plaine. » On n'avait plus qu'un ennemi, *la popularité*. Le mot a été inventé sans doute par quelque courtisan du peuple. « Des dénonciations, dit Peltier, arrivant de tous les points de la France, et la vengeance que la Convention se

[1] Archives de la préfecture de police.

[2] *Ibid.* Procès-verbal du commissaire.

[3] *Ibid.*

[4] Paris, 15 prairial. Le représentant Maure s'est assassiné lui-même, cette nuit, dans son lit. Après s'être tiré un coup de pistolet, il a remis tranquillement sa couverture sur lui. Il n'était pas encore mort ce matin. (*Journal des hommes libres.*)

DÉPÔT LÉGAL Seine 20



BIBLIOTHÈQUE NATIONALE R.F.

Des gens assemblés regardaient, attachée à la croisée ouverte, une écharpe tricolore. (Page 152.)

devait à elle-même lui commandèrent de frapper de grands coups. Lorsque l'on considère la quantité d'arrestations et de condamnations qu'elle ordonna alors, on se rappelle l'expression qu'emploie l'auteur des *Mémoires d'un détenu* pour peindre le tableau de la Conciergerie en juin 1794 : *C'était l'activité des enfers.*» Les heureux combattaient l'ennemi là-bas, délivraient la Hollande, tombaient sous les balles étrangères, mais les autres, ici, pleuraient des larmes de sang devant la statue voilée de la Liberté ; pis que cela, devant la Liberté violée. On était pourtant dégoûté de ces supplices. Les valets de bourreaux eux-mêmes refusaient de servir, les voituriers exigeaient de grosses sommes. Ce métier sinistre leur pesait. Sanson écrivait le 18, le jour de l'exécution de Mauger, au président de la commission militaire :

« A Paris, ce 18 prairial, l'an III$^{e}$ de la république française une et indivisible.

« Egalité.

« *Au citoyen président de la Commission militaire établie à Paris par la loi du 4 prairial an que dessus.*

« Citoyen président,

« Le citoyen Sanson, exécuteur des jugements criminels du département de Paris, a l'honneur de vous observer que depuis le 5 du courant les différentes heures auxquelles se font l'exécution de vos jugements et la promptitude qu'il faut mettre à l'exécution a nécessité deux voitures en permanence pour être toujours prest à répondre à vos ordres. Le citoyen Sanson voulant payer ses voituriers *a été bien étonné qu'ils lui demandent chacun par jour cent livres.* Ce qui fait pour deux deux cent livres. Le citoyen Sanson avant de payer a pris des renseignement sur la demande de ces voituriers ayant trouvé le prix conforme par tout : il a jugé à propos de vous donner avis de cette dépense pour être par vous authorisé soit à payer, soit à garder les dittes voitures en permanence au prix courant.

« Le citoyen Sanson désiroit aussi savoir sy ce sera la commission qui payera ses frais, ou sy ce sera le département. Dans le cas où ce seroit le département, il vous prie, citoyen président, de vouloir bien l'autoriser par un ordre au payement des voitures que l'on réclame de l'autre part.

« Le citoyen SANSON. »

« Exécuteur des jugements criminels de la ville et du département de Paris[1]. »

Le bourreau lui-même est étonné !

Dans les premiers jours de sa session, la Commission militaire s'était tenue

[1] Archives nationales. En marge, de la main de Capitain, on lit :

*Répondue le* 18.

« La commission ne peut entrer dans ces détails. Que l'exécuteur présente son mémoire à viser à la commission, qui le remettra, pour être réglé et païé, à qui doit en conoître. »

dans le local du Comité de salut public (section de la guerre). Les prisonniers, dont quelques-uns étaient détenus dans les caveaux du Comité, étaient amenés devant elle, et de là ramenés en prison ou conduits place de la Révolution. Mais bientôt la Commission siégea à l'angle du couvent des Capucines [1]. Sur le *Plan national* de Verniquet, l'on aperçoit distinctement une petite cour carrée où s'élevait un perron conduisant aux anciens bureaux dits du Petit-Hôtel du lieutenant général de police. Plus tard les petites archives du ministère de la guerre y furent installées. C'est là que fonctionnait le redoutable tribunal.

Si redoutable qu'il fût, il hésitait pourtant à condamner les femmes. Mais pour un geste, pour un propos, il les emprisonnait. La femme Périot avait dit à une voisine, la veuve Ravel, qui la dénonce : — « Patience ! La Montagne se relèvera ! Nous écraserons les crapauds du Marais ! Nous avons pour nous les braves gendarmes et les faubourgs. On appellera bientôt l'échafaud la guillotine muscadine ! » Menaces de furie que la femme Périot nie énergiquement devant le tribunal. On lui inflige six ans de détention et, ce qui était plus cruel en ces heures de représailles, deux heures d'exposition publique pendant trois jours consécutifs. Deux heures sous les insultes des *jeunes gens*, sous les huées de ces foules prêtes toujours à acclamer le vainqueur, à bafouer le vaincu. Parmi les griefs qui décidèrent la commission à rendre cet arrêt, — les menaces de la femme Périot n'étant rien moins que prouvées, — je vois qu'elle avait été jadis abonnée à *l'Ami du Peuple*, et qu'elle avait pleuré le jour de la mort de Robespierre.

Françoise Humbert, la femme d'Étienne Guyot, est condamnée avec son mari à la déportation. Elle avait crié, le 1er prairial, en voyant passer un cabriolet : « C'est un député qui se sauve ! Il faut lui plonger nos sabres dans le ventre ! » On arrête le cabriolet. Il y avait dedans une femme seule et qui s'évanouit. — « Nous avons eu tort, dit Guyot devant le tribunal, mais nous étions furieux. Un citoyen venait, devant nous, de tomber d'inanition ! » Après tout, il

[1] *Les Capucines*. Ancien monastère de femmes, situé entre la rue Neuve-des-Petits-Champs et la rue Neuve-des-Capucines, en face de la place Vendôme, dont son église faisait un des principaux ornements, par la perspective de son portail, qui était orné de bas-reliefs assez beaux et qui correspondaient avec le portail des Feuillants, qui est en face, rue Saint-Honoré. On n'a abattu ni le couvent, ni l'église des Capucines. Mais on a fait de celle-ci un magasin de papiers peints, en attendant qu'on y mette d'autres marchandises : et ces bâtiments sont loués à plusieurs particuliers, entre autres à *Robertson*, qui y a placé son spectacle de la *Phantasmagorie*. Quant au jardin, qui est assez vaste, on en a fait un jardin public, comme *Paphos* et *Frascati*, et l'on y a aussi placé le *Panorama*. (*Le Cousin Jacques — Dictionnaire néologique*, tome second — an VIII.)

Le Panorama ! Un Panorama tout à côté des pavés encore sanglants du sang de Goujon ! C'est l'éternelle antithèse.

y avait eu là des menaces et des actes. La femme Guyot avait été vue dispersant les queues formées à la porte des boulangers. Devant la boutique du citoyen Rousseau, qui achevait de cuire son pain, elle avait menacé de mort quiconque recevrait du pain. Sur la place Mucius Scevola, Guyot vociférait, agitait son sabre. Mais je trouve dans ces cartons des dossiers de pauvres diables envoyés, on ne sait trop pourquoi, à l'échafaud. Et qu'avait fait Jean-Pierre Lime, ce graveur de vingt-trois ans, que rien n'accusait et que l'on guillotine le 18, cinq heures après René Mauger, le perruquier? Pourquoi la peine capitale contre lui ? Et pourquoi renvoie-t-on à la Conciergerie, jusqu'à plus ample informé,— acquittement dissimulé, — ce Soret, à peu près convaincu d'avoir tenu les pieds du cadavre de Féraud, tandis que Luc Boucher lui coupait la tête ? J'imagine que l'attitude des accusés devant le tribunal ne dut pas peu contribuer à adoucir l'arrêt des juges. Tout homme qui hardiment se défend, dispute sa vie à ces tribunaux extraordinaires, étonne et trouble à force de hardiesse. Aux funestes journées de septembre, ceux qui répondirent franchement aux questions et sans ambages (voy. Maton de la Varenne, M. de Sombreuil, Weber, etc.,) furent sauvés des massacres. Le courage a son magnétisme. En pareil cas, au contraire, si l'on hésite, on est perdu.

Il ne s'agissait guère, il est vrai, que d'inconnus. Qu'importait à la Convention le salut ou la condamnation de quelques malheureux faubouriens? Ce qu'il fallait, c'était frapper les députés. La Montagne décapitée, les sections turbulentes se trouvaient domptées. Quelle que pût être leur fermeté devant leurs juges, ces représentants, menaces ou remords vivants pour les thermidoriens, étaient condamnés d'avance. Leur défense était inutile. On ne l'écouterait pas. Mais les anonymes, à coups d'audace, pouvaient échapper à l'exécuteur. Nous allons en voir la preuve dans Brutus Magnier, qui pourtant joua dans ce dernier drame un rôle plus important que celui de comparse.

Brutus ne fut jugé que quelques jours après les représentants du peuple : mais je veux m'arrêter maintenant devant cette curieuse figure.

---

# CHAPITRE VI

## BRUTUS MAGNIER

L'homme qui avait rédigé ou qui prétendait avoir rédigé l'acte d'insurrection lu à la tribune de la Convention le 1er prairial, était un révolutionnaire forcené, détenu, au moment de la violation de l'Assemblée, dans les prisons de Rennes, et nommé Antoine-Louis-Bernard *Magnier*.

Magnier était Picard, né à Guise, à côté de la maison paternelle de Camille Desmoulins, dont il a dû étudier les écrits, imprégné qu'il est de la verve et de l'esprit des *Révolutions de France et de Brabant*. D'abord étudiant, puis soldat, Magnier, enrôlé dans le bataillon de la Guyane, connut à Ouassa le citoyen Pomme, député à l'assemblée coloniale séante à Cayenne, puis, membre de la Convention; il débarquait avec lui, le 17 mai 1792, à Bordeaux, courait embrasser ses parents, et, tout aussitôt, partait pour la frontière du Nord, un fusil sur l'épaule. De bonne heure, il s'était senti enflammé, consumé de ce feu républicain qui soufflait partout, chaud comme le simoun. Une loi du 11 juin 1791 l'autorisait à changer ses noms de Louis-Bernard en ceux de *Lepelletier Brutus Beaurepaire*[1]. Grenadier volontaire à Jemmapes, sergent lors de la première conquête de la Belgique, on l'envoyait en Vendée au printemps de 1793, avec son bataillon, et à vingt-deux ans, après des prodiges d'énergie, on lui donnait les épaulettes de capitaine et le commandement du seul détachement de sapeurs de l'armée de l'Ouest; toujours en avant, pris d'un zèle indomptable, les représentants en mission le remarquaient parmi les plus courageux et les plus déterminés, et lorsque, en germinal an II, une commission militaire fut établie pour juger les chouans et les conspirateurs, Louis Magnier, devenu Brutus Magnier, fut choisi pour la présider.

[1] Archives de l'empire, C. W. 1° 497. — Magnier, interrogé sur son âge, répond : Vingt-quatre ans, capitaine au premier bataillon de sapeurs de l'armée de l'Ouest, né à Réunion-sur-Oise, cy-devant Guise, district de Vervins, département de l'Aisne, avant son arrestation ex-président d'une commission militaire, demeurant à Rennes, rue de la République, n° 5, chez le citoyen Roussel, homme de loi.

Le 21 brumaire an II, Pochotte, représentant du peuple dans les départements et à l'armée des côtes de Brest, « considérant, disait-il, qu'il est utile à la patrie d'épouvanter par la rigueur de l'exemple [1], » autorisait la commission militaire, établie à la suite de cette armée, à juger « révolutionnairement et sans jurés tous les coupables des délits compris dans la loi du 19 mars et tous ceux qui seraient convaincus d'avoir crié *Vive le roi* [2] ! » La commission, composée de cinq membres, Mucius Lalouet, Scevola Noël, Mithois, Marin et Frey, — sans compter le président, — siégeait à Rennes, appelait devant elle et jugeait, avec une rigueur trop souvent farouche, les accusés entassés dans les prisons. Jeune, bouillant, fanatiquement épris de la République, Magnier, avec sa statue de Brutus devant les yeux, faisait bon marché, semble-t-il, de la vie de ceux qu'il appelait des traîtres. Il écrivait ce terrible billet à un certain Gatelier, depuis condamné à six ans de fer :

« Ami Gatelier,

« Envoyez-nous deux ou trois gibiers de guillotine, dont tu rempliras les noms sur le réquisitoire ci-joint. Tu m'enverras aussi leurs noms et une note quelconque sur leur compte.

« L. B. BRUTUS MAGNIER. [3] »

Interrogé plus tard, devant le tribunal révolutionnaire (6 ventôse an III), Magnier répondait qu'il entendait par *gibiers de guillotine* « les brigands de la Vendée, entassés confusément dans les prisons. » Mais le lendemain de l'exécution d'un certain Pierre Monnier, âgé de vingt-quatre ans, tisserand à Hugner (Mayenne), et guillotiné le 18 germinal comme *brigand*, la commission recevait un certificat de civisme envoyé par le père même de la victime. Brutus Magnier était, on le voit, un peu bien expéditif. Il est d'ailleurs un frappant exemple de ce que l'on pourrait appeler, après la folie de la croix, après la folie de l'épée, la

[1] Archives de l'empire. Tribunaux révolutionnaires. W 1a 497.

[2] *Ibid.*

[3] Archives de l'empire. Tribun, révolut. W 1a 497. A cette pièce est joint le réquisitoire, ainsi conçu :

« *Amener devant la commission les nommés*

« Pierre Monnier,

« François Cousin,

« Et Julien L'Eperon.

pour y être définitivement jugés.

« Rennes, ce 17 germinal, 2e année républicaine.

« L. B. BRUTUS MAGNIER. »

Les indications de la main de Magnier, et les noms écrits par Gatelier.

folie de la justice. Il frappe, comme tout à l'heure il demandera à être frappé, emporté par la colère ou par le désespoir. Un tel homme était fait pour commander à des bataillons, non pas à un tribunal, et quoiqu'il se servît de la plume avec un talent original, c'était le sabre qu'il devait garder toujours à la main.

Les représentants Bourbotte, Prieur (de la Marne), et Turreau, envoyés en Vendée, avaient mis à la disposition de la commission militaire, pour frais de bureau, la somme de six cents livres. C'était peu ; je ne vois pas cependant que la commission ait abusé des fonds qu'on lui avait confiés. Magnier, pourtant, allait être prévenu non-seulement d'abus d'autorité de divers genres, — et sa lettre à Gatelier allait retomber sur lui de tout son poids,—mais encore il devait être accusé de dilapidation des deniers publics. De tels reproches sont rares à cette époque où l'on prodiguait moins son or que son sang. Je trouve dans l'acte d'accusation dressé contre Magnier [1], qu'il est prévenu de s'être approprié 335 livres 3 sols et une pièce étrangère saisie sur l'ex-cuisinier de l'ex-prince Talmond. Rien de moins prouvé que cette allégation. On l'accuse encore d'avoir « détourné, à son profit, diverses sommes appartenant à la République, et qu'il avait touchées pour les répartir entre ses collègues; » en outre, singulier chef d'accusation pour un tribunal qui frappait au nom de la clémence, *d'avoir entretenu des relations avec un émigré dans les prisons de Rennes*. Cet émigré était un nommé Vilambre, fort peu dangereux sans doute, et dont l'histoire n'a pas à s'occuper. Magnier avait, paraît-il, mangé avec lui, un soir, et, dit l'accusation, *porté les égards pour cet ennemi de l'État jusqu'à autoriser le concierge à lui fournir la pension accordée aux détenus.*

Un beau jour, Brutus Magnier, qui logeait à Rennes, rue de la République, n° 5, chez le citoyen Roussel, homme de loi, fut arrêté, conduit en prison, et renvoyé de Bretagne au tribunal révolutionnaire de Paris. Il partit de Rennes à cheval, entre deux gendarmes, le 15 brumaire, et fit ainsi la route. Le 6 ventôse, il comparaissait devant le tribunal révolutionnaire de Paris, qui le renvoyait au tribunal criminel d'Ille-et-Villaine pour cause de dilapidation des deniers publics [2]. Voilà Brutus Magnier ramené à Rennes, verrouillé de nouveau dans la prison de la Porte Saint-Michel, alors *Porte-Marat,* et seul maintenant avec ses colères.

Il faut bien se figurer ce que pouvait être un tel homme, jeune, ardent, éner-

[1] Archives de l'empire, tribun. révolut. W 1a 497.

[2] M. Emile Campardon donne sur Magnier les indications suivantes dans la *Liste générale de toutes les personnes traduites au tribunal révolutionnaire* : MAGNIER (Antoine-Louis-Bernard-Lepelletier Beaurepaire Brutus), étudiant, militaire, président d'une commission militaire. Acq. et renvoi au tribunal d'Ille-et-Vilaine, 6 ventôse an III. (*Le tribunal révolutionnaire de Paris*, tome II, p. 455 de la deuxième édition.)

gique, instruit, nourri du lait de la louve romaine, enivré de salpêtre, aveuglé par la poudre de cette bataille quotidienne que soutenaient entre eux les partis, fait pour la lutte de la tribune ou pour le coup de feu du combat, et qui n'a plus pour horizon que les murs d'un cachot. Condamné à l'inaction, avec un tempérament de vif-argent, il a bien, pour parler, les réunions de prisonniers, le soir, autour du poêle, dans la salle commune, et la chambre dite *de la Concorde* peut, au besoin, devenir un club. Puis il lui reste sous la main l'arme de la Fronde, la vieille chanson qu'il manie d'une main savante ; il raillera ses geôliers, il se rira de ses fers dans un gai refrain. Mais cela ne lui suffit pas. Il est né journaliste au fond, il sent en lui de ces bouillonnements qui remuaient si fort son compatriote Camille ; il prendra une plume, du papier, et il écrira. Il écrira pour lui, pour ses amis, pour ses compagnons de prison ; il composera, avec les journaux venus du dehors, avec les bruits de la prison, avec les nouvelles de la rue, colportées jusque dans la Tour le Bal, avec ses impressions, avec ses souvenirs, un journal manuscrit qu'on va s'arracher, lire, commenter, relire, et qui sera comme la revanche du prisonnier.

Il a, pour porter ses lettres à ses amis ou pour cacher celles qu'il reçoit, un discret messager, une religieuse, celle qu'il appelle sa *charmante et sensible commissionnaire*. Ne voit-on pas là comme un commencement de roman ? « Une sœur grise être aussi serviable envers un terroriste ! » s'écrie Magnier avec étonnement[1]. Brutus n'avait pas vingt-cinq ans ; on se le figure superbe, avec cette *magnifique chevelure* qu'il coupait ras, dit-il, lorsqu'il fallait se mettre en campagne. La sœur grise portait à Julien, à Varlet, à Germain, à Lebatteur, aux amis de Magnier les billets qu'il leur adressait et qui lui valaient des réponses comme celle-ci : « Tu as donc toujours le mot pour rire ? » Ou : « Ta chanson est en vogue dans toutes les salles de l'hôpital. » (*Lettre de Julien.*) D'autres fois, c'était de l'argent qu'on faisait passer au détenu : « Voici quinze francs d'une collecte ; » des avis qu'on lui donnait : « Les gens que la vengeance anime ne t'épargnent pas, les hommes justes plaignent ta jeunesse. » (*Lettre d'Hamon.*) Ou encore un de ses frères, fourrier au 16e régiment, en garnison à Angers, qui lui demandait de ses nouvelles. La commissionnaire *sensible* était toujours là. Qui sait si ce n'est pas à elle que Brutus Magnier dut de pouvoir écrire son curieux journal, le plus original certes et le plus bizarre de tous les journaux de la révolution française ?

Une telle entreprise est une chose unique. Qu'on se figure un journal, rédigé par un détenu pour des détenus et qui paraît régulièrement, à l'heure dite, fort bien fait, sur le plan des journaux d'alors, contenant les nouvelles politiques, la

[1] Archives de l'empire. C. W2 548. Lettres de Brutus Magnier.

DÉPÔT LÉGAL
1874



BIBLIOTHÈQUE NATIONALE IMPRIMÉS

Il partit de Rennes à cheval entre deux gendarmes. (Page 159.)

discussion des séances de la Convention, des jugements littéraires et des variétés, *le Démocrite, ou Journal du Midi.* Il est tout entier dans les cartons des Archives, cent cinquante petites pages à deux colonnes fort serrées, soit vingt-cinq numéros, dont plusieurs ont des suppléments (du 24 pluviôse au 23 ventôse). Sans doute Brutus Magnier passait à le rédiger une partie de la nuit, et le mettait en circulation dès le matin, à l'heure du déjeuner. Une seule fois il manqua à cette habitude, qui était un engagement. On lit à la fin du n° 16 : *Le rédacteur ordinaire, n'ayant pas eu le temps de composer la feuille, a prié un de ses compagons d'infortune de le remplacer. On voit qu'il ne s'en est pas mal acquitté.* Ce n° 16 est de la main de Julien.

Il paraîtra curieux d'ailleurs à ceux qui croient à l'influence du climat et de la race de comparer ces feuilles volantes de Brutus Magnier aux numéros étincelants des *Révolutions de France et de Brabant*, de Camille Desmoulins. Il semble, en vérité, que des affinités secrètes réunissent parfois les deux compatriotes. Soit que Desmoulins eût fait école, soit que le tempérament excessif de Magnier ne fût pas sans analogies avec celui de Camille, on sent passer à travers leurs phrases de ces accents qui sentent la *colérique Picardie*. Ils ont une façon à eux de railler et de mordre, d'emporter le morceau, je ne sais quelle verve à la fois comique et enthousiaste, une certaine manière de sentir qui ne varie guère que dans l'expression. Sans doute Desmoulins est plus lettré et plus fin, son style a pour ainsi dire plus de race, mais Magnier est évidemment du même terroir et de la même famille, — et à le voir dauber sur Bordas, Jean de Brie ou Marec, on croirait entendre Desmoulins sifflant Maury ou Malouet.

Il a les mêmes amoureuses ivresses et les mêmes haines, la rage facile et souvent injuste, le même mépris doublé de rire, et jusqu'aux mêmes manières de plaisanter. Le gamin de génie, le David picard lui a évidemment appris à manier la fronde.

« Prenez garde à vous, patriotes bataves, défiez-vous des marchands, c'est de la fausse monnoie ! » s'écrie Magnier dans son numéro 3. Il parle aux Hollandais en guerre avec les stathoudériens, comme Desmoulins parlait aux Brabançons révoltés, — et je ne crois pas que Camille ait plus vivement et plus heureusement raillé les gardes nationaux qui l'empêchaient de rentrer chez lui. les marchands soudainement effrayés et les *épauletiers*, que ne le fait Brutus Magnier dans ce journal, qui attend un éditeur :

« Il falloit voir ces messieurs en 1789, ils ont vraiment contribué à organiser notre révolution. Nous avons cru d'abord que c'étoit par amour de la patrie, c'étoit par pur égoïsme. La tyrannie des nobles entravoit leurs avides spéculations ; ils ont travaillé à la ruine des nobles, mais ils ont prétendu prendre leur place... Falloit voir, à la formation des gardes nationales, ces gros papas quitter leur comptoir un jour de dimanche, revêtus d'un bel habit d'uniforme, bonnet de grenadier sur la nuque, épée battant sur le mollet ; en vérité, ils se pavanoient, se croyant les objets de l'admiration publique ; la porte Saint-Denis leur paroissoit trop basse ; ils se baissoient pour passer dessous. Ça n'a pas pu prendre ; ils ne se sont pas vus plus considérés que le sans-culotte à bonnet rouge, revêtu d'une grosse veste de tire-taine, ce qui les a déterminés à faire bande à part [1].

[1] *Démocrite, ou Journal de Midi*, par Brutus Magnier, n° 3.

Mais ce journal, et par son originalité et par les détails intéressants, vaut d'être examiné avec quelque attention. Dès les premiers mots, Magnier en caractérise l'esprit et arbore son drapeau :

DÉMOCRITE OU JOURNAL DE MIDI

PROSPECTUS.

« C'est un homme de sang qui se fait gloire d'être du nombre de ces patriotes énergiques qu'on entasse chaque jour par milliers dans les prisons, qui veut aussi se mêler de faire un journal, lequel paraîtra tous les jours à midi ; charmer ses ennuis, encourager ses compagnons d'infortune à la patience, voilà son but ; analyser les papiers publics, présenter des réflexions critiques sur les événements, voilà son plan de travail. Le titre de cette feuille périodique paroîtra singulier ; je semble plaisanter quand tout ce qu'on voit aujourd'hui n'est fait que pour arracher des larmes ; je conviens que les conspirateurs sont aujourd'hui sur le pinacle, mais quelque puissants qu'ils soient, on ne peut que rire des vils moyens qu'ils employent pour anéantir la liberté.

« Les patriotes pourront entendre, lire et copier ce journal à leur gré ; l'auteur ne craint pas de le signer, dût-il passer pour le chef d'une conspiration de prison (avis aux mouchards.)

« Le prix de l'abonnement est un certificat de civisme. »

Le premier article est le compte rendu des séances des 22 et 23 pluviôse de la Convention nationale (présidence de Barras).

« Poltrons, dit tout d'abord Magnier à la majorité de l'Assemblée, vous avez peur d'être guillotinés si vous montrez de l'énergie ; eh ! ignorez-vous que si vous n'en montrez pas et si vous vous laissez subjuguer, vous serez tous pendus, oui, oui, pendus ? Croyez-vous que S. M. Louis XVII ne voudra pas cimenter par votre sang un trône qu'il croit que son père n'a perdu que par son peu d'énergie, et sur lequel messieurs les gouvernants veulent le placer ? »

Ce sont ces *gouvernants* qu'avec un acharnement invincible Brutus Magnier va attaquer. Je l'ai dit, le spectacle de la réaction partout triomphante et qui attristait si profondément les âmes convaincues de la nécessité de la République, devait exaspérer un caractère aussi bouillant et aussi peu pondéré que celui de Magnier. On le verra plus tard dater ses lettres « de l'an III de la République *problématique* ; » maintenant il s'écrie avec douleur : « Pour être tranquille, il vaudrait mieux être Charette que républicain [1]. » La paix est faite avec ces

[1] C'est le mot de Ruamps.

chouans qu'il a traqués derrière les haies ; le gouvernement ne continue plus la guerre que contre les Montagnards, hier encore acclamés et adulés. Les échafauds se redressent, le pain manque, le royalisme renaît, les coblentziens assomment les jacobins sur les places publiques. « A entendre tous les propos qui se tiennent aujourd'hui, écrit Audouin [1], ne diroit-on pas que jamais il n'a existé ni royalistes, ni aristocrates, ni aucuns ennemis du peuple et de la révolution, si ce n'est ceux qui les ont constamment surveillés, dénoncés, combattus et déjoués ? » Et Brutus Magnier s'écrie, dès les premières pages de son journal : « Tu as bien raison, Audouin ! »

Pour se consoler, il raille les écrivains-abbés qui reprennent la plume, les thermidoriens qu'il appelle *les hommes dorés*, les renégats qui, sans-culottes hier, disent aujourd'hui à la République : « Je ne te connais plus ; » les muscadins, les fréronistes, les *sucrés*, qui promènent dans les théâtres leurs zézayements importuns et leurs bâtons luisants.

« Je crois qu'Audinot est patriote, dit-il, car il a osé jouer, malgré la noble jeunesse, des pièces vraiment républicaines. Avant-hier, les comédiens ont voulu donner une leçon aux muscadins qui se sont exemptés de la réquisition ou qui ont déserté leurs drapeaux, munis de certificats de maladie extorqués ou achetés ; leur dessein était de représenter *le Concert de la rue Feydeau*, mais la gent muscadine s'y est opposée. Il y avait là quelques patriotes qui réclamèrent la pièce, les deux partis en vinrent aux injures, puis aux coups de bâton, et la pièce ne fut pas jouée. Si l'on vouloit actuellement donner au public *Richard Cœur de Lion, Pierre le Grand* ou d'autres pièces royalistes, les aristocrates, au lieu de s'y opposer, réclameroient la liberté, et les jacobins seroient encore obligés de se taire, sous peine d'être assommés [2]. »

Plus tard, Magnier apprend que *le Concert de la rue Feydeau* est, au contraire, une pièce réactionnaire, et il efface ce titre avec colère. Il est vraiment attristé, on le sent, lorsqu'il raconte que « les aristocrates, tous les jours plus nombreux, chassent les révolutionnaires des corps de garde, et que les *jeunes gens à lunettes* soufflètent les femmes dans les tribunes de la Convention. » Il écrit alors avec sa bile : « *Le Courrier républicain,* grand amateur de prodiges (*Démocrite*, n° 4), nous annonce que la femme d'un ancien membre du comité révolutionnaire est accouchée d'un monstre dont les mains étoient attachées derrière le dos en posture de guillotiné. Il nous annonce en même temps que M. le comte N. est décédé, que madame la marquise D. est accouchée, que le baron V. est de retour. Il n'a, ma foi, plus rien à faire que de changer son titre. »

[1] *Journal universel.*

[2] *Démocrite, ou Journal de Midi,* n° 1 (Archives de l'empire, C. W² 548).

*Le Courrier républicain* publiait, en effet, des nouvelles dans le genre de celle-ci : « Voulland a le bras droit desséché et comme pourri, Dieu ayant voulu par là le punir des arrêts de mort qu'il a signés. » A quoi, du fond de sa prison, répliquait Magnier dans *le Démocrite :* « C'est donc à dire, monsieur le Courrier, que Voulland ne peut avoir eu une attaque de paralysie ou même attraper un rhume sans que Dieu s'en soit mêlé? A l'ordre, monsieur l'abbé, à l'ordre ! » Ne reconnaissez-vous pas là, encore un coup, les façons de Desmoulins?

Les personnalités abondent dans cet écrit, les traits pleuvent et Magnier a la main heureuse. *Faublas-Louvet, Royal-Fréron, Vampire-Legendre, César-Dubois-Crancé, messires Isnard, Louvet et Cᵉ,* défilent tour à tour; il nous présente ! « *André-Dumont, Mandrin-Dumont*, l'ex-maratiste, à présent héraut d'armes à l'armée des aristocrates ; — le mielleux *Merlin*, de Douai ; *Delacroix*, montagnard, plainier, marécageux ou *montagno-plaini-marécageux*, le second tome de B. Barère ; — « *Brouillon* de l'Oise, lorsqu'il est pris de vin, se met, dit Magnier, en contradiction avec ce qu'il a dit le matin, semblable au vieux traître Luckner, qui, le matin, après son chocolat, criait : *Fiffe la nation!* et le soir, après un copieux dîner : *Fiffe le roi*[1] *!* » Cette opposition par l'anecdote, par le *mot*, comme on dirait aujourd'hui, est le trait caractéristique des écrits de Magnier. Il a pour règle de parler plaisamment des choses sérieuses ; souvent aussi il est grave, attristé, par exemple lorsque Courtois publie son rapport sur les papiers trouvés chez Robespierre : « On accuse Robespierre de tyrannie et tout ce qu'on voit dans cette brochure prouve le contraire, mais plus tard... Patriotes, lisez le rapport de Courtois, c'est le procès de vos ennemis[2] ! » Puis sa nature reprend le dessus, il proteste par l'ironie ou par le rire : « Si l'on vole, ce sont les jacobins qui ont volé. Sont-ce eux qui, déguisés en chouans, tuent les dragons aux environs d'Angers? » — « Pendant que ceux de Corbeil meurent de faim par l'effet de l'abolition du maximum, c'est par la même cause qu'au rapport du représentant du peuple Cassagnies les armées des Alpes et d'Italie, et le pays qu'elles occupent sont dans l'abondance. C'est ainsi que l'émétique tire un malade de son apoplexie tandis qu'il envoie l'autre au tombeau [3]. » — « Voilà encore une de ces lois sur l'air : *Va-t'en voir s'ils viennent!* » dit-il devant quelqu'un de ces décrets des thermidoriens, qu'il appelle des *dispositions à la royale* ou *à la Cabarrus*. Mais, avec une visible joie, il revient toujours à la gent *fréroni-muscadi-royale*, aux *petits sucrés de la section des Lombards :* « Le Palais-Royal a été cerné l'autre jour. Il s'agissait simplement de l'arrestation de filles publiques. Et les muscadins s'apprêtaient déjà à fuir. Qu'ils sont braves, ces

[1] *Démocrite*, nº 10.
[2] *Démocrite*, nº 8.
[3] *Démocrite*, nº 7.

messieurs ! » Il écrit encore que *quarante révolutionnaires avec leurs triques* auraient facilement raison de cette jeunesse dorée.

Il analyse la séance du 29 pluviôse an III : « Un armurier de Montauban fait hommage à la Convention d'un fusil de munition de son invention, plus simple, plus léger, et moins sujet aux réparations que les autres. Pour encourager l'artiste républicain, les Montagnards font mention honorable de son offrande, et les honnêtes gens y consentent, parce que la jeunesse de Fréron a trouvé nos fusils trop lourds, et qu'elle seroit contente si on en inventoit qui ne pesassent pas plus qu'une plume et qui éclatassent sans faire de bruit[1]. »

Ce sont là les cris de désespoir de Brutus Magnier. Mais il en est d'autres dans ce journal et dont l'écho va retentir, comme un sinistre coup de clairon, aux oreilles des conventionnels. A toutes ces preuves de résurrection du royalisme, aux fureurs de la réaction triomphante, le Montagnard oppose des vœux de révolte prochaine et l'espérance d'un réveil. « Attendons le réveil du peuple. Puisse-t-il ne pas tarder[2] ! » Dès son premier numéro il écrit ces lignes : *Opinion du Démocrite sur l'insurrection à opérer pour sauver la patrie*. Je dirai comme Babœuf : « Il y a lieu à insurrection puisque le gouvernement viole les lois du peuple. » — « Vite, vite, ajoute-t-il, qu'on organise la constitution de 1793 et que les conventionnels s'en aillent chacun chez eux planter des choux, emportant les uns les regrets et l'amour, les autres l'exécration de leurs concitoyens[3]. » Son plan d'insurrection, publié partiellement à la fin de chacun des numéros, forme à travers *le Démocrite* une suite de *Variétés* qui signifient, de la première à la dernière : *Sans-culottes, levez-vous. Aux armes! aux armes*[4] ! Il me paraît presque évident que les idées de Magnier, formulées, lues à Rennes, dans le chauffoir de la prison, sous les bustes de Rousseau et de Marat et devant la *Déclaration des droits de l'homme*, ont germé, dirai-je, autre part qu'entre les murs de ces couloirs. Ces numéros électrisaient les prisonniers, et si bien, que les réunions du soir leur furent interdites et qu'on les empêcha bientôt de prendre leurs repas avec leurs parents[5]. Sans aucun doute le plan d'insurrec-

[1] *Démocrite*, n° 7. — On lit dans le *Moniteur* : « Le citoyen Gaillau, armurier de Montauban, est admis à la barre ; il fait hommage d'un fusil qu'il a fabriqué. Cette arme, dans laquelle il n'entre point du tout de bois, dit l'inventeur, est plus solide, plus simple, et coûte moins d'entretien que les fusils ordinaires. La Convention accepte l'hommage, ordonne qu'il en sera fait mention honorable et insertion au Bulletin, et renvoie le fusil à l'examen des comités militaires et de salut public. (*Réimpression*, n° 153. *Tridi* 3 ventôse an III. Samedi 21 février 1795, vieux style. — Séance du 29 pluviôse.)

[2] *Démocrite*, n° 4.

[3] *Démocrite*, n° 2.

[4] *Démocrite*, n° 3.

[5] *Lettres de Brutus Magnier*, dossier de Magnier. Archives de l'empire, C. W[2] 548.

tion proposé par Magnier, tracé par lui, fut copié par quelqu'un de ces auditeurs et apporté au faubourg Saint-Antoine, qui le suivit sur plus d'un point. « On vous a ravi, dit Magnier aux patriotes, bien des points de ralliement, les Jacobins, les Cordeliers, la Commune, mais il vous reste encore le meilleur de tous, c'est la Convention nationale. Eh bien! vainqueurs de la Bastille, du 10 août, du 31 mai, rendez-vous-y en armes, avec vos canons; investissez le jardin et les cours, cernez les comités, songez que vous avez votre patrie à sauver [1] ! » N'est-ce pas le programme même des insurgés? Il leur conseille encore de « montrer aux députés les *Droits de l'homme* et l'*Acte constitutionnel; ils pâliront* [2]. » Et plus loin : « Je tonnerai, sans-culottes, je tonnerai contre vous jusqu'à ce que vous soyez déterminés à courir sur vos ennemis! » (n° 17). — *Peuple, réveille-toi!* C'est son mot d'ordre. Il veut *qu'un Crétois en bonnet rouge* lise à la tribune envahie par le peuple le plan insurrectionnel qui suit :

Article premier. — Mise en exercice de la constitution de 1793.
Art. 2. — Renouvellement des membres du comité.
Art. 3. — Réunion immédiate des assemblées électorales.
Art. 4. — Institution de comités révolutionnaires.
Art. 5 et 6. — Mise en liberté des patriotes incarcérés.
Art. 7. — Révocation de l'amnistie accordée aux brigands de la Vendée, etc.

On ne peut nier que ce plan ne présente des analogies frappantes avec celui que dénonçait Isabeau au début de la séance du 1er prairial, et qui fut lu, pendant l'émeute, à la tribune, par un canonnier entouré de fusiliers. Les *proclamations au peuple français* et *l'envoi des décrets par des courriers extraordinaires* forment les articles 22 et 23 du plan de B. Magnier, qui avait, en outre, proposé des articles ainsi conçus : « Les restes de la famille Capet seront conduits à l'armée de Sambre-et-Meuse et remis par le commandant français au commandant de l'armée autrichienne. Les bustes de Marat, Lepelletier, Viala, Barra, seront rétablis dans les sections; la liberté de la presse sera proclamée, les écrivains demeurant personnellement responsables. »

Mais qui jamais se serait avisé d'aller accuser d'un complot avec les insurgés des faubourgs un homme enfermé en ce moment dans une prison de la Bretagne et qui appartenait déjà à la juridiction d'un tribunal? Ce fut Magnier qui se dénonça. On peut se figurer l'état de son esprit lorsqu'on lit les lettres qu'il recevait à Rennes dans sa prison. Son père lui écrivait de Guise (alors appelé Réunion-sur-Oise) des lettres touchantes où il lui envoyait le peu d'argent qu'il pouvait réunir. « Je ne dis rien à ta mère, disait le pauvre homme, elle est

[1] *Démocrite*, n° 6 (29 ventôse)
[2] *Démocrite*, n° 6.

faible. Tâche d'être bientôt jugé et que nous mangions ensemble. *Ton papa Magnier va bien,* » ajoutait-il [1]. Meyret, un de ses amis, lui parlait de la misère régnante (20 floréal, an III), lui racontait qu'il lui avait fallu vendre ses effets pour vivre. « *Ils* voient le peuple mourir de faim, le lait des mères tarir, la famine frapper comme une épidémie. *Ils* ne bougent pas. » *Ils*, c'était ces *gouvernants* que Magnier attaquait si bien dans son journal. Toutes ces nouvelles du dehors l'exaltaient sans doute, l'affolaient. Il voyait la réaction envahir jusqu'aux prisons, les prêtres de Notre-Dame des Sept-Douleurs, dont dom Gerle était directeur, et qu'on avait enfermés au Plessis, à Rennes, mis en liberté, les bleus et les blancs festoyant à la Pie, sur le chemin de Clisson, à une lieue de Rennes, à l'occasion du jeudi gras [2]. Le farouche républicain en perdait le sens; il avait déjà souhaité la mort, lors de son premier jugement, alors qu'il faisait ses adieux à la vie sur l'air de *la Soirée orageuse* :

Oh ! pour le coup, c'est tout de bon !
Demain, je monte à l'audience :
Mes amis, écoutera-t-on
La voix de la simple innocence !
Non, car traduire un citoyen
Au tribunal anthropophage,
C'est comme envoyer un Romain
Se faire juger à Carthage.

Ne t'attriste point de ma mort,
O tendre et respectable père,
Surtout, attache-toi d'abord
A consoler ma bonne mère.
Chers parents, n'oubliez jamais
Qu'en tous les instants de ma vie
Plus que moi je vous chérissais
Mais pourtant moins que la patrie [3].

La nouvelle des événements de prairial, de la victoire de Tallien dut augmenter encore son trouble et sa colère. Déjà, quelques mois auparavant, il s'écriait (15 ventôse) : « O mes concitoyens!... que dis-je, concitoyens? Je n'en ai plus, la France est perdue pour jamais ! » — Que devait-il penser et que devait-il

[1] Dossier de Magnier. Archives de l'empire. Trib. révolut. W² 518.

[2] *Démocrite ou Journal de Midi.*

[3] *Démocrite*, n° 13. Magnier dit encore (n° 11) : « Mes amis, je termine aujourd'hui l'agréable fonction de vous amuser et de vous intéresser. C'est demain que le tribunal des honnêtes gens décidera si j'ai été un homme de sang. Je suis comme l'agneau devant les loups. » Il ne devait être jugé, comme on l'a vu, que par le tribunal révolutionnaire de Paris.

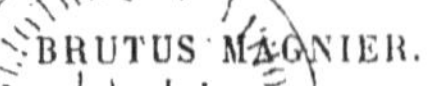

Dans sa prison, il passe, dirait-on, ses journées à écrire. (Page 172.)

dire au lendemain de ces exécutions? Il n'y tint plus, et fou de douleur, il écrivit au Comité de sûreté générale, qu'il appelle *comité de dévastation générale*, une lettre injurieuse, où il se dénonçait comme l'auteur du plan de la dernière insurrection.

Jamais, je crois, on n'a poussé avec une fureur plus insensée le *me, me adsum qui feci.*

« De la prison Porte Marat, à Rennes, le 14 prairial, troisième année de la République française une et indivisible, mais jusqu'à présent problématique.

« *Brutus Magnier ex-président d'une commission militaire révolutionnaire établie près les armées dirigées contre les brigands par les braves montagnards Prieur (de la Marne), Bourbotte et Turreau, à l'infâme comité de dévastation générale :*

« O monstres vomis par les démons du despotisme et de la cruauté, votre triomphe est donc complet aujourd'hui ! C'en est donc fait de la liberté de la patrie ! Eh bien ! sachez que j'ai fait serment de ne pas lui survivre. Je livre donc à votre rage une nouvelle victime. C'est moi. Frappez, frappez, bourreaux ! J'ai le noble orgueil de vous dire qu'il n'est pas un Français qui ait plus justement mérité de tomber sous vos coups que moi, qui ai présenté au comité d'insurrection un plan de réveil du peuple qu'on a suivi de point en point et que j'aurois dirigé si le tribunal contre-révolutionnaire, qui a eu l'impéritie de m'acquitter le 6 ventôse dernier (je dis impéritie, car j'en avois assez fait pour la liberté pour qu'il me sacrifiât), ne m'eût renvoyé pour un objet de dilapidation au tribunal criminel du département d'Ille-et-Vilaine [1]. »

Et il continue sur ce ton insultant, frappant à tort et à travers, donnant des preuves de sa trahison, s'écriant qu'il voulait *renverser le despotisme thermidorien,* qu'il « voulait que les insurgés fissent main basse sur les comités, les missent hors la loi et avec eux les scélérats Fréron, Tallien, Legendre, Barras, Rovère, André Dumont, Thibaudeau, Auguis, Boursault, Chénier, Dubois-Crancé, Sieyès, les deux Merlin et tous les assassins de Robespierre. »

« Jusqu'à mon dernier soupir, dit-il encore, je m'écrierai que les Montagnards étaient les seuls patriotes. Bien plus, je jure de venger la mort de ceux que vous assassinez *en plongeant le poignard de Brutus dans le sein du premier de vous que je rencontrerai, ne fût-ce que dans trente ans.* »

Il « voue à l'exécration la bande usurpatrice et contre-révolutionnaire qui ose encore se nommer la Convention nationale. »

« Puisse cette lettre, dit-il, être pour vous la tête de Méduse ! » Et terminant par un trait de mépris souverain, il ajoute : « Vous pouvez attribuer le droit de m'immoler au tribunal de *Rennes, qui ne demandera pas mieux.* »

Le Comité de salut public dut être passablement surpris de recevoir une semblable missive. Brutus Magnier, qui n'avait été jusqu'ici qu'un homme secondaire, prenait brusquement une importance capitale. « Un nommé *Magnet,* lisons-nous dans la relation des *Premiers Jours de Prairial,* détenu à Rennes

[1] Archives nationales, C. W² 548.

pour fait de dilapidations, auteur de mille assassinats dans une commission révolutionnaire qu'il présidait, vient d'écrire au Comité de sûreté générale « qu'il « est l'auteur du plan d'insurrection, et l'a lui-même adressé au *comité central* « qui existait dans Paris. » Son interrogatoire contient le même aveu. Il refuse absolument d'indiquer les membres de ce comité secret et le lieu où ils s'assemblent; mais il ajoute que le succès des insurgés était infaillible s'ils n'eussent eu la sottise de ne point faire main basse sur les comités du gouvernement, les députés mis hors la loi, les soixante-treize, les scélérats Fréron, Tallien et Sieyès, etc. [1] » La lettre était à peine écrite et envoyée que le directeur de la prison (il en avait pris connaissance) redoublait de sévérité envers Magnier. On l'interrogeait, on le pressait. Grenot adressait à la Convention plusieurs pièces saisies sur Magnier. J'ai trouvé dans le dossier de celui-ci un billet ainsi conçu, et qui répond sans doute à quelques vexations qu'on lui fit aussitôt subir : « Quel est l'homme assez audacieux pour venir m'inquiéter au sujet d'une lettre que j'ai envoyée hier à l'un des comités de gouvernement ? Ne suis-je pas maître de penser, parler et écrire comme je le veux ? » Cependant la lettre arrivait à Paris. Le 25 prairial, Pierret, rapporteur, la lisait à haute voix à la Convention, et proposait de faire traduire « ce furieux » devant la commission militaire. La proposition est décrétée à l'unanimité en ces termes : « La Convention nationale, après avoir entendu le rapport de son comité de sûreté générale, décrète que le nommé Antoine-Louis Bernard Magniez, se disant Brutus, ex-président de la commission militaire établie à la suite des armées de l'ouest et des côtes de Brest, renvoyé devant le tribunal criminel du département d'Ille-et-Vilaine pour cause de dilapidation des deniers publics, sera sur-le-champ amené devant la commission militaire établie à Paris pour le jugement des auteurs, fauteurs et adhérents de l'insurrection du premier jour de ce mois pour y être jugé conformément à la loi [2]. » Boursault, prenant la parole, peignait ensuite « le monstre » dont on venait d'entendre « le style extravagant » comme saisi de « délire sanguinaire », et citait ainsi le billet à Gatelier rapporté plus haut : « Je t'envoie un blanc-signé ; fais-moi passer six gibiers de guillotine, l'affaire est très-pressée. » *L'affaire est très-pressée* est un argument oratoire, un ornement qui ne se trouve pas dans le billet, d'ailleurs inqualifiable, de Brutus Magnier. Boursault ajoutait au surplus qu'il fallait *arrêter le torrent des vengeances particulières*, c'est-à-dire envoyer encore quelques personnes à l'échafaud [3].

[1] *Les Premiers Jours de Prairial*, par l'auteur des Journées des 12 et 13 Germinal, p. 62. (Paris, chez la veuve d'Ant. J. Gorsas, in-8, an III.)

[2] *Réimpression*, n° 268, mardi 16 juin 1795, p. 691. On remarquera que le nom de Magnier y est écrit *Magniez*.

[3] Séance du 25 prairial.

Lors de son premier jugement, Magnier, ai-je dit, était venu à cheval de Rennes à Paris; cette fois il lui fallut faire le chemin à pied. Il s'en plaint assez gaiement dans un pot-pourri sur sa fin prochaine, dont nous reparlerons tout à l'heure :

Je m'en vins de Rennes à pié.
Convenez-en, la chose est dure,
Le Sénat n'avoit pas pensé
De m'accorder une monture.
Voyez, à présent qu'il est prévoyant,
Je vais au supplice en voiture [1].

Amené à Paris, Brutus est enfermé dans la maison d'arrêt des Quatre-Nations. Il prétend, dans une de ses lettres, avoir pu s'évader en chemin et s'être rendu presque seul à son lieu de détention. Son premier acte est d'envoyer à la commission militaire l'incroyable lettre qui suit :

« De la maison d'arrêt des Quatre-Nations, 15 messidor.

« *Brutus Magnier aux égorgeurs de patriotes réunis dans un étal qu'ils appellent aussi Commission militaire.*

« Messieurs,

« Je suis arrivé d'hier, et, tout en rendant justice au zèle que vous employez pour remplir les vœux de vos dignes instituteurs les gouvernants, je vous invite à ne pas m'oublier ; frappez, frappez, bourreaux, je mourrai en criant *Vive la République!*

« L.-P.-Brutus Magnier. »

Dans sa prison, il passe, dirait-on, ses journées à écrire, tant sa correspondance est chargée, tant il noircit de papier, tant il écrit de prose et scande de vers. Il écrit à ses parents, à ses amis, à la commission militaire, aux comités. Il envoie des chansons à ses compagnons, à Rennes, et quand il n'a pas d'encre, il les trace avec son sang. Il se plaint, d'ailleurs, comme toujours. A Rennes, dans son cachot, parce qu'on lui refusait de la paille; à Paris, aux Quatre-Nations, parce *qu'il est enfermé avec un Anglais prévenu d'espionnage* [2]. Le 24 messidor on le met au secret. Cette nature inquiète et remuante souffre,

[1] Dossier de Brutus Magnier. Archives de l'empire. Tribunaux révolut. C. W[2] 548.
[2] Évidemment Nicolas Madjett (voy. ce nom plus bas).
Il fait aussi des chansons ; il met en marge de l'une d'elles (l'original est écrit de son

proteste, et il écrit alors (24 messidor) au dépôt de la commission militaire : « N'y a-t-il pas, citoyens juges, une espèce d'inhumanité à faire précéder mon supplice d'une affreuse agonie? Oui, c'est ce qu'on peut me faire souffrir de plus cuisant que de me priver de communiquer avec mes compagnons d'infortune; je vous conjure, au nom de l'humanité, de lever l'ordre qui me tient au secret. »

Trois jours après, toujours au secret, il écrit encore, cette fois en latin, pour que les *curieux soient joués* ou ne puissent lire :

« Ex carcere Quatuor-Gentium, 27ª die messidorii mensis, anno reipublicæ tertio.

*Brutus Magnier*

*Martialis comitatûs judicibus.*

« Si æquitas et humanitas, quas in Galliâ colere jactitant omnes, cordibus vestris nec sunt ignotæ neque etiam aversæ, quo jure illis uti ergà me recusatis? Nulla debet adhiberi pœna adversùs aliquod societatis membrum, nisi ipsius societatis intereat; atqui generalis utilitatis non offertur ulla causa, ut in secretis remaneam nulla quidem allegari potest : mei quippè sceleris suppositi, alteros

sang) : « Je l'ai faite hier soir, ce qui vous prouvera que les approches d'un dernier jugement ne m'intimident pas beaucoup. » Faut-il citer? L'air est *la Marseillaise* :

Allons enfants de la patrie,
N'est-il pas temps de se lever?
La plus affreuse tyrannie
Vient encor nous persécuter.
Voyez, voyez ce peuple immense
Gémir sous les coups assassins
Des infâmes thermidoriens
Qui veulent asservir la France.
Debout, fiers montagnards ; çà ! défendons nos droits,
Plutôt (*bis*) vingt fois mourir qu'obéir à des rois!

Aux thermidoriens :

Si la montagne libre et fière
Succombe, vous triompherez ;
Mais, certes, vous ne régnerez
Que sur un vaste cimetière.
. . . . . . . . . . . . .

Et encore :

Je rougirais de vous survivre,
O généreux républicains!
Heureusement vos assassins
M'accordent l'honneur de vous suivre.
Bourreaux de mon pays, frappez, je vous attends
Brutus jusqu'à la mort maudira les tyrans.

credere participes absurdum foret. Celeriter me judicetis rogo vos, vel saltem non ampliùs me ab hominibus segregari vobis libeat; sin minùs dicam altâ voce vos omnes esse plus quàm perversorum gubernantium instrumenta cæca.

« L.-B. Brutus Magnier.

« Latinâ scripsi linguâ ut ludantur curiosi [1]. »

Ces dossiers de prisonniers ont, comme toutes choses, leurs côtés douloureux et à la fois leurs coins quasi-comiques. C'est ainsi que, dans les lettres que recevait Magnier, on rencontre des souhaits, des adieux parfois déchirants et aussi des questions bizarres. Un ami qui signe J. (sans doute *Julien*) ajoute à son initiale cette épithète qui rappelle les jours d'autrefois : le farceur : « Va, mon camarade, dit-il, les factions et les factieux disparaîtront, mais les principes resteront. Que dis-je? Ils triompheront. » Et tout aussitôt, en post scriptum : « *Tâche de nous faire passer la romance que tu nous a promise.* » Mais *la sensible commissionnaire* n'était plus là. Un autre dit : « Tu as eu tort de disposer de ta vie en t'accusant par désespoir d'un crime où tu n'as eu nulle part. La mort, la vie d'un homme tel que toi appartiennent à la République entière. » Ce *monstre* était donc aimé. Je pardonne volontiers à ceux qui ont su appuyer leur mémoire sur un amour ou une amitié.

Brutus allait au surplus paraître devant la commission militaire. Il y fut appelé le 3 thermidor. Après les interrogatoires des députés, son dossier est de tout ce long procès le plus intéressant et le plus étonnant. On est surpris de tant d'audace, on se demande comment la terrible commission put se laisser aller à cet accès de clémence devant un homme aussi déterminé et, pour tout dire, aussi menaçant. Je ne crois pas que les tergiversations de Magnier au dernier moment, son écrit : *Mon dernier mot*, aient été pour quelque chose dans cette quasi-mansuétude, je crois plutôt que de son front hautain et de sa parole fière il décontenança, interdit et fit reculer ses juges.

Et tout d'abord il se déclare (audience du 3 thermidor) l'auteur du plan d'insurrection, « mais il ne savait pas, dit-il, à quelle époque devait s'exécuter ce plan [2]. »

[1] Archives nationales, Tribunaux révolutionnaires, C. W[2], 548. Cette traduction est jointe à l'original :

« On ne doit infliger aucune peine à un membre quelconque de la société que dans le cas où l'intérêt de cette même société s'y trouve ; et comme il ne peut y avoir aucune raison d'utilité générale pour que je sois tenu au secret, on ne peut en alléguer aucune pour m'y retenir.

« Je vous écris en latin afin d'éluder la curiosité. »

[2] Cet interrogatoire est emprunté tout au long au dossier de L.-B. Brutus Magnier (Archives nationales, tribunal révolut. C. W[2] 548).

On lui demande si c'est lui qui est l'auteur d'une lettre écrite de la prison de Rennes au Comité de sûreté générale, qui y est nommé Comité de dévastation générale et qui commence par ces mots : *O monstres!* et finit par : *Que j'ai signé de mon sang.*

— Oui, répond fermement Magnier.

— Pourquoi appeliez-vous le Comité *Comité de dévastation?*

— Il est inutile, répond-il, toujours sur le même ton, de parler de vérités dont on ne conviendra pas devant moi.

— Vous ne répondez pas à la question.

— Eh bien ! fait Magnier, si je l'ai intitulé *Comité de dévastation*, c'est que j'ai cru et je crois encore que cette dénomination lui convient beaucoup mieux que celle dont il se pare. Les patriotes incarcérés depuis le 9 thermidor, ceux égorgés depuis la même époque, et notamment depuis le 1er prairial, m'en ont convaincu.

— Qu'entendez-vous par les patriotes incarcérés depuis le 9 thermidor et ceux égorgés depuis la même époque?

— J'entends ceux qui furent victimes de leur zèle à réclamer le maintien d'une Constitution que le peuple a librement et solennellement acceptée le 10 août 1793.

On lui demande de nommer ses complices. Sa réponse est superbe.

— Lorsque j'ai, de mon libre arbitre, consenti à devenir victime de mon attachement à la patrie, pour ne pas survivre à ses généreux défenseurs qui furent assassinés pour l'avoir mis à exécution, il est naturel de croire que je suis déterminé à ne pas faire d'autres victimes. Si les noms de ceux qui ont reçu le plan d'insurrection de mes mains ne sont révélés que par moi, jamais les contemporains ni la postérité n'en auront connaissance.

D. — Où existe le plan d'insurrection?

R. — Il est consigné par morceaux dans un petit journal que je rédigeais dans ma prison pour me désennuyer.

Il était, dit-il, à la maison de justice du Plessis lorsqu'il le dirigeait ; il en a extrait une copie qu'il a envoyée à un patriote bien connu, qui a dû le remettre à un représentant dont il ignore le nom. Quant au nom de son ami, il le taira.

D. — Le représentant est-il de ceux qui ont été frappés par la loi depuis le 1er prairial [1] ?

R. — Je jure que je l'ignore.

Un peu après, il déclare que son plan était d'abord un plan d'*insurrection paci-*

[1] Sur la minute de l'interrogatoire, les mots *par la loi* ont été ajoutés entre *frappés* et *depuis*.

*fique*, et que, s'il est sorti de son premier sentiment, c'est qu'il a vu l'audace des gouvernants augmenter chaque jour. « Il a cru que la mort des gouvernants était nécessaire pour la consolidation de la liberté. »

Il prononce souvent le mot de patriotes. A quoi le président réplique par une question : « Qu'entendez-vous par patriote?

R. — Ceux qui ont été signalés sous le nom de terroristes et de buveurs de sang par des cannibales qui méritent plus justement ce titre.

Il ne cache point ses sentiments, et répète encore que la mort de quelques représentants était nécessaire. Alors « les sans-culottes auraient été les maîtres. »

D. — Quels sont ceux de ces mêmes représentants qui auraient été, d'après vous, les véritables sans-culottes?

R. — Ma précédente réponse est trop claire pour que j'y ajoute rien, d'autant plus que si je faisais la moindre dénomination, j'ouvrirais un vaste champ à la proscription.

On avait trouvé dans ses papiers une lettre où l'on citait ce vers de Voltaire :

Le bien public est né de l'excès de ses crimes.

— Approuvez-vous cette maxime? lui demande le président.

— *Très-fort!* répond vertement Magnier.

« A lui observé, dit le procès-verbal de l'interrogatoire, que dans sa lettre au Comité de sûreté générale il paroît regretter Robespierre.

« A répondu qu'il a cru Robespierre coupable, puisque l'unanimité de la Convention l'avoit condamné, mais qu'il croit avoir été dans l'erreur, puisque les Fréron, les Tallien, les Dubois-Crancé, et tant d'autres qu'il poursuivoit, justifient aujourd'hui, par leur conduite contre-révolutionnaire, qu'il avoit raison de le faire. Ajoutant qu'on ne lui persuadera pas que Robespierre étoit le moteur des prétendus assassinats juridiques que l'on commettoit dans toute la France, car il n'étoit que la sept-centième partie de la Convention [1]. »

D. — Si Robespierre n'était pas le chef, quel était donc l'auteur de la tyrannie de dix-huit mois?

R. — S'il y a eu tyrannie, la Convention entière était coupable.

Enfin arrive la question capitale :

Que serait-il advenu si son plan d'insurrection eût réussi?

Il est persuadé, répond-il, que la France eût été heureuse, dès l'instant que la constitution de 1793 lui eût été rendue, que le peuple aurait eu du pain, car les agioteurs, qu'on aurait alors poursuivis et qui conservent plus de grains qu'il

[1] Archives nationales, tribun. révolut. C. $W^2$ 548.

DÉPÔT LÉGAL 23 1874



BIBLIOTHÈQUE NATIONALE

Brutus allait au surplus paraître devant la Commission militaire. (Page 174.)

n'en faut pour nourrir la France d'ici à l'achèvement de la moisson, eussent été obligés de dégorger; que, quant à lui, il ne se serait pas plus rangé du parti de tels ou tels hommes qu'il ne l'a fait depuis le commencement de la révolution; que la voix des principes démocratiques eût été la sienne, et qu'il aurait cherché une heureuse obscurité, refusant jusqu'à la moindre place, pour ne pas être accusé d'avoir travaillé pour son compte.

D. — Persistez-vous dans vos opinions, et à l'occasion recommenceriez-vous?

R. — *De tout mon cœur. Il est aussi impossible de faire de moi l'ami du gouvernement actuel que de républicaniser le roi de Prusse.*

— Plaise au ciel, ajoute-t-il, que mes principes soient erronés! J'ai fait le sacrifice de ma vie, je fais encore celui de ma réputation, qui m'est bien plus chère, pourvu que ma patrie soit libre et heureuse!

Toutes ces réponses, faites d'une voix vibrante, devaient singulièrement surprendre les membres de la commission, habitués à des rebelles qui reniaient leur rébellion. Aussi bien, le président, au lieu de couper court à l'interrogatoire de Magnier, revient-il à lui, essaye-t-il de le ramener, de le convaincre; il lui tend, pour ainsi dire, des planches de salut :

— Approuvez-vous le massacre de Féraud? lui demande-t-il.

— J'en suis indigné.

— Auriez-vous pris part à l'affaire de prairial?

C'est là la grosse question. Magnier répond que non, peut-être, le plan suivi n'étant pas absolument le sien.

Cet homme évidemment intéressait ses juges. D'ailleurs, il faut tout dire, Brutus Magnier était soldat. Qui sait si quelqu'un des membres de la commission ne l'avait pas vu combattre à Jemmapes? Puis il y a dans l'armée je ne sais quelle franc-maçonnerie indissoluble, quelle solidarité ferme, qui fera toujours que l'uniforme gardera son prestige et que le soldat hésitera à condamner le soldat. Nous avons vu pareil fait se produire lors du jugement des gendarmes. Encore ne faisaient-ils pas, comme Magnier, partie de l'armée régulière. — Le président de la commission militaire de prairial, en dépit de tout, traite l'ex-président de la commission militaire des armées de l'Ouest en collègue. Il le sauverait peut-être, s'il le pouvait, quelle que soit la sévérité de son mot d'ordre. L'interrogatoire du seul Magnier dure plus que celui de trois députés.

— Pourquoi tenez-vous pour la Montagne? demande le président, espérant peut-être une rétractation.

— Ce n'est pas tels et tels, répond Magnier, que je regarde comme Montagnards, mais tous les hommes qui marchent dans le sentier de la république démocratique.

Il a parlé d'insurrection pacifique.

D. — Comment allier ces termes : *Insurrection* et *pacifique*?

R. — Je ne veux pas jouer sur les mots : c'est une erreur grammaticale. Mais j'ai voulu parler du mouvement majestueux d'un peuple qui dit à ses mandataires : Faites cela, parce que je le veux.

La phrase, d'ailleurs, est vraiment belle. A la fin, Magnier déclare qu'après tout « il ne veut la mort des représentants que parce qu'il les croit monarchistes, ou tout au moins aristocrates, et que, s'il s'est trompé, il verra avec plaisir tomber sa tête en expiation d'une erreur. » C'est son dernier mot. Il se retire. Tout est dit.

Le tribunal avait encore à rendre son jugement. Son opinion était faite. Au dernier moment, soit que des lettres nouvelles, comme celles qu'il recevait chaque jour et où ses amis lui reprochaient les accusations fausses, disaient-ils, qu'il portait sur lui-même, aient influé sur ses décisions, soit qu'à deux pas de l'échafaud sa jeunesse et sa fébrile impatience lui aient inspiré le désir de vivre, non pour vivre sans doute, mais pour agir, Brutus fit un pas en arrière, et, sans rétracter un seul mot de son énergique profession de foi, il déclara qu'il n'était point le fauteur de l'insurrection. On le vit, au début de l'audience du 24 messidor, déposer sur le bureau de la commission militaire un manuscrit, tracé en hâte dans sa prison, et qu'il avait intitulé : *Mon dernier mot.*

« Eh quoi ! s'écrie-t-il dès le début, un cruel devoir m'oblige de venir ici deffendre une vie qui m'est odieuse ! » Mais il la défend. De généreux patriotes ont, paraît-il, « employé la voix de la douce persuasion pour suspendre son désespoir ». Il l'écoute, cette voix, et comme il s'écriait tout à l'heure : Je suis le coupable, il déclare bien haut maintenant que *jamais son cœur ne commit le crime.* Singulier revirement dans cette tête exaltée ! Il prouve, avec tous les arguments de la logique, qu'il n'a point participé à l'insurrection ; il leur démontre clairement que ses prétendus aveux étaient des mensonges. Le fameux plan de révolte, publié dans le *Démocrite*, n'est jamais sorti de sa main. Il l'a, d'ailleurs, rédigé à la fin de pluviôse, et on ne saurait lui en faire un crime. « Comme l'opinion est une propriété inaliénable, j'espère qu'on ne me fera pas un crime de n'avoir pas vu les choses avec d'autres yeux que les miens. » Bref, écrit-il avec assurance : « Je ne suis point l'auteur du plan de l'insurrection des premiers jours de prairial. Et quand je le serois, il est impossible de m'en convaincre [1]. »

Il faut le voir alors disputant le terrain pied à pied, protestant de son innocence avec la même fermeté qu'il mettait, la veille, à proclamer sa complicité. C'était hier un accusé qui réclame fièrement la peine dont on le menace, marchant, pour ainsi dire, au-devant de la mort ; c'est aujourd'hui un avocat qui discute un acte d'accusation et en défait patiemment la trame fil par fil. Et d'abord l'*alibi :* « J'étois absent de Paris depuis deux mois et demi ; j'étois occupé, à cent lieues d'ici, d'un second jugement ; je n'avois de correspondance à Paris avec personne. » On lui objectera que la marche de l'insurrection de prairial est à peu près la même que celle qu'il a indiquée. « Eh bien ! cela me fait voir que je n'étois pas seul de mon avis. — Au reste, ajoute-t-il bien vite,

[1] *Mon dernier mot*, par Brutus Magnier. (Archives nationales, C. W[2] 548.)

l'insurrection n'a d'autre deffaut que celui de n'avoir pas réussi, car si elle eût été couronnée de succès, vous eussiez vu les adresses de félicitations pleuvoir : et qui sont ceux qui les auroient envoyées? Ceux mêmes qui en rédigent aujourd'hui en sens contraire [1]. »

Brutus Magnier, on le voit, tout en faisant ce surprenant pas en arrière, garde pourtant devant ses juges son audacieuse attitude. Il menaçait en s'accusant. En se défendant, il menace encore. « On n'écoute pas, dit-il, celui qui veut périr. *Nemo auditur perire volens.* Et quel est mon dénonciateur? C'est moi! Et parce que, dans son désespoir, un homme a levé sur lui-même une main homicide, vous est-il permis de diriger son poignard? » Il désavoue sa lettre au Comité de sûreté générale, lettre de rage, sans fondement, sans raison. Mais ce n'est point pour demander grâce. Il sait bien qu'on s'empressera d'exécuter « le décret d'accusation de la Convention, qui, aux yeux d'*un tribunal de circonstance,* est toujours *un ordre de condamnation.* » Il le répète : selon la Convention, « un homme qui se dit Montagnard est aussi coupable que celui qui ne l'était pas l'année dernière. » Et même en désavouant sa lettre au Comité, il le raille, il le combat encore s'il ne l'injurie plus.

« Le Comité de sûreté générale n'est guère généreux, ni même délicat. Je lui écris une lettre d'invectives, et, au lieu de me citer au tribunal de l'avenir pour voir dire que toutes mes assertions étoient fausses, il exerce sur moi une basse vengeance; je vais lui rappeler un trait de Cromwell (soit dit sans comparaison, quoique, mis à part le génie, il n'y a peut-être pas loin de Cromwell à certains gouvernants). Ce trait rappellera au Comité de sûreté générale, par un *a fortiori* péremptoire, combien il a été peu délicat à mon égard. Une fille courageuse, emportée par le fanatisme de la royauté et se dévouant à la mort, tira un coup de pistolet sur Cromwell qui passoit devant sa fenêtre. Le tyran, échappé à ce danger, se retourna vers la fenêtre, et, voyant son assassin le regarder d'un air fier, il dit froidement : « Qu'on l'enferme, *c'est une folle!* » Eh bien! ce cruel tyran, ce scélérat usurpateur ne trouve pas dans les gens qui se disent apôtres de la liberté des imitateurs d'un trait de générosité si caractérisé [2].

« Si encore, ajoute-t-il, j'étois un homme sans caractère, ayant été successivement royaliste, neckeriste, fayetiste, girondin, maratiste, robespierriste, modéré, thermidorien, terroriste, suivant sans cesse le vent, on pourrait arguer que mes intentions ne sont pas pures; mais j'ai toujours été mon chemin droit. » Au surplus, il ne se contente pas de se défendre, il affirme aussi ses principes, il attaque dans ce dernier écrit les mêmes hommes qu'il a si fort malmenés dans

[1] *Mon dernier mot.*

[2] *Mon dernier mot,* par Brutus Magnier. Et ne dirait-on pas encore une fois un extrait des écrits de Camille Desmoulins?

son journal et dans ses travaux précédents; mais, entre tous, Boursault, « l'histrion Boursault », celui qui l'appelait *un monstre* du haut de la tribune, et qu'il accuse, en toutes lettres, d'avoir encouragé les brigands de la Vendée, et d'avoir mérité, lui, représentant du peuple, le titre de *père des chouans*. Il appelle *une perfidie* la rentrée des *soixante-treize* et des députés mis hors la loi; il flétrit les déserteurs du parti qu'il a servi, il les brave. « Vous m'envoyez à la boucherie, cruels! Eh bien, vous êtes plus à plaindre que moi! Mon supplice n'est que d'une minute. Vos remords, si vous en êtes susceptibles, seront éternels! » Puis, avec une raison nette et sûre qu'on ne s'attendait pas à rencontrer à côté d'une imagination aussi fougueuse, il résume froidement la situation politique et juge, en quelques lignes, les thermidoriens comme les jugera l'histoire.

« Si, jusqu'au 9 thermidor, quelques factieux ont conduit le char de la révolution dans des routes obliques, faut-il pour cela le faire rétrograder? Et s'il faut un peu revenir sur ses pas, faut-il que le soin de cette rétrogradation soit confié à ces mêmes hommes qui sont la cause qu'on a besoin d'y avoir recours? »

Brutus était prêt à la mort, et ces hésitations ne peuvent en aucune façon nous faire douter de son courage. Il avait rimé, à Paris comme à Rennes, sa chanson de guillotine, semblable à ces sauvages attachés au poteau et qui, — bravade dernière, — entonnent l'hymne de l'agonie. Cela s'appelle ironiquement *Pot pourri joyeux sur mes derniers instants*. Au bas, l'auteur a mis en note: « Puissiez-vous, citoyens, démêler dans ce mélange pittoresque de gaieté et de philosophique résignation le vrai caractère et les intentions patriotiques de L. B. Brutus Magnier. »

*Air des* PORTS A LA MODE.

Demain, Sanson, d'un air benet,
Me dira : « Faut que je te tonde ;
Tu pourras, l'ami, s'il te plaît,
Terroriser dans l'autre monde. »

*Air :* BONSOIR LA COMPAGNIE.

Je suis d'autant mieux consolé
Que je me vois sacrifié
Pour ma chère patrie.
Voilà la planche qui m'attend,
Je vais m'y présenter gaiement;
Plus de tourment, plus d'agrément
Bonsoir la compagnie !

*Bonsoir la compagnie,* c'est pour la foule. Mais ce jeune homme de vingt-quatre ans a des parents, des amis, le « papa Magnier, » qu'on n'oublie pas; son cadet fourrier au 16e régiment de ligne, en garnison à Angers; ses camarades Julien, Varlet, Germain, qui avaient, comme lui, *toujours le mot pour rire,* et jusqu'à Julie (quelle Julie?) qu'il aima et qui fut *cruelle.* Il ne partira pas sans leur envoyer le salut d'adieu; et, après les fanfaronnades du couplet, il écrit, attendri cette fois, le billet qu'on trouvera sur lui, pense-t-il, après sa mort :

« J'ai dit que le royalisme triomphoit en France, que c'étoit pour l'inaugurer au premier jour qu'on abolissoit la Constitution démocratique (à laquelle je reste fidèle et que je porte sur mon cœur), pour lui en substituer une qui ne donnoit le droit de cité qu'aux riches, afin que ceux-ci pussent rétablir le thrône. J'ai dit encore bien d'autres vérités, et voilà ce qui a excité la colère du gouvernement contre moi.

.... Je bénirois le sort
Si ce courroux alloit jusqu'à vouloir ma mort.
Hélas! tu n'en serois dans l'ennui qui m'accable
Ni guères plus cruel, ni guères plus coupable.

« Adieu mes bons amis, adieu ma bonne mère, adieu ma Julie, adieu trop cruelle amante, adieu tous mes parents, adieu Français, je meurs digne de vous. Puisse ma mort vous être utile, et surtout puisse mon sang désaltérer vos cruels assassins.

« Celui qui va trouver ces papiers sur moi devroit bien les faire passer secrètement à mes anciens camarades du Plessis; s'il s'y prend prudemment, j'aime à croire qu'ils le récompenseront.

« Je quitte la vie.

« Et je pardonne à tous ceux qui ont pu, voulu *ou paru me faire du mal,* pourvu qu'ils soient républicains.

« L.-B Brutus Magnier. [1] »

Le dernier trait est touchant, et, ce me semble, éclaire bien cette physionomie inquiète, agitée, tourmentée. Après avoir beaucoup maudit, son dernier mot, en fin de compte, est le pardon. Pourvu que la main qui blesse soit républicaine, il oublie les blessures. La politique aussi, lorsqu'elle est la foi, a de ces évangélismes sublimes. D'ailleurs, ce terroriste farouche traçait sur ses papiers, au revers des lettres à ses amis : « Voilà mes adieux : la Patrie, la Liberté ! Vive la République française, une, indivisible et démocratique! A bas les rois, et tous les tyrans,

[1] Archives nationales, C. W² 586.

quels qu'ils soient. Liberté, Égalité, Amitié ! » C'était sa devise, un peu longue, mais passionnément pratiquée. Dans sa prison, il traçait sur les murs, avec son couteau ou ses ongles, ces vers de Voltaire :

> Amitié, don du ciel, trésor des grandes âmes,
> Amitié, que les rois, ces superbes ingrats,
> Sont assez malheureux pour ne connaître pas !

Il aimait, et toutes ses colères, il faut bien le dire, cette fureur avec laquelle il traquait, poursuivait, condamnait les chouans, étaient doublées d'amour. Amour de la patrie, dévouement farouche à sa cause, âpre attachement à des principes embrassés avec enthousiasme, ces sentiments sublimes étaient en lui *sublimés*, et bouillonnaient, brûlaient comme la lave. Folie patriotique, fièvre, congestion, qu'importe ! Il aimait la République comme on aime une maîtresse [1]. Elle morte, il voulait pour ainsi dire le suicide, et, terminant cet écrit : *Mon dernier mot*, il disait à ses juges :

« Jugez-moi, j'attends avec calme votre décision ; si je trouve la mort pour prix de ma franchise, j'aurai le double agrément d'être délivré d'une vie onéreuse et d'être vengé par l'impartiale postérité.

« Si l'on m'exile, je n'irai pas, comme Coriolan, chercher les ennemis pour dévaster ma patrie ; au contraire, je la servirai par mes vœux [2].

« Enfin, si, ce que je n'attends pas, il m'est encore permis d'aller au poste de l'honneur, je prouverai que j'en ai toujours été digne. »

« Attendu qu'il est constant que Louis-Bernard, dit Brutus, Magnier, a rédigé le plan d'insurrection ; que le travail publié dans *le Démocrite* offre des analogies frappantes avec le plan lu à la tribune de la Convention », la commission militaire condamna ledit Magnier à la déportation. Il partit et resta à Sinnamary jusqu'au décret d'*amnistie*, les yeux tournés du côté de la France, comme tous ces proscrits rejetés par la patrie, semblables à une cargaison dangereuse qu'on envoie, par-dessus bord, à la mer. Mieux valait pour lui être emmené à Cayenne, que traîné, comme tant d'autres déportés, de prisons en prisons, où là encore il se fût écrié : « Je ronge mes fers ! » A Cayenne, l'incorrigible trouva le moyen encore de révolutionner quelqu'un ; il mit le feu aux cervelles de ses compagnons de captivité. On le retrouve signant des pro-

[1] O ma maîtresse, ô liberté !
BRUTUS MAGNIER, *chanson*.

[2] Encore un ressouvenir de Camille Desmoulins. L'auteur des *Révolutions de France et de Brabant* s'écrie en quittant Paris, après l'affaire du Champ de Mars : « Je me suis éloigné de cette ville comme Camille, mon patron, s'exila d'une ingrate patrie en lui souhaitant toute sorte de prospérité. » N° 86 et dernier, p. 30.

cès-verbaux contre le capitaine Malvin, qui gouverne l'île, et se rebellant contre toute autorité. Tête indomptable! « Toutes les plaintes, dit Ange Pitou, étaient signées Brutus Magnier [1]. » Puis on le perd de vue, il s'efface. Près de trois ans plus tard, en germinal an VI, on retrouve son nom au *Moniteur*. Une lettre du ministre de la guerre Schérer informe le citoyen Lagarde, secrétaire général du Directoire, que le citoyen Magnier, surnommé Brutus, n'est porté sur aucun contrôle d'officiers de chasseurs, soit en pied, soit à la suite. Magnier n'avait pas renoncé sans doute à porter le sabre. C'était, encore une fois, sa vocation. Soldat réformé, officier sans solde, il s'occupait d'ailleurs de politique, et toujours avec passion. Électeur du département de la Seine, on le voit demander au Conseil des Cinq-Cents, dans la séance du 25 germinal an VI (22 avril 1798), une prorogation de temps pour les opérations de l'assemblée électorale. C'est tout. Son rôle finit là. La tempête qui emporta la république, qui déracina facilement et ballotta comme autant d'épaves les acteurs, eut sans peine raison de ce comparse. Brutus Magnier rentra dans l'ombre; peut-être, lui, qui rêvait aussi la mort devant l'ennemi, fut-il tué obscurément au coin de quelque rue dans les guerres civiles, couché sur le pavé, non sur le champ de bataille; peut-être encore désillusionné et sa chimère morte, retourna-t-il à ses laitues de Guise, révolutionnaire laboureur, contant aux paysans picards les coups de fusil de la Vendée et les coups de hache de Paris.

Certes, il y avait des facultés évidentes dans cet homme, une énergie singulière, un tempérament de premier ordre. Tout cela inutile. Les volontés et les hardiesses allaient s'effacer bientôt devant l'obéissance passive, et l'on n'entendra plus le cri du soldat de Jemmapes pendant que retentiront les coups de canon de l'empire. Pour retrouver ces figures oubliées, — et qui pouvaient marquer leur place au premier rang peut-être, — il faut descendre dans les cartons, les papiers, les archives d'un temps et dans les limbes de l'histoire.

C'est ce que viens de faire. Qui connaissait Brutus Magnier? Et pourtant il valait d'être étudié, ne fût-ce qu'en passant, ce Camille Desmoulins en gros sous, ce fanatique, cet halluciné qui portait en sa tête de la substance cérébrale de héros.

Mais il est temps de parler de vrais grands hommes.

[1] *Voyage à Cayenne*, par Louis-Ange Pitou (tome II, p. 173).

DÉPÔT LÉGAL
21
BIBLIOTHÈQUE NATIONALE
R.F.

Dans cette même salle, moins d'un an auparavant... (Page 185.)

## CHAPITRE VII

### LE MARTYRE

Nous avons vu les députés arrêtés ou plutôt enlevés dans la nuit du 1er au 2 prairial. On les mena sur-le-champ au Comité de sûreté générale. Il était trois heures du matin. Dans cette même salle, moins d'un an auparavant, Robespierre avait été apporté sanglant, jeté sur une table et insulté. Pendant qu'on apprêtait les voitures en toute hâte, ils écrivirent à leurs femmes, à leurs amis. On ne leur laissait pas le temps d'embrasser leurs enfants. « Ma chère bien aimée, dit Goujon à sa femme, je suis arrêté et dans ce moment au comité de sûreté. Je suis innocent. Si je pouvais périr pour ma patrie, sois calme et paisible. Nous partons, mon amie, on dit que les voitures sont prêtes ; je ne sais pour quel endroit. Adieu, embrasse notre enfant, élève-le dans mon souvenir. Ma mère, je te salue et je t'embrasse [1]. » Romme, toujours ferme, traçait, avec son énergique tranquillité d'âme, ce billet, qu'il envoyait à sa femme, alors enceinte :

« 2 prairial, entre trois et quatre heures du matin,
du Comité de sûreté générale.

« Ma chère amie, un décret d'arrestation vient d'être rendu contre moi par la Convention nationale. Je te conjure au nom de la patrie que tu aimes, au nom de l'égalité que j'ai appris à chérir avec toi, au nom de l'enfant que tu portes dans ton sein, de ne pas te livrer à l'inquiétude. Souviens-toi dans tous les instants que tu te dois à ton enfant, et que, quoi qu'il arrive à celui qui avait attaché ses destinées aux tiennes, cet enfant reçoive de toi les principes de la plus pure morale et du républicanisme le plus franc. »

Il essayait de rassurer la pauvre femme, mais il savait déjà qu'il marchait à la mort. Les chevaux étaient attelés ; on ne leur laisse le temps d'emporter ni argent ni linge pour leur usage. La Convention est pressée, et la présence des Montagnards à Paris est dangereuse. Tallien l'a dit, il ne faut pas que le soleil les retrouve ici. Ils partent. C'était des chariots couverts qui les emmenaient, de misérables chariots sans siége, sans paille même pour adoucir un peu la dureté de la voiture [2]. Le jour venait ; ils sortent sous bonne escorte de cette ville où ils laissaient leur âme, quelques-uns la chair de leur chair. Quelles pensées les devaient agiter ! Goujon songeait sans doute à cette mère excellente qu'il ne reverrait peut-être plus, à sa femme allaitant son premier enfant, à ses frères, plus jeunes, à Tissot, son ami. Bourbotte avait deux enfants, dont l'un d'adoption, le pauvre petit chouan ramassé par lui sur un champ de bataille de la Vendée, sauvé et recueilli, grandissait, élevé par le Montagnard comme si l'enfant eût été de sa famille. Ces hommes de fer avaient un cœur. Soubrani pensait à sa vieille mère demeurée à Riom. Romme revoyait la sienne, la femme fortement trempée qui lui avait donné son énergie physique et sa robuste foi dans la justice, restée là-bas, elle, dans ses montagnes, mère des Gracques campagnarde, contemplant de loin son fils et le suivant des yeux dans la lutte.

[1] Publiée par Tissot.
[2] Tissot.

Sans doute encore ils se demandaient où ils allaient. Nul ne le savait. Le convoi prenait la route de l'ouest, il gagnait l'Océan, la route de l'exil, le dur chemin de Cayenne, celui qu'allaient suivre Collot et Billaud, et tant d'autres après eux, pour rencontrer là-bas la *guillotine sèche*. Mais quelle longue et funèbre route hérissée de dangers! Je ne sais quoi d'inconnu planait sur ce convoi funèbre. Arriveraient-ils sains et saufs au lieu de déportation? Pourraient-ils avoir devant eux un temps suffisant pour se défendre devant cette postérité qui était leur juge? Ne seraient-ils pas assassinés en chemin par ces bandes de royalistes qui tenaient les grandes routes et pillaient au nom du droit divin? C'était là l'anxiété.

Bourbotte, d'ailleurs, toujours gai, riant de tout malgré les dieux, retrouvant en face du danger sa verve gaillarde et son alacrité éloquente, gagna l'escorte, la convertit à la pitié par la plaisanterie, s'imposa par ces saillies brusques et mâles qui conquièrent le soldat. Un des gendarmes se chargea de porter de leurs nouvelles à leurs familles. Romme, dans une de ses lettres, parle des égards qu'avaient les officiers pour leurs prisonniers. « Ils tâchaient d'adoucir les désagréments de notre position parce qu'ils avaient appris à connaître notre loyauté. » On ne peut douter qu'ils n'aient plus d'une fois, pendant le trajet, trouvé l'occasion de fuir. Ils ne le voulurent pas : c'eût été la désertion.

Les députés apprirent à Dreux qu'on les conduisait au château du Taureau.

« On les fit passer, dit Tissot, dans des pays infestés de chouans, et dans la route rien ne fut négligé pour qu'ils fussent assassinés. Ils en coururent plusieurs fois le risque. » Dans le département de la Manche, une population ignorante des choses, rendue cruelle par la terreur des *terroristes*, voulut les mettre en pièces. Peut-être avait-on compté que le hasard du chemin délivrerait la Convention de ces captifs un peu gênants. L'escorte les protégea, et ce furent les gendarmes qui défendirent les prisonniers. A chaque point d'arrêt, à chaque relai, ils écrivaient, envoyaient de leurs nouvelles, consolaient ou réclamaient. « Soyez calmes et tranquilles », disait Goujon. Au fond de toutes leurs lettres touchantes, l'idée du sacrifice inévitable est déjà bien ancrée, et pourtant ils osent encore demander, réclamer, ils osent espérer justice. *Justice*, c'est leur cri, c'est l'appel constant adressé à la Convention, à leurs amis. Ils ne veulent pas qu'on fasse une démarche pour eux : leur cause est bonne. Ils ne doutent pas qu'on ne les entende et qu'on n'y réponde. Dure réponse!

Cette réponse fut la commission militaire.

Leur défense était déjà contenue toute entière dans ces lettres écrites au hasard des relais et confiées à de « braves gens, » comme les appelle Bourbotte. Comment n'être pas touché, n'être point convaincu de la pureté de conscience et des patriotiques intentions de ces fiers Montagnards, qu'on surprend ainsi dans le doux épanchement des confidences et des derniers adieux. Dans cet écroulement soudain de leur fortuue et de la république, tous conservent, selon l'expression de Goujon, la sérénité dans leur âme. Il ne leur manque qu'une chose, c'est « d'avoir quelque connaissance de la position de ceux qu'ils ont laissés. » Mais ils attendront, ils se résignent. « Mes amis, écrit Goujon, levez-vous courageusement contre la mauvaise fortune, elle intimide et flétrit les cœurs lâches ou coupables, mais elle élève l'âme de celui qui souffre pour la justice et la vérité. » « Montre-toi en toute occasion, dit Romme à sa femme, franche républicaine soumise à l'autorité de la loi. » « Je ne crains pas la mort, » s'écrie Bourbotte. Puis, à côté de ces exhortations sublimes les conseils touchants et pratiques, comme si cette correspondance unique de victimes sur le chemin de l'échafaud devait montrer de façon éclatante toutes les vertus privées unies à la vertu publique. « Vivez en paix et en bonne union, dit Goujon à tous les siens, vous savez que c'est la plus douce joie que vous puissiez donner à mon âme. » Entre Falaise et Caen, à Langamerie, il donne des conseils à sa femme pour l'éducation de son fils : « Prends soin de toujours le laver exactement à l'eau froide. Prends garde que ton lait ne s'altère. » « Sois tranquille sur ma position, dit Romme à sa femme, pense à l'enfant que tu portes dans ton sein, et que le chagrin auquel tu te livrerais peut empêcher de venir à bien. Tu me donneras de tes nouvelles aussitôt que tu en auras l'occasion. Aujourd'hui je te prie de me préparer un envoi de linge, chemises. En livres, je désirerais les œuvres de Jean-Jacques Rousseau, le volume de mes rapports, un exemplaire de l'*Annuaire du cultivateur;* tu y joindras ma petite écritoire de poche. N'oublie pas d'écrire à ma pauvre mère... » Plus loin il revient sur cette recommandation. C'était un culte, un amour sans égal qu'il vouait à sa mère. « Je t'ai demandé d'écrire à ma mère, je te recommande toujours ce devoir sacré. » Et il ajoute : « Tu me manderas si tu peux continuer les secours que nous distribuons les décadis; je serais fâché d'être forcé de les suspendre. » Pauvres, ils trouvaient moyen de venir en aide à de plus pauvres qu'eux.

Bourbotte, pour sa seule justification, écrivait à un ami qu'on imprimât un récit de la conduite qu'il avait tenue pendant la journée du 1er prairial ainsi que ses registres de correspondance comme représentant. On verrait bien de la sorte s'il avait jamais conspiré. Il invoquait le témoignage de tous ses amis et l'opinion des armées de l'ouest et de la Moselle, dont il avait partagé les fatigues et les dangers. Certain de rencontrer la mort au bout du voyage, il ajoutait : « Prends ma défense. Je suis sacrifié; je m'attends à périr, mais je mourrai avec la fierté républicaine. » Il croit pourtant, le malheureux, avoir dans ces registres, dans sa correspondance, dans ses différents actes imprimés « un rempart contre tout espèce d'accusation. Ces différentes pièces renferment, tu le sais, la preuve d'un travail immense qu'on ignore et dont je n'ai jamais voulu parler par pudeur et par modestie. Eh bien ! dis à chacun d'aller puiser dans ce recueil... » Bourbotte ignore donc que passé même, qui le défend, parlera au contraire contre lui, viendra le condamner devant ses juges. C'est ce passé dont il se fait gloire qui le tue. Ce sont ces registres qui le font coupable aux yeux des triomphateurs thermidoriens. Il oublie d'ailleurs bientôt, dans ses lettres, son salut et sa défense pour songer à *son petit Scœvola, à son cher enfant.* « Je ne sais si j'aurai le bonheur de le revoir encore. » Il n'oublie pas l'autre orphelin, Savenay, le petit Vendéen. Et, par un délicat sentiment d'amitié : « Fais rester chez moi mes deux enfants, dit-il, habite toi-même ma maison, mets ordre à tout, prends soin de mes papiers, dont la conservation est si utile à ma mémoire. » Enfin, pour être maître de sa vie et l'arracher, le moment venu, à ses bourreaux, il demande *surtout le petit meuble oriental,* ce poignard qu'il portait toujours du côté du cœur quand il était aux armées[1], ou, *en place, ce qui peut lui rendre le même service.*

L'idée qu'ils allaient mourir ne les quittait pas. Ils ne songeaient pas à se sauver, mais seulement à se défendre, et encore aux yeux de l'avenir. Bourbotte avait chargé un des gendarmes de l'escorte, sans doute celui dont il disait à son ami : « Questionne beaucoup le gendarme qui t'apportera ce billet, c'est un excellent homme », de remettre une lettre à la Convention.

Romme ne demandait, sans doute, ses rapports, que pour travailler à sa plaidoirie. Soubrani, lui, pendant la route, rassemblait le mémoire des différentes dettes qu'il avait laissées à Paris. Il voulait partir les mains nettes.

On traversait en ce moment le département de l'Eure, on touchait à Bernay. C'était le pays de Duroy. Il y avait beaucoup d'amis; on savait là qu'il approchait. Tous les moyens d'évasion lui furent offerts. Duroy n'en profita pas et, dit Tissot, s'arracha courageusement des bras de sa jeune épouse en larmes. Après huit jours d'une route écrasante, le 9 prairial, les députés arrivaient à Morlaix. Il était huit heures du soir. Cette nuit même, à deux heures du matin, jetés dans une barque, on les transporta à trois lieues en mer dans ce château fort du Taureau, le bout du monde pour eux, un rocher, des murailles froides, point de nouvelles de Paris. Dans ces cachots les heures étaient lourdes. Qu'y avait-il pour eux derrière la prison ? Que faisait Paris? Que devenait la république? Ils se voyaient condamnés à l'inaction, ils se croyaient, — pour longtemps, sans doute, — enfermés au château du Taureau comme l'étaient au château de Ham les vaincus de germinal. Peut-être leurs amis, qui s'agitaient à Paris, qui faisaient paraître des écrits en leur faveur, réclamaient pour eux les principes

[1] Tissot.

sacrés de la justice et l'exécution des lois indignement violées, peut-être le peuple avait-il réclamé contre cette arrestation, protesté contre l'arbitraire, peut-être les défenseurs des Montagnards tombés auraient-ils le temps de convaincre la Convention et de la désarmer... C'étaient de vagues lueurs d'espoir, et qui duraient peu. Les prisonniers savaient bien que leur arrêt était d'avance prononcé. Les journaux dépareillés qu'ils avaient pu lire pendant le voyage, tous gonflés de venin réactionnaire, les avaient convaincus déjà, et Goujon, « le seul homme de la Révolution, dit Tissot, à qui il a été donné de chanter sa mort et ses malheurs, » composa l'hymne suprême des condamnés de prairial. L'air manquait, mais l'hymne vendu plus tard *chez tous les marchands de nouveautés,* devint un moment populaire. Il y a, dans ces lugubres couplets, une fermeté grande ; le saint amour de la patrie, l'amer désespoir du républicain vaincu, l'inébranlable foi dans la justice et la liberté, la confiance dans l'avenir passent dans les vers de Goujon comme autant de bouffées vivifiantes. La résolution d'une mort hautaine, le consentement au sacrifice, le mâle et fier mépris de toute tyrannie leur donnent comme une allure de marbre, une sonorité d'airain.

Dieu protecteur de la justice,
C'est nous qui sommes dans les fers !
C'est nous que des hommes pervers
Osent menacer du supplice !
De la vertu fais que nos cœurs
Conservent la sainte énergie ;
Agrandis-nous dans nos malheurs,
Nous les souffrons pour la patrie [1] !

Leur détermination irrévocable est gravée dans chaque strophe.
Ils mourront.

De l'homme nous perdons les droits.
Qu'avons-nous besoin de la vie ?

Plus loin :

Mourons tous pour l'égalité,
Sans elle il n'est plus de patrie.

Liberté, veille à notre gloire,
Assieds-toi sur nos corps sanglants !
Qu'ils restent devant nos tyrans
Et les flétrissent dans l'histoire !

[1] V. les *Souvenirs de la journée du 1er prairial an III*, par F.-P. Tissot, fils aîné, qui a publié l'hymne de Goujon, paroles et musique (Paris, an VIII).

L'Histoire, l'Avenir, la Postérité, leurs vengeurs. Ils s'apprêtaient à tomber, les yeux fixés sur l'aurore future. Foi consolante aux lendemains, espoirs rafraîchissants dans la revanche du Droit, ceux qui vous portent dans la vie, qui vous emportent dans leur mort, ceux-là peuvent tout supporter et braver le bourreau. La revanche est tardive et boiteuse souvent, le temps passe, il y a, dirait-on, prescription pour l'injustice comme pour le crime. Non, la vérité a son heure. Un passant, un jour, heurte du pied la tombe du mort et, d'une main pieuse, il écrit « martyr » où l'on lisait « coupable » et, satisfait de son œuvre, s'éloigne et rentre dans sa nuit.

Mais que Goujon était seul, rimant sa vengeance, au château du Taureau ! Comment faire parvenir à ceux qui le devaient recueillir ce chant d'adieu ? Il le confia au hasard, comme ces naufragés qui jettent à la mer leurs dernières pensées dans une bouteille cachetée, et il traça au bas de l'hymne de mort ce simple et touchant post-scriptum : *P. S. Que l'âme sensible qui trouvera ceci le remette à la citoyenne Goujon, rue Dominique, n°* 167, *faubourg Germain, à Paris. Ce sera obliger un malheureux.*

Plus malheureux peut-être qu'il ne le pensait. La veille du cinquième jour après leur arrivée, le commandant du château fort leur annonça qu'ils allaient partir pour Paris. Quoi ! déjà ? Puis il ajouta qu'ils seraient jugés par une commission militaire. Ce fut pour eux un coup de foudre, l'apparition de la mort, mais une mort atroce, inattendue, un jugement inique. Accusés, ils avaient le droit de demander le tribunal de tous ; citoyens, un tribunal de citoyens : mais une commission militaire, des représentants traduits devant des soldats ! La loi cédant le pas au sabre ! Ils n'avaient encore été ni entendus, ni légalement accusés ! Allons, c'en était fait (ils le sentirent) de la Constitution qu'ils avaient juré de défendre, c'en était fait de la République. Il n'y avait plus qu'à mourir. Alors, dans ce donjon battu des flots, dans cette prison de martyrs, une scène se passa, plus imposante et plus poignante que tous les grands drames de l'antiquité. Les prisonniers se rassemblèrent dans la chambre de Romme, et là, assis autour d'une table, froidement, irrévocablement résolus à la mort, ils délibérèrent pour savoir quand et comment, ensemble, à la même heure, ils se tueraient. Il y avait des couteaux sur la table, et le chimiste Romme, à côté de ces armes, avait placé une fiole de poison. De l'opium et du fer, il y en avait pour tout le monde. Ils résolurent, en commun, qu'il valait mieux se poignarder. Romme, toujours froid, regardant les choses en face et d'un œil sûr, engagea cependant ses collègues à prendre du poison avant le jugement, et à se frapper après le prononcé. Il calculait que l'opium préviendrait une trop grande effusion de sang, qu'en même temps cette effusion arrêterait les progrès de l'opium, et que de ce double effet résulterait une mort seulement apparente si les blessures qu'ils se feraient n'étaient pas d'ailleurs mortelles [1]. Et qui sait si, cette boucherie, rappelant le peuple au sentiment de la vérité, les survivants ne pourraient combattre encore pour leur cause! Mais la proposition fut rejetée. Tous, se levant alors, la main étendue, calmes et décidés, firent le serment de se poignarder au tribunal. Puis un même cri sortit de ces poitrines : *Vive la République !* Maintenant les bourreaux pouvaient venir.

Le 22 du mois de prairial, les députés enlevés dans la nuit du 1er au 2, étaient de retour à Paris. Durant ce nouveau trajet, maintes fois encore ils avaient eu l'occasion de s'échapper. Goujon surtout, à qui ses longs cheveux tombant des deux côtés de son mélancolique et fier visage donnaient l'aspect d'un apôtre, avait inspiré aux gendarmes de l'escorte un intérêt tel, qu'ils l'engageaient eux-mêmes à fuir et lui en eussent facilité les moyens. Il refusa. Il aimait et estimait Romme. Il ne voulait pas l'abandonner [2]. On les écroua à Paris, dans la Maison des Quatre-Nations. C'était comme l'antichambre de la Maison des Capucines, et les prisonniers, entassés là, n'en sortaient guère que pour aller à la guillotine. Il n'y avait plus de temps à perdre, l'heure du jugement approchait. Pendant les deux jours et la nuit qu'ils passèrent dans leur nouvelle prison, les députés écrivirent, rédigèrent leur défense, et plaidèrent leur cause plus encore pour l'avenir que pour leurs juges. Les défenses éloquentes de ces derniers de la Montagne sont aux Archives, quelques-unes volumineuses, toutes sincères, poignantes, brûlantes de vérité, tracées, on le voit, d'une main bouillante, avec la colère de la vertu outragée et la résolution de l'honnêteté qui se sacrifie. Ils se défendent tous, tous protestent, tous prouvent jusqu'à l'évidence la fausseté des accusations, des mensonges odieux dont on les accable : aucun n'essaye de détourner les coups sur le compagnon de chaîne, aucun ne renouvelle l'attristant spectacle de ces Girondins, d'honnêtes et braves gens, eux aussi, s'accusant les uns les autres au pied de l'échafaud. En plaidant pour soi, chacun plaide pour tous. Leur défense peut se résumer en quelques traits généraux d'une vérité évidente, et qui eussent certes convaincu tout autre tribunal qu'une telle Commission. « Ils n'ont jamais conspiré que pour le bien de la République ; ils ne connaissent personne, ne correspondent qu'avec quelques-uns de leurs commettants ; ils ne savoient rien du mouvement insurrectionnel du 1er prairial, qu'ils ont appris, le matin, au moment où l'on battoit le rappel dans les rues ; ils n'en sont ni les auteurs, ni les fauteurs, ni les complices ; ils n'ont parlé, dans la sinistre séance, que sur l'invitation faite par le président lui-même ; ils avoient certes le droit, comme représentants du peuple, de manifester leurs opinions, comme tous les autres députés avoient le droit de les réfuter ; ils ont demandé

[1] *Biographie* de 1804.
[2] Tissot.

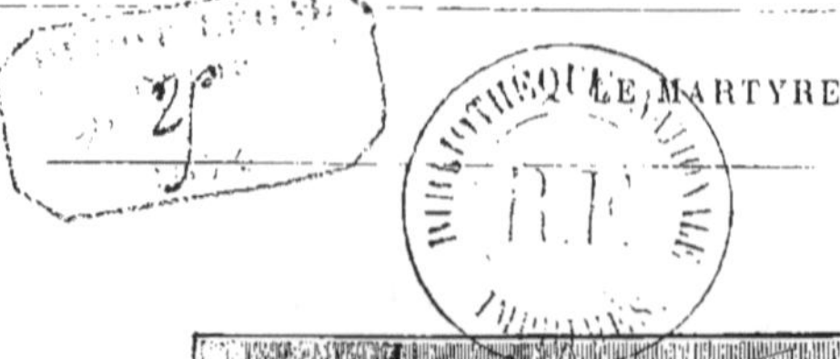

Tous, se levant alors la main étendue... (Page 192.)

le renouvellement des comités de gouvernement, parce que ceux-ci ne s'étoient pas, on l'a bien vu, conformés au décret de la Convention, qui leur enjoignoit de rendre compte d'heure en heure de la situation de Paris, et qu'on le croyoit dissous : une opinion émise dans le sein de la Convention ne peut être imputée à crime à un conventionnel ; ils ont été menacés eux-mêmes, insultés, quelques-uns blessés par les factieux ; ils ont voulu, ils veulent encore le salut de la République, et, punis pour leur zèle, ils mourront victimes de la tyrannie et en appelleront à la postérité. »

« La proscription, dit Goujon, s'élève contre moi. Qu'ai-je fait et quels sont mes crimes? Rien qu'être fidèle à la vérité, sans exception de partis ny de personnes. Je ne cesserai de dire : Que l'on me juge sur mes œuvres! *Que celui-là qui reçut de moi une injustice volontaire se lève et m'accuse! Que celui-là que je pus secourir et qui ne fut pas secouru se lève et m'accuse!* Aucun ne m'a encore dénoncé. Et pourtant, ajoute avec amertume le jeune philosophe, et pourtant le jour du malheur est depuis longtemps venu et l'imposture est forte de mes persécutions [1] !

« Tous mes droits, dit-il encore, me sont ravis dans cette affaire, mais on ne peut m'arracher de comparoître devant des hommes ! Lorsque le despotisme des passions bouillonne sur la terre, le refuge de l'innocent est moins dans les formes que dans le courage de juges intègres. Je suis satisfait de comparoître devant des deffenseurs de la patrie; ils n'immoleront pas ceux qui la chérissent... »

Il prend ensuite, corps à corps, l'accusation; il lutte contre les faussetés, les force à plier, les contraint à la vérité. « L'accusation est dénuée de toutes espèces de preuves, de faits, de délits, même d'assertions qui puissent l'appuyer. Dans tout ce qu'ont avancé les témoins, en ce qui me concerne, il n'est rien à ma charge, rien de condamné par les loix, rien de condamnable. » Il est innocent de tout fait matériel. « A deffaut des faits, il est vrai, on m'accuse pour quelques paroles. Elles ont été insérées, après coup, dans un procès-verbal qui est reconnu contenir un faux matériel... Et quand ces paroles que l'on m'impute seroient vraies, quelle loi me deffendoit de les dire? » Il a parlé, au nom du peuple, comme mandataire du peuple, sans préparation, sans préméditation. « Le matin, dit-il, je m'étois rendu à la Convention sans argent et sans armes. *Je venois de me baigner dans la rivière au haut des Champs-Élysées et j'avois à peine mangé une bouchée.* » Quand il a parlé, le président, depuis deux heures, avait repris librement son fauteuil. Pourtant, il y avait encore à craindre *la nuit, dont profitent toujours les méchants.* Il voulait sauver la patrie. « Oui, sauver la patrie. Ces intentions sont justifiées par mes discours, par mes actions, par mes mœurs, par ma vie. J'ai parlé quand j'ai cru que c'étoit pour moi un devoir sacré. Mais je ne fus jamais ny conspirateur ny rebelle. La simplicité de ma conduite répond à celle de ma vie. Pourquoi suis-je seul icy? Pourquoi tous ceux que j'ai aidés, secourus, deffendus ne sont-ils pas là et ne peuvent-ils me rendre témoignage? Ce témoignage tardif peut-être viendra cependant un jour.

[1] Archives nationales, C. W[2] 547.

Au surplus, je me fortifie par la pensée de mon innocence et je me repose sur la probité de mes juges. Ils ne souffriront pas que la postérité ait à regretter de nouvelles et innocentes victimes [1]. »

C'est là, en effet, l'horrible du drame. Pourquoi des victimes nouvelles? Pourquoi ce sang versé, ces têtes coupées, ces exécutions en masse, ces voitures envoyées chaque jour, au nom de la clémence, sur la place de la Révolution? La Convention faisait le mal et commettait des meurtres avec une inconscience stupéfiante. Courtois (de l'Aube), dans des notes manuscrites que j'ai relevées aux Archives de la Préfecture, raconte que, dans la séance où Lecointre demanda un décret d'accusation contre les comités, un membre s'écria : « Dépêchons-nous de voter le décret, il faut que je parte, j'ai du monde à dîner. » On parlait de Goujon à un de ses proscripteurs : « Nous savions bien, dit celui-ci, que c'était un honnête homme et un bon citoyen, mais aussi pourquoi n'a-t-il pas voulu se mettre avec nous? » La logique est morte, l'honnêteté vaincue. « Le crime qu'on me reproche, dit Romme [2], auroit donc été consommé à la tribune de la Convention, en présence de la représentation nationale et de la foule. Mais alors, j'aurois partagé ce crime avec ceux de mes collègues qui m'ont longtemps pressé, sollicité, au nom du bien public, de me rendre à la tribune ;

« Avec le président, à qui j'ai toujours demandé et qui m'a refusé ou accordé la parole, suivant mon tour ;

« Avec ceux de mes collègues qui ont parlé avant moi et ont r'ouvert la séance, suspendue par le mouvement ;

« Avec ceux qui ont appuyé, discuté, développé, amendé mes propositions ;

« Avec ceux qui en ont fait eux-mêmes de nouvelles ;

« Avec tous les représentants du peuple qui, rassemblés en face du président et sur son invitation plusieurs fois répétée, ont délibéré sur les propositions mises aux voix avec ordre, et quelquefois amendées dans la rédaction par le président lui-même. Ou il y a injustice dans le décret qui m'accuse, ou il y a partialité dans la justice qui les excepte. »

Discutant ensuite les chefs d'accusation, comme le fait Goujon, comme le fait Bourbotte, Romme prouve que les décrets adoptés la veille ou le lendemain de la séance par la Convention sont justement ceux-là qu'il proposait à la tribune.

« La section de Bon-Conseil demande que les farines employées en friandises

[1] Archives nationales. On lit à la fin de ce document, de la main de Goujon, cette note : « J'observe à la commission que ce court résumé est extrait des réflexions plus longues rédigées à la hâte, et que je n'ai pas eu le temps de recopier, mais que je lirai devant la commission, si elle me donne la parole pour ma défense. » C'est, sans doute, *les réflexions plus longues* que Tissot a publiées dans les *Souvenirs de la journée du 1er prairial.*

[2] V. *sa Défense.* Archives nationales.

servent à augmenter ou améliorer le pain de l'égalité. La Convention accueille cette pétition par l'insertion au Bulletin. J'avois fait moi-même cette proposition un mois avant. » Romme, en effet, n'avait répété le soir que ce qu'on avait dit le matin. Et quand il y aurait eu illégalité, est-ce que, pour sauver la Convention, il ne fallait pas s'affranchir du règlement? Le président n'avait-il pas nommé Fox commandant provisoire de la force armée de Paris? « Cette forme de nomination étoit pourtant, de toute évidence, une violation des principes, une infraction aux loix; mais quoi! le danger étoit pressant. La Convention a reconnu, dans cette circonstance, qu'elle pouvoit s'affranchir des formes lorsque le salut public commandoit des mesures promptes [1]. »

« J'ai gardé, dit Romme éloquemment, j'ai gardé le silence pendant sept ou huit heures passées dans l'anxiété et la douleur. J'ai parlé, mais après d'autres membres et à leur exemple. J'avois le droit de parler comme représentant du peuple. Tout ce que j'ai fait, tout ce j'ai proposé avoit pour but de conserver à la représentation nationale l'autorité dont elle est seule dépositaire... J'ai vu dans la mêlée des hommes affamés de crime; j'en ai vu de pressés par le besoin, demandant de bonne foi du pain et une garantie de la liberté.

« Aux premiers, la justice doit toutes ses rigueurs; l'humanité ne doit-elle pas aux autres une main secourable?

« C'est contre les premiers que devoit se diriger toute la sévérité du gouvernement; il falloit aux seconds des paroles de consolation et de paix.

« Ceux qui, comme le tyran thermidorien, pensent que la vertu est en minorité sur la terre, ne savent gouverner qu'avec les lois de Dracon; la chute du tyran doit assurer à ma patrie l'empire de la raison, de la justice et surtout de cette douce fraternité, de cette morale républicaine qui empêche plus de crimes encore que la justice la plus active n'en punit...

« Je cherchois à sauver ma patrie, s'écrie-t-il. Je reproche aux esprits plus calmes, plus réfléchis, plus prévoyants de ne s'être pas montrés dans cette circonstance difficile, soit pour arrêter par leurs conseils des mesures considérées, soit en proposant eux-mêmes des moyens plus salutaires et plus prudents. »

Pauvre Romme! Les prévoyants se taisaient alors que tu portais ta tête à la tribune, cette succursale de la guillotine! Les prévoyants se taisaient et voyaient, à cette heure même où tu voulais sauver la République, ils voyaient le couteau de Sanson à la place de la sonnette de Boissy-d'Anglas: « Plus je replie ma conscience sur les sentiments qui m'animoient le 1er prairial, dit l'honnête et fier Montagnard, sur ce que j'ai fait, sur ce que j'ai dit, plus je scrute ma vie privée et publique pendant la révolution, et moins je comprends pourquoi j'ai

[1] Défense de G. Romme. Archives nationales, C. W[2] 547.

aujourd'hui à me débattre dans les fers du crime. Mais si je cherche hors de moi, si je rapproche les événements, si je fouille dans les ressorts cachés de l'ambition et de l'intrigue, je suis frappé du tableau de notre position.

« Elle a été calculée avec une profondeur et une atrocité qui n'échapperont pas à l'histoire.

« Pour être restés à notre poste, nous avons été entraînés par le danger même, par l'ardeur de notre amour pour le bien public, à des mesures qui ont empêché un grand scandale et nous font frapper d'accusation.

« Si par lâcheté ou par fausse prudence nous eussions fui nos devoirs, nous aurions été avec bien plus de vraisemblance soupçonnés de conspirer dans les ténèbres...

« ... Nous étions donc entre deux abymes, entre lesquels nous n'avions que le choix. Nous avons pris celui qui a sauvé la patrie; il ne nous reste plus pour consommer le dévouement que de nous couvrir la tête, en nous soumettant à notre destinée. »

Ainsi, parle-t-il comme un Romain celui qu'on a éloquemment appelé [1] *un des derniers Romains.* Mais après ce mouvement stoïque, l'homme reprend le dessus, le fils, l'époux reparaissent sous le citoyen, et le vertueux républicain s'attendrit en pensant à ceux qui vont lui survivre :

« J'ai fait mon devoir; mon corps appartient à mes juges.

« Mon âme reste indépendante et tranquille au milieu de ces souvenirs. Mon dernier soupir, en quelque temps, en quelque lieu, de quelque manière que je le rende, sera pour la République une et indivisible;

« Pour ma patrie, si cruellement déchirée et que j'ai servie de bonne foi;

« Pour le malheureux et l'opprimé, qu'on abandonne ou qu'on repousse;

« Pour mes amis, dont la fidélité et les vertus républicaines honoreront ma mémoire;

« Pour ma vertueuse mère, dont les derniers instants se couvrent de tant d'amertume;

« Pour mon épouse infortunée, veuve d'un brave défenseur mort pour la patrie, indigente, ayant des droits aux bienfaits de la nation, j'ai cessé de les poursuivre; en l'attachant à ma destinée, je l'aurai plongée dans de nouveaux malheurs.

« 26 prairial, an III.

« ROMME [2]. »

Et vous ne voulez pas qu'on soit profondément, cruellement remué à la lec-

[1] M. Edgard Quinet.

[2] Archives nationales, C. W[2] 547.

ture de ces documents tachés de sang, pour ainsi dire, et mouillés de larmes? O amertume de l'histoire! L'accablement et la tristesse vous prennent lorsqu'on suit ce terrible chemin qui est celui de l'humanité, *voie douloureuse* où tombent, de stations en stations, des innocents et des martyrs; route qui serait sans but, comme elle est sans joie, si l'on ne voyait rayonner à l'horizon l'éternelle, la triomphante, la consolante Justice!

Goujon se défend en philosophe, confiant dans la vérité, et Romme en politique, attristé par la misère qu'il aurait voulu vaincre; Soubrany plaide sa cause en soldat. Son Mémoire, tracé d'une petite écriture fine et franche, est la protestation mâle et sans phrases d'un homme qui a fait son devoir. Et que lui importe de mourir? «Ma vie appartient aux hommes, et je la leur abandonne; ils me l'ont rendue odieuse.

« Forcé, dit-il, par la plus cruelle fatalité de me justifier d'un attentat qui révolte le républicain, que puis-je offrir à mes juges pour ma justification? Ma vie entière est le défi formel de prouver la moindre complicité entre moi et les scélérats qui eussent osé méditer la ruine de la République. Si je n'avois à défendre qu'une existence dont le sacrifice fût dans tous les instants fait à la patrie, j'en abandonnerois froidement le reste aux événements et j'attendrois tranquillement le résultat des décrets de la Convention, mais je ne saurois faire avec le même stoïcisme le sacrifice de ma réputation. »

Étranger à tous les partis, abhorrant l'intrigue, fidèle à la patrie, pour laquelle il a constamment travaillé, il se vante d'avoir *vécu seul avec sa conscience*.

« J'ai passé près de dix-huit mois aux armées, compagnon assidu des travaux, des dangers et des succès de mes frères d'armes, je ne me suis occupé que de pourvoir à leurs besoins et à tout ce qui pouvait assurer leur triomphe. Ma correspondance, depuis quatre ans, est tout entière sous les scellés. Une digne et respectable mère, un ou deux amis formoient le cercle étroit dans lequel elle étoit restreinte. Qu'on la parcoure tout entière. »

Les étranges conspirateurs, qui peuvent ainsi mettre leur vie à jour, ouvrir leurs tiroirs et leur conscience, se confesser devant le peuple sans que l'avenir ait encore pu leur répondre : Vous avez menti! Bizarres ennemis de la République ceux qui, pour elle, affrontaient les balles ennemies et les sabres populaires, aussi fermes à la Convention devant un sectionnaire insurgé que, sur le Rhin, devant un grenadier de l'Autriche. C'est pourtant avec ce mot qu'on les guillotine : *conspirateurs*. «Ah! que je meure! s'écrie Soubrany. Si ma mort peut être utile à mon pays, j'en bénirai l'instant: mais que ma mémoire ne passe pas à la postérité souillée du titre infâme de conspirateur [1]. » Il croit

[1] Archives nationales.

aussi, comme les autres, à la grande justicière, la postérité! « Citoyens juges, ce grand procès passera à la postérité, qui le jugera dans le silence des passions. Transportons-nous devant ce tribunal, éloignons, s'il est possible, cette suite d'événements qui, se succédant avec tant de rapidité, nuisent au calme si nécessaire pour envisager froidement toutes les circonstances. Que diront nos neveux? »

Ils diront que le droit, la vertu, la liberté étaient — la chose n'est point rare — du côté des vaincus. Ils diront que ceux qui sont tombés en prairial emportaient dans la fosse nationale, où la chaux les a dévorés, un lambeau du drapeau républicain déjà déchiré; ils diront qu'en parlant de son humanité, de sa philanthropie, en se vantant fièrement d'être un *ami vrai,* un *tendre fils*, un *bon citoyen,* le *défenseur zélé des droits du peuple*, Soubrany, le héros du fort Saint-Elme, écrivait la glorieuse épitaphe que lui réservait l'histoire.

Les autres défenses des députés accusés ont la même fermeté, respirent les mêmes sentiments d'énergique protestation que celles que nous venons de citer. On sent que ces hommes ne faibliront pas et tiendront l'héroïque serment fait dans la chambre de Romme, au château du Taureau. Il faudrait tout citer, dans ces pages dont l'histoire doit s'emparer et qui éclairent d'un rayon sanglant mais éclatant ce terrible épisode. La longue défense de Bourbotte, qui comprend un cahier tout entier de sa grosse et large écriture penchée, vaudrait d'être insérée ici sans coupures. C'est un chapitre tout fait pour l'histoire complète de la Révolution française. Peyssard se défend noblement, disant avec simplicité qu'il a fait son devoir. « La vérité et votre justice, voilà mes moyens de défense... Je n'ai pris aucune part à la mêlée, je n'y ai rallié ni combattu personne, je gémissois en silence sur les maux de ma patrie, et, le calme une fois rétabli, ma conscience était si tranquille, qu'il ne m'est pas un seul instant venu dans l'idée de sortir de la salle [1]. » Forestier proteste comme il peut et fait bonne contenance. Tous opposent un front calme, un cœur affermi à la terrible accusation.

Les heures qu'ils employaient ainsi à leur justification devant l'avenir leur étaient d'ailleurs comptées. Dès le 23, on se disposait à les juger. Peu s'en fallut qu'on ne les fît passer de la voiture qui les avait amenés de Morlaix au tribunal qui les allait envoyer à l'échafaud. Il est instructif, au surplus, de remarquer les précautions prises par la Commission au moment de juger les proscrits.

Tant que la Commission a jugé des gens du peuple ou des femmes, des cordonniers, des journaliers, de pauvres diables que nul ne réclame et qui vont à l'échafaud comme ils iraient au travail, elle n'a pas hésité ni fait preuve de faiblesse. Elle a frappé. Mais à l'heure où elle doit juger les députés, où les accusés

[1] Archives nationales, C. W° 547.

vont paraître devant elle dans le costume des représentants de la nation, elle prend ses mesures, elle tremble, dirait-on, pour elle-même; elle a peur de quelque chose d'inconnu, elle craint un coup de main que nul, à cette heure de prostration, n'aurait eu le courage de tenter; elle institue une garde spéciale, commandée par Beaugrand, qui doit veiller sur les prisonniers. A mesure que le jugement approche davantage, elle prend des précautions, multiplie les hommes de service, demande des piquets de cavaliers, des grenadiers de garde supplémentaires. Les accusés doivent paraître le 24 devant leurs juges. « Le 23, ordonne la Commission, Beaugrand se rendra, à trois heures du matin, à la Maison des Quatre-Nations pour en extraire et conduire, par la force armée, Romme, Soubrany, Goujon, etc., où ils seront mis, jusqu'à nouvel ordre, rue Neuve-des-Capucines, dans la maison d'arrêt établie dans le local même de la Commission [1]. » Les décrets et les ordres se succèdent rapidement, tous dictés par la même préoccupation et la même crainte. « L'officier des grenadiers de garde, ou un sous-officier le remplaçant, devra se rendre avec Beaugrand et sept grenadiers, pour escorter les accusés, dans les corridors de la prison...— Beaugrand donnera des ordres pour que quatre voitures de place soient rendues à trois heures du matin à la porte de la maison d'arrêt des Quatre-Nations. » Pour recevoir les prisonniers, « un officier se rendra à trois heures du matin, avec cinquante hommes, dans la maison où se tiennent les séances de la Commission. » — La Commission requiert, en outre, le commandant de la force armée « pour qu'il y ait à la porte de la maison d'arrêt des Quatre-Nations, à trois heures, un détachement de cent hommes à cheval. De plus, un piquet de quinze hommes à cheval se tiendra, jusqu'à nouvel ordre, à la disposition de la Commission militaire. On établira, dans la maison même des Capucines, des écuries suffisantes pour les chevaux [2]. »

Maintenant, tout était prêt. La Commission, entourée de sabres et de baïonnettes, pouvait condamner sans danger. Dans la nuit du 23 au 24, à trois heures du matin, les députés furent jetés dans les fiacres qui les attendaient à la porte de la prison et conduits, entre l'escorte de cavaliers, à la maison de jugement, où ils arrivèrent avec le grand jour. On se figure la joie des Parisiens réactionnaires et l'accablement des patriotes, lorsque, bourgeois éveillés par le bruit ou travailleurs se rendant à l'ouvrage, ils virent passer, à la lueur fauve du matin et comme dans un tourbillon, les fourreaux cliquetant sur la croupe des chevaux dont les sabots frappaient le pavé, ces députés que l'on emmenait, semblables à des coupables, au tribunal de sang institué par les « honnêtes gens. »

[1] Archives nationales.
[2] V. le cahier des délibérations de la commission militaire (Archives nationales, C. W[2] 548).

... lorsque, bourgeois éveillés par le bruit, ou travailleurs se rendant à l'ouvrage... (Page 200.)

Ils n'allaient être jugés que le lendemain. A huit heures du matin, le 25, la commission, après avoir jugé Philippe Fiocre, « continuant sa permanence pour l'affaire des députés, arrête qu'elle ne désemparera pas qu'ils ne soient jugés. » C'était le *morceau* capital; la Convention attendait.

Elle éprouvait d'ailleurs le besoin de se laver par avance de ce sang qu'elle allait répandre et faisait courir le bruit d'une nouvelle émeute afin d'expliquer, par le besoin des mesures terribles, la condamnation des députés. Mais Paris était loin d'un soulèvement. « Paris, dit le *Journal des hommes libres* (24 prairial), est parfaitement tranquille, malgré le bruit d'un prochain mouvement que quelques personnes se plaisent à annoncer, on ne sait par quel raison ; ce mouvement ne pourrait être utile à personne dans Paris, si ce n'est aux royalistes, qui proclameraient peut-être volontiers Monsieur roi très-chrétien par la grâce de Dieu et du Saint-Siége apostolique. Le seul danger qui nous menace est le renchérissement progressif et incalculable des denrées. L'argent, qui avait baissé il y a quelques jours, a augmenté aujourd'hui : le louis se vendra bientôt 600 livres et bientôt 1,000, si la Convention, par des mesures coercitives, n'enchaîne un brigandage qui déshonore une partie de la nation et qui conduit l'autre au tombeau. » Mais la Convention avait bien à s'occuper d'autres gens que des agioteurs.

La Convention, sur la proposition et la rédaction de Clauzel, avait, dans son attristante séance du 8 prairial, décrété l'accusation des députés en ces termes :

« Du 8e jour de prairial, l'an troisième de la république française une et indivisible.

« La Convention nationale accuse *Rulh*, *Romme*, *Duroi*, *Gougeon* (sic), *Forestier*, *Albitte* aîné, *Bourbotte*, *Duquesnoy*, *Soubrany*, *Prieur de la Marne*, *Peyssard*, représentants du peuple, d'être auteurs, fauteurs ou complices de la rébellion du 1er prairial et jours suivans contre la représentation nationale et la république françoise, les renvoye pour être jugés devant la commission militaire établie à Paris par la loi du 4 prairial et charge le Comité de sûreté générale de surveiller et accélérer l'exécution du présent décret.

« Signé : MATHIEU, *président*.
« BOURSAULT et HENRI LARIVIÈRE, *secrétaires* [1]. »

Depuis, Albitte était en fuite, Rhül était mort. Mais il restait encore assez de gens à sacrifier.

L'auditoire était nombreux, et le président avait, la veille, donné des ordres sévères : les citoyens qui voudraient assister à la séance du lendemain ne pourront monter l'escalier ni entrer sous le vestibule avant que l'officier de gendarmerie en ait reçu l'ordre du président. Les députés ne pourront recevoir les personnes qu'ils ont été autorisés à voir que jusqu'à neuf heures, et les portes des salles précédant celles où ils sont détenus seront fermées jusqu'à l'heure de l'ouverture de la séance. La visite des accusés sera faite par le concierge de la prison, et en présence d'un officier et de huit gendarmes. Cette opération faite, personne ne pourra communiquer avec eux.

[1] Archives nationales.

On s'était rendu là comme à un spectacle. Les jeunes gens de la bande de Fréron, les zézayeurs en cadenettes s'y contournaient à côté des femmes à la mode, décolletées, souriantes, blasées, avides d'émotion saignante. On entendait, dans ces groupes élégants et poudrés, des propos infâmes ; il sortait de ce fumier parfumé des paroles de tricoteuses, et les cyniques plaisanteries des alentours de guillotine couraient, ricanaient sur ces lèvres peintes. « Mon Dieu, que de lenteurs ! Pourquoi tant de façons avec des brigands ? Il faut en finir ! Que ne les fusille-t-on dans la cour de la commission ? » « J'ai, dit Tissot, entendu ces choses et beaucoup d'autres. » Les parents entendaient aussi, les amis des accusés regardaient ce tribunal de soldats aux rudes figures, que dominait la belle tête du président aux cheveux blancs [1].

« Chacun des accusés, dit Aimé Jourdan, dont la déclaration fut insérée au *Moniteur*, était amené séparément pour être confronté avec les témoins. Il était placé sur une chaise en face du président et avait à ses côtés deux grenadiers qui portaient le sabre nud. » Pendant qu'on l'interrogeait, la foule riait ou parlait haut, et parfois une lâche injure, quelque insulte anonyme venait frapper au cœur le proscrit, tout à l'heure martyr, qui pourtant ne sourcillait pas. Romme fut interrogé le premier. « Il parla, dit Tissot, comme un sage qui s'attend à tout de la part des hommes et ne se permettrait pas la plus légère altération de la vérité pour sauver sa tête. » Les pamphlets du temps, reproduits par Desessarts, n'ont cependant pas hésité à nous le montrer « pâle, défait, la crainte peinte sur son visage et n'osant lever les yeux ». Ce n'était pas assez de les assassiner, il fallait encore les déshonorer. On n'y réussit pas. Plus d'une fois un frisson d'émotion irrésistible parcourut cet auditoire pourri, venu là pour le plaisir d'une agonie. Ces hommes tombés s'imposaient encore par le respect, et les lions insultés faisaient reculer leurs insulteurs.

Romme, interrogé, répondit qu'il avait, le 1er prairial, demandé la parole de sa place, entre six et sept heures, en son nom propre. Il en avait le droit et le devoir. Aucun décret, aucune invitation ne l'avait prévenu sur le danger qu'il courait en parlant. D'ailleurs, il avait été vivement sollicité par ses collègues avoisinants [2]. Il n'a demandé la parole que pour inviter les représentants du peuple à faire part de leurs réflexions pour sortir de l'état d'anxiété où l'on se trouvait depuis si longtemps. Il se défend d'avoir dit : « Je ne vois ici que des républicains ; » il ne le pensait pas. N'ayant point le talent de l'improvisation, il s'est tu, et la mêlée l'a menacé alors comme les autres. Tout ce qu'il a fait avait pour but de conserver le droit sacré de la représentation nationale.

[1] Lettre au citoyen Capitain (Archives).

[2] V. pour toutes les réponses que je cite ici le carton W[1] 547 des Archives nationales. Commission militaire. Insurrection de prairial.

Plusieurs fois même il a demandé la parole à Vernier pour empêcher qu'elle fût prise par un homme monté sur le bureau des secrétaires, et qui la réclamait ardemment. Il n'a jamais parlé d'ailleurs au nom du peuple souverain, mais comme représentant du peuple. Jamais il n'a vu le peuple dans une seule section, mais dans toute la République. Sa conduite, ses ouvrages imprimés, ses mœurs austères et républicaines le prouvent assez. Lorsque quelqu'un demande l'appel nominal, Romme répond que la mesure est dangereuse, que cet appel deviendra bientôt une liste de proscription. Quand il a demandé la liberté des patriotes, proposition amendée et mise aux voix par le président lui-même, la confiance paraissait établie dans les représentants du peuple qui prenaient part à la délibération et dans les assistants qui écoutaient en silence. Il déclare que le tumulte, les folles demandes, les méchants propos de quelques malveillants ont cessé ou qu'ils se sont du moins fort diminués par la mesure prise de réunir les représentants en un seul point de la salle pour le vote [1].

Le président de la commission militaire demandant à Romme s'il n'a pas réclamé la permanence des sections, Romme répond que la Convention avait décrété le matin, sur la proposition de Laporte, que les citoyens étaient requis dans leurs sections; qu'il a invité les assistants à s'y rendre pour débarrasser la Convention, qu'il savait que toutes les sections étaient là, que c'était pour lui un motif de crainte. Il répète devant le tribunal ce qu'il a écrit dans sa défense, que les comités gardaient le silence depuis sept ou huit heures, quoiqu'un décret rendu le matin les chargeât d'éclairer la Convention d'heure en heure sur ce qui se passait à Paris; que toutes les communications avec l'extérieur étant interrompues, il a cru devoir profiter de la première lueur de confiance pour obtenir le soir ce qu'on n'avait pu obtenir le matin, — c'est-à-dire que les citoyens se rendissent dans leurs sections. Il a demandé en outre que le droit d'élire les comités civils fût rendu aux sections de Paris. Mais toutes ces mesures, toutes ces réclamations, tous ces décrets n'avaient qu'un but : ramener dans toute la République la paix et l'union en faisant cesser toutes les vengeances.

Aux écrits rédigés par les accusés pour leur défense on trouve joints, dans les cartons relatifs à l'insurrection de prairial, les dépositions des rédacteurs de journaux présents à la séance, les demandes de témoins faites par les députés qui, se souvenant de paroles dites à leurs voisins, confiants dans de vieilles sympathies, forts de la vérité, espèrent qu'un collègue viendra, d'un mot, rappelant un propos échangé, une idée émise, un cri proféré, plaider leur cause et les sauver. Hélas ! les témoins appelés se taisent, les amis cités n'ont rien à dire, les défections sont là, les silences lâches, les réponses évasives, les tristes : « Je ne

[1] Tout ce résumé de la défense de Romme est textuellement emprunté aux Archives.

sais rien » ou : « Je ne me souviens pas. » De son écriture large, ferme et brave, à la signature grasse, Romme écrit ce billet :

« G. Romme, représentant du peuple, traduit par décret de la Convention devant la commission militaire, demande que les représentants du peuple Vernier, Laloi, Florent-Guyot, Massieu, soient appelés en témoignage, ainsi qu'un commis du comité des travaux publics dont il ignore le nom, mais qu'il désigne homme maigre, d'une taille au-dessus de la commune, portant lunettes; il se rappellera d'ailleurs avoir parlé à Romme le 1er prairial.

« G. Romme [1]. »

C'était ce commis à qui Romme, sorti de chez lui le matin à onze heures et passant au comité des travaux publics, avait remis deux volumes en lui demandant : « Que se passe-t-il, et pourquoi ce mouvement? » On ne le retrouva pas. Vernier, Florent-Guyot ne vinrent point déposer. Laloi déclara qu'appelé chez lui, le 1er, par sa femme, malade de peur, il ne savait rien, ni à charge ni à décharge, et n'avait rien vu. Massieu seul écrivit un billet qui eût établi devant tous autres juges l'innocence de Romme, et déclara « qu'ayant sur les marches de l'escalier de la tribune, dit à Romme, qui parlait : *Eh! laissez donc, tout cela tombe de soi-même, tout cela ne signifie rien*, voulant ainsi lui insinuer de cesser de parler; Romme lui fit un signe de la tête et de la main qui lui parut signifier que son intention était de gagner du temps, de calmer les têtes effervescentes et de délivrer plus promptement la Convention en évitant de nouveaux malheurs [2]. » Simple déclaration qui avait, en un pareil moment, sa noblesse et son courage.

Romme, abandonné par la plupart des témoins qu'il réclame, résiste et en demande d'autres. Il écrit au tribunal :

« *G. Romme à ses juges.*

« Je vous prie, citoyens, d'appeler pour rendre témoignage dans l'affaire qui vous est soumise C.-A. Prieur, député de la Côte-d'Or, demeurant place Vendôme, n° 8, et Gillet, membre de l'Agence des Mines, demeurant rue de l'Université, n° 191.

« Estime et confiance.

« G. Romme [3]. »

[1] Archives nationales, C. W° 547.
[2] Archives.
[3] Archives.

C.-A. Prieur ne se présente pas, Gillet n'est pas appelé. Interrogé le 24, Romme écrit deux jours après à la commission :

« Lorsque vous m'avez interrogé le 24, j'ai répondu aux questions qui m'ont été faites et dans l'ordre tracé par la commission. Le cadre de ces questions ne comportant pas le développement de tout ce que j'ai fait ou dit le 1er prairial et de mes moyens de défense, je demandai à la commission si je pourrois y suppléer par les observations que je lui présenterois; le président m'assura que je le pourrois. Elles sont prêtes, la commission voudra bien me dire comment et dans quels instants je pourrai les lui présenter.

« Estime et confiance.

« G. Romme. »

Mais la commission ne voulut rien dire. La défense, l'éloquente défense rédigée par cet homme dont on menaçait la vie ne fut point lue, pas plus que les autres, et demeura au greffe. Le tribunal avait-il donc le temps d'écouter? Il avait à peine celui de frapper. Duroy cite comme témoins Monnel, représentant du peuple, membre du comité des décrets ; *Bongniot,* du même comité, député du Jura; Lanjuinais, représentant du peuple ; — de plus le citoyen Robillard, ancien militaire, de la section de Gravilliers ou du Temple. « *Ce témoin*, déclare-t-il, m'est essentiel. » C'est à ce Robillard, qui lui annonçait le mouvement et lui demandait ce qu'il fallait faire, que Duroy avait répondu : « Mon ami, dans les moments de crise, le poste de tous les bons citoyens est à leur section et à leur compagnie. Je te conseille de te rendre à la tienne. » Robillard n'est point mandé ; Monnel déclare que « n'ayant pas été toujours présent à la séance, il n'a pas été témoin de ce que Duroy a dit ou fait ; » et, démentant cette déposition circonspecte, il ajoute qu'il s'en *réfère à l'acte d'accusation,* comme un homme qui dirait : Je ne sais rien, mais l'accusé est coupable. Ces défections, ainsi rencontrées, font peine et vous portent à prendre en pitié l'humanité. Un honnête homme, Lanjuinais, adjuré par Duroy de déclarer s'il n'est pas vrai que lui, Duroy, ait déploré devant lui « ces malheureux événements, » répond qu'*il ne conteste pas que ce soit,* qu'*il ne s'en ressouvient pas suffisamment* [1]. Goujon, pendant la journée de prairial, placé à côté de Lanjuinais qui parlait et résistait avec courage à un groupe d'hommes menaçants, lui avait dit : « Je ne t'ai encore jamais parlé ; mais crois que ce que je vais te dire est dans la franchise de mon cœur. Nous ne devons tous qu'avoir un même but dans cet instant, c'est de sauver la représentation nationale du danger imminent dans lequel elle se trouve. Ne penses-tu pas que ce serait mal servir la

[1] Archives.

patrie que de la sacrifier dans ce moment à la vanité de notre gloire personnelle? Il est évident que notre résistance individuelle est nulle; nous sommes sans force, abandonnés à nous-mêmes; que pouvons-nous faire de mieux pour la République que de chercher à calmer l'agitation en accordant ce qui se peut sans danger et tâchant d'obtenir, par ce moyen, que le local de la Convention se vuide et qu'elle puisse reprendre le cours ordinaire de ses délibérations ? »

« — Eh bien, à la bonne heure, dit Lanjuinais, mais je ne lèverai point mon chapeau ! »

Et devant le tribunal, Lanjuinais répond « qu'il ne connoît l'accusé Goujon que depuis le moment où celui-ci a pris la parole. *Il se pourroit* que Goujon fût le collègue par lequel lui, déposant, fut invité à ne pas exprimer tout haut les *sentiments d'horreur qu'il éprouvoit*, de peur de s'attirer quelque violence personnelle. *Il est porté à le croire.* » *Il se pourrait, il est porté à le croire !* O terrible prudence ! Et qui sait si Lanjuinais ne songeait pas à cette faiblesse et s'il n'essayait pas de la réparer lorsque, plus tard, à la cour des pairs, il s'élevait courageusement contre les bourreaux du maréchal Ney ?

Tous ces interrogatoires, ces longues séances étaient troublées, interrompues, rendues sauvages par les clameurs, les menaces, les cris de vengeance impatiente de l'auditoire. Le public trouvait qu'on était bien long à lui servir ses victimes. Quoi donc ! Sur la place de la Révolution, depuis trois jours, la guillotine de la clémence ne fonctionnait plus. Que se passait-il ? De là les grondements, les imprécations de la foule. Lorsque Goujon parut pourtant, lorsqu'il vint à son tour s'asseoir entre les deux gendarmes, calme dans sa démarche, tranquille, dominant ces hommes et ces femmes entassés de sa belle tête et de sa haute taille, il se fit un silence ému, presque respectueux. Cette jeunesse et cette beauté s'imposaient en souveraines : l'orgueil du vaincu dominait la rage des peureux vainqueurs. Mais cette impression de saisissement une fois passée, les injures, les menaces recommencèrent. Il ne manquait rien à ce lugubre et sanglant triomphe des Montagnards, pas même les insulteurs. Goujon restait calme, répondait sans se troubler. sans s'irriter, sans même s'attendrir, — sa mère était là pourtant et ses sœurs. — et l'on vit plusieurs fois, devant l'innocence évidente, la parole austère, le clair regard de ce fier jeune homme, les juges baisser les yeux [1].

Toutes ses réponses étaient nettes, ses explications concluantes. Il n'avait pris la parole que le soir, vers dix heures, après être constamment resté à la même place, excepté un moment pendant lequel il était allé au comité des inspecteurs de la salle. Vernier, ayant fait faire place devant la tribune et apporter des ban-

[1] Tissot.

quettes, l'avait *trois fois* invité à y venir ; un huissier de la Convention l'en avait ensuite prié, ceux qui restaient à leurs places s'exposant aux insultes et même aux coups. On l'avait désigné comme ancien secrétaire à prendre place au bureau, il avait refusé. « Si les autres avaient reffusé comme moi, on n'aurait pu délibérer. Pourtant ils ne sont point accusés et je le suis ! Le premier qui parla fut Delahaye, il était question d'appel nominal. Je m'y opposai. Et Delahaye est libre ! Et je suis arrêté [1] ! » Goujon explique ensuite les motifs d'anxiété qui l'ont poussé à parler, à tout faire pour sauver la France. *Jeune et bouillant*, il n'avait jamais caché son opinion ; il songeait, devant cet attristant tableau, à Paris livré à l'anarchie. Pas une autorité, les comités paralysés ou dissous, les portes de la Convention enfoncées, Féraud massacré, les bureaux investis, voilà le présent. Pour le lendemain, de nouveaux malheurs, pas un sac de farine, la guerre civile dans la rue, la lutte farouche. Et la France allait apprendre toutes ces nouvelles sans que la Convention se fût montrée, eût essayé d'arrêter le torrent ! C'est alors que, se précipitant à la tribune, il avait demandé qu'on complétât la Convention par le rappel de ses membres, qu'on fît des proclamations aux armées et aux départements pour les rallier à la Convention, qu'on suspendît légalement les comités, qu'il croyait suspendus par le fait, qu'une commission de vingt membres fût nommée pour veiller à l'arrivage des farines et au rétablissement de l'ordre. Ces propositions faites, il s'était approché du bureau pour les rédiger. Sallengros et d'autres, en se précipitant vers lui, s'étaient écriés : « Tu vas trop loin ! — Eh bien, si vous trouvez cela mauvais, dites-moi ce que vous trouvez meilleur et pouvoir nous sauver, et je le ferai, mais il faut tâcher de nous tirer de la position où nous sommes ! » Et sur les observations « d'un homme plus âgé que lui, » il n'avait pas achevé la rédaction, ne l'avait point relue, s'était assis sur une banquette pour y calmer son agitation. Il n'avait bougé que lorsque Legendre entra. Il ne croyait pas alors, il ne croit pas encore avoir rien fait de mal. Il n'a pas même quitté son poste pour aller manger. Il défie qui que ce soit qui ait une âme d'avoir un souvenir aussi exact au milieu de pareilles scènes. Et quant au renouvellement des comités, il fait remarquer « que dans toute proposition faite par un membre de l'Assemblée, il est évident qu'il y a deux choses : la proposition, qui est l'objet principal, le but vers lequel tout tend ; et le discours, dont l'objet est de faire adopter cette proposition ; que tout le monde sait que dans le discours qui précède une proposition, tout est ordinairement sacrifié pour faire adopter la proposition elle-même ; qu'il ne s'agit donc pas de savoir seulement quelle phrase on a pu dire, mais à quoi on a conclu d'après cette phrase ; qu'autrement, il n'y a point d'homme

[1] Archives.

DÉPOT LÉGAL
BIBLIOTHÈQUE NATIONALE

Pendant que les juges l'interrogeaient... (Page 212.)

qu'on ne puisse parvenir à trouver coupable. Et, en effet, qui ne sait qu'un seul mot changé dans une phrase la fait paraître criminelle; qu'il suffit quelquefois d'avoir séparé cette phrase de celle qui la précède ou de celle qui la suit, ou de cacher quelque circonstance qui l'ait déterminée; que serait-ce si on ajoutait à cela qu'un homme qui parle d'abondance au milieu du tumulte des passions ne peut être le maître de saisir le mot juste qui ne le compromettra pas? Que souvent il est poussé plus loin qu'il ne veut par les circonstances ou les hommes qui l'environnent? Enfin, qui peut assurer avoir retenu juste les mots d'une phrase en pareille circonstance? Qui pourra ajouter la phrase qui précédait ou celle qui suivait [1] ? »

En résumé, Goujon affirme qu'il se croyait comptable envers le peuple seul des motifs de ses opinions dans le sein de la Convention, et il avait raison. Quel étrange spectacle présentait ce procès inique! Ceux qui avaient approuvé les premiers les décrets mis aux voix, libres et accusant l'honnête homme qui avait voulu sauver la représentation nationale! « Puisse, conclut Goujon en se rasseyant au milieu du silence, puisse la patrie n'avoir jamais de plus grands crimes à punir ! »

Goujon fut plus heureux que Romme. Il trouva du moins des témoins pour déposer en sa faveur. Si Delacroix déclara qu'il *n'avait rien à dire*, Nicolas Haussmann, représentant comme Goujon, du département de Seine-et-Oise, vint déclarer au tribunal que Goujon, après les journées de germinal, lui avait parlé de l'horreur qu'il éprouvait pour les auteurs de l'émeute. Il vanta fermement la moralité, la pureté de la conduite de son collègue, l'admirable union qui régnait dans sa famille, et après Haussmann, un membre d'agence de la commission d'agriculture et des arts, un brave et obscur honnête homme du nom de Gilbert, écrivait au président de la commission qu'il garantissait « sur sa tête » la pureté des intentions de Goujon. « Je le connois depuis dix ans, je l'ai vu toujours le même, ami des hommes. Toujours Goujon eut pour maxime qu'il valoit mieux être victime d'un mouvement populaire que d'en être le complice. Il n'a, songez-y, dénoncé, ni incarcéré, ni condamné personne. Il n'est d'aucune coterie, vit dans la retraite. Je me connois un peu en hommes, ajoutait Gilbert. Eh bien ! Goujon est pur, j'en réponds comme je ferais de moi-même [2]. » Gilbert plaide ensuite les circonstances atténuantes de *la jeunesse*, de *l'ardent amour de la liberté,* des *inquiétudes patriotiques,* du *fanatisme de la vertu.* Tout est inutile, pauvre homme, ton ami est condamné d'avance.

Si les témoins à décharge sont rares, les témoins à charge sont nombreux, affirmatifs, implacables. Ils accusent, ils insistent, ils soulignent, ils rendraient l'arrêt si on les laissait faire. Ils se contredisent honteusement, piteusement. N'importe. Le citoyen Jourdan, rédacteur du *Moniteur*, celui qui a rédigé le compte rendu de la séance, prétend que, dans le bruit, Romme n'a pu entendre le président lui accorder la parole, mais il n'en a pas moins entendu, lui, dans cette tempête assourdissante, tous les propos, tous les mots qu'il a imprimés. Cela est écrit, il n'y a plus à y revenir. *Monitor dixit.* Louis Jullian vient phraser devant la Commission, « accuser ses collègues, qui présentaient des motions séditieuses sur les mêmes bancs où le sang d'un de leurs respectables collègues,

[1] Archives.
[2] Archives, C. $W^1$ 547.

*assassiné par leurs sicaires,* coulait encore [1]. » Un certain Xavier Fitte, âgé de vingt-deux ans, entend une voix *qu'il reconnaît pour celle de Goujon* s'écrier : « La Convention vient de prendre d'excellentes mesures. » Le témoignage est enregistré. Pigelet Villiers, négociant, a entendu, — quelle horreur ! — Bourbotte demander audacieusement l'abolition de la peine de mort. Témoin à charge, Jean Long, cultivateur, a vu Romme à la tribune. Romme réclamait, — le factieux ! — une livre de pain pour tous les citoyens. Jean Long est un témoin à charge. Témoin à charge, Barthélemy Gallois, qui n'a rien vu. Témoin à charge, Martainville, le journaliste, qui déclare avoir trop vu pour avoir tout vu.

Il a dix-neuf ans alors, ce Martainville, qui rédigera plus tard le *Drapeau blanc*, qui écrira le *Pied de Mouton*, et laissera son nom, on ne sait pourquoi, à tout un quartier de Rouen ; il demeure Galerie-Neuve du Théâtre de la République, section de la Butte-des-Moulins. Il n'a pas de talent, mais de l'ambition. On ne parle pas de lui, l'occasion s'offre d'en faire parler, il la saisira. Devant le tribunal, il ne dépose pas, il pose. Il se taille un rôle dans cette tragédie, il vante sa fermeté, il additionne les dangers qu'il a courus. On a voulu écrire sur son chapeau : *Du pain et la Constitution de* 93, et Dieu sait comme il s'est défendu ! Dans la Convention, il a tout entendu, depuis le cri de Duroy (que personne ne répète, si ce n'est lui) : *J'ai b..... chaud, mais c'est égal, ça ira !* jusqu'à l'appel de Prieur (de la Marne) : *A moi sans-culottes !* que Raffet lui-même, le commandant temporaire de la force armée de Paris, déclare n'avoir pas été proféré [2]. Il a vu « Goujon appuyé sur le bureau, et Laignelot, secrétaire, écrivant sur de petits carrés de papier, de la grandeur d'une carte, qu'ils passaient ou faisaient passer à Romme qui, de suite, à la tribune, faisait une motion. » C'est le journaliste qui veut être *informé* à tout prix, qui tient aux renseignements qu'il donne, qui serait, si on l'en croyait, au premier rang de tous les spectacles. Il en a les petites rancunes. Il prétend avoir entendu Duroy dire à un sans-culotte, en montrant la loge des journalistes : « Vois-tu, ces coquins-là ! Ils ont tous pris les armes contre le peuple ! » Manifeste mensonge, accusation faussement cruelle. Et, par une naïveté singulière, ce jeune homme, épris de renommée, altéré de bruit, qui dépose à tout propos, avoue être sorti de la salle et avoir pris la fuite « au moment où Bourbotte proposa l'arrestation des folliculaires [3]. »

[1] Archives.

[2] V. les dispositions de Raffet et de Martainville (Archives nationales). — C'est ce Martainville, délateur né, qui pourra être soupçonné, plus tard, d'avoir livré le pont de Saint-Germain aux Prussiens en 1814. C'est lui qui désignera le duc Decazes comme le complice de Louvel, et qui affirmera les avoir vus causer ensemble. Trop de zèle, valets des réactions !

[3] Déposition de Martainville. Il venait de publier une brochure : *Les Jacobins hors la loi.*

Après Martainville, Legendre vient déclarer ou plutôt écrit qu'il n'a rien à dire.

« 27 prairial.

« Le représentant du peuple Legendre, appelé pour déposer à décharge dans l'affaire des députés, déclare que, n'étant entré dans la Convention qu'avec la force armée, il n'a connaissance d'aucun fait à charge ou à décharge.

« LEGENDRE, de Paris [1]. »

Pour Duquesnoy, pour Soubrany, pour Bourbotte, l'atroce comédie se renouvelle des témoins cités à décharge qui viennent accuser l'accusé. Le député Fliéger, assigné par Duquesnoy, déclare par écrit qu'il a vu celui-ci, à la tribune, faire la motion de renouveler le Comité de sûreté générale. Doulcet, Gillet, Périn (des Vosges), Salengros, Gossuin, dont Duquesnoy réclame l'appui, n'ont rien vu, ne savent rien. Lesage (d'Eure-et-Loire), envoie cette lettre incroyable : « Si je le voyais, peut-être le reconnaîtrais-je, mais, à présent, je n'applique le nom de Duquesnoy à aucune des figures de l'Assemblée [2] »

Personne se contente de parler d'un coup de poing qu'il a reçu sur les paupières, de son sang qui a coulé au 1er prairial. Guimberteau était malade ; il s'est retiré. Bellegarde, lui, au moment où Duquesnoy montait à la tribune, avoue qu'il allait souper chez le citoyen Beaucaire. Il était à jeun. Brave patriote ! Et l'autre, demeuré à son poste, allait expier ce crime ! Je ne vois que Bonneval et Charlier qui osent plaider pour l'accusé. Bonneval déclare que Duquesnoy ne lui parlait jamais que siéges et batailles; Charlier affirme que Duquesnoy devait être à la Convention ce qu'il avait été à la Législative, un ami chaud de la liberté et de l'égalité, et qu'il lui a toujours paru pénétré de haine contre toute espèce de tyrannie.

Liébault dépose en faveur de Bourbotte. Forestier, juge au tribunal du second arrondissement et qui avait, avec Bourbotte, administré le département de l'Yonne, déclare que son ancien collègue a toujours marché dans « le sentier de la liberté. » Mais quoi ! ce jour fatal du 1er prairial, il était, croit-il, *un peu pris de vin* [3], ce qui arrivait quelquefois à Bourbotte, « sans que pourtant il en prît une très-grande quantité, et surtout depuis sa mission en Vendée, où il a, dit Forestier, éprouvé une fièvre putride qui lui a affaibli le cerveau. » Bourbotte entendit en souriant cette déposition. Pendant que les juges l'interrogeaient, pendant que les assistants l'injuriaient, comme ils avaient injurié

[1] Archives, C. W. 547.
[2] Archives.
[3] Déposition de Forestier.

ses compagnons, il tournait négligemment sa tabatière entre ses doigts, jouait avec elle, et répondait avec sa grâce et son esprit habituels. Cet enjouement, d'ailleurs, avait aussi de la grandeur. Bourbotte, le sourire sur les lèvres, parla de son amour de l'humanité, de cette sérénité de l'innocence qu'il aurait jusqu'à son dernier soupir. Après avoir à demi raillé ses accusateurs, il avoua qu'en se mettant à la disposition de la Convention, il n'avait ni projet ni plan, et suivait les *mouvements de son cœur*. « J'étais capable, dit-il, tout naturellement des plus grandes choses comme des plus simples. » Et, redressant la tête, le Gaulois redevenant Romain : « La crainte de la mort, dit-il fièrement, est au-dessous de mon courage et ne me ferait jamais désavouer une seule de mes actions. »

Soubrany fut ensuite amené. Le marquis, triste et doux, répondit en honnête homme. Un inconnu avait demandé, dans la Convention, que Soubrany fût nommé général de l'armée parisienne. A la question du président de la Commission : *Cet homme avait-il votre assentiment?* Soubrany répond fermement avec l'accent irrésistible de la vérité : *Non, je vous jure!* Il s'y serait même, ajoute-t-il, opposé avec force si, au moment de la mise aux voix, on eût reparlé de cette proposition. Il ne savait rien, d'ailleurs, de ce qui se passait, ne connaissait pas les projets des révoltés, il ne voyait que le salut de la patrie, il avait vécu toujours *dans l'isolement qui convient à un représentant du peuple*, et si Vernier eût refusé de mettre aux voix la première des motions, s'il eût averti la Convention qu'il ne pouvait la laisser délibérer sous des menaces, personne, certes, n'eût parlé. Au reste, il n'y avait pas de loi préexistante qui empêchât un représentant du peuple d'émettre ses idées dans le sein de l'Assemblée. C'était la même série d'implacables raisonnements qu'avaient tenus les autres accusés. Soubrany les accentua avec une douceur ferme, et lorsqu'on lui demanda s'il avait pris part à la délibération par laquelle une commission extraordinaire fut nommée, composée de quatre membres, pour remplacer les Comités de gouvernement, il répondit simplement, dignement *qu'il devait à la vérité, et pour ne pas laisser planer le soupçon sur aucun autre de ses collègues, de déclarer avec franchise que c'était lui qui avait fait cette motion*[1].

Pas un d'entre eux n'avait hésité, pas un n'avait reculé devant le couteau. Tous, depuis Romme, dont la belle tête chauve ressemblait à un marbre antique, depuis Goujon l'intrépide, jusqu'au gros Duroy, soumis et résigné, avaient regardé la mort en face. Elle ne les avait point fait pâlir. Pendant qu'il interrogeait Soubrany, une lettre était parvenue au président de la Commission, lettre concluante, mais inutile, qui établissait pourtant l'innocence de l'accusé. Il faut la citer, elle en vaut la peine.

[1] Interrogatoire de Pierre-Amable Soubrany (Archives nationales, C. W° 547),

« 27 prairial.

« Citoyen président,

« Une incommodité me retient depuis quelques jours dans ma chambre. J'apprends par les papiers nouvelles que vous êtes autorisé à recueillir les témoignages à charge et à décharge contre les représentants du peuple traduits à votre tribunal, par décret de la Convention. Je m'empresse de vous faire parvenir cette lettre pour vous rendre compte d'un fait qui concerne le citoyen Soubrany.

« Le 1er prairial, vers neuf heures et demie du matin, je rencontrai par hazard le citoyen Soubrany dans la rue Honoré, à vingt pas de son logement. Il m'invita d'aller prendre une tasse de chocolat avec luy, en me témoignant qu'il ne pouvoit me la donner chez luy parce que son domestique étoit malade et qu'il n'avoit pu se procurer du pain. Je luy dis que je ne pouvois accepter son offre puisque j'avois déjeuné et que j'avois eu du beau pain au caffé Minerve, que volontiers je l'y accompagnerois. Il me répondit que c'étoit un peu loin et qu'il en trouverait peut-être dans l'un des caffés qui sont sur la terrasse des Feuillans. Nous dirigeâmes ensemble nos pas vers le jardin des Thuilleries. Arrivés dans l'avant dernier caffé, il se fit verser du chocolat qu'il ne put prendre faute de pain, et de suite je lui réitéray la proposition de l'accompagner au caffé Minerve où il déjeuna. Pendant la route, il me demanda si j'avois entendu battre la générale et si je savois pourquoy on la battoit. Je luy dis que l'on disoit que le fauxbourg Montmartre et quelques communes de la campagne menaçoient de venir à force armée demander du pain à la Convention, et que sans doute on vouloit déployer la force armée pour en imposer à la foule égarée. Il me témoigna combien il voyait avec peine que le peuple étoit égaré par les royalistes, et que cette démarche contribuoit plutôt à priver Paris de ses subsistances et que le peuple entendoit bien mal ses intérêts toutes les fois qu'il étoit égaré, que c'étoit un bien grand malheur qu'on lui persuadât que la Convention pouvoit à son gré lui procurer des subsistances. Il prit son déjeuné et me dit qu'il devoit se rendre à la Convention, où la généralle l'appeloit. Je l'engageoï à dîner avec moi chez le restaurateur rüe Nicaise, et me dit qu'il y consentoit en m'invitant à le faire demander à la Convention sur les 4 heures si la séance n'étoit pas levée, que s'il en étoit du contraire il m'attendroit chez le restaurateur. Je l'accompagnay jusqu'au passage de l'intérieur du palais national, par où les députés entrent dans la salle de la Convention. Les événements qui se succédèrent dans l'après-midy me privèrent de réaliser l'engagement de luy donner à dîner.

« Voilà, citoyen président, ce que j'ay crû devoir déposer pour éclairer la conscience des juges de la Commission militaire, sur le compte du citoyen Soubrany dans le commencement de cette journée.

« Je vous prie de faire l'usage de cette déposition que votre justice vous suggérera.

« ISAR,

« Du district de Carcassonne (département de l'Aude), ci-devant employé par la 4e commission exécutive, logé maison Béarn, cour Saint-Guillaume, rue de la Loy. »

Hélas! tout était bien inutile. Cette vertu même, leur pauvreté, leur dévouement, leur passé les désignaient tous à la vengeance. On faisait un crime à Peyssard de sa conduite à Périgueux, lorsqu'en 1792 il avait été élu maire de cette commune. On avait mis dans le dossier de P.-J. Forestier je ne sais quel ignoble pamphlet, *Forestier tel qu'il est,* adressé à la Convention nationale par les *citoyens des communes de Cusset et de Vichy*, *réunis en sociétés populaires.* Forestier, dans ces pages boueuses, est représenté comme un *homme vindicatif,* un *mauvais fils,* un *bas valet des grands* [1]. Engerrant vient déclarer que *cet homme n'est qu'un misérable instrument des chefs de la Montagne.* Tous les accablent, tout les écrase. Pourquoi ce semblant de jugement? L'arrêt, dirait-on, est tout prêt. Il n'y a plus qu'à le prononcer.

Ils le savaient bien, les accusés, et déjà leurs précautions étaient prises. Autour d'eux veillaient les amis. La mère de Goujon, sa sœur, Tissot, son ami, avaient insisté pour lui parler. La mère, le matin du 29 prairial, avait écrit ce billet aux juges de son fils :

« *Aux citoyens composant la Commission militaire*, *la citoyenne Goujon mère.*

« Citoyens juges,

« Pleine de confiance dans votre justice et convaincue comme je le suis de l'innocence de mon fils, j'ose cependant vous supplier de m'accorder la permission de le voir ce matin un instant avant l'audience, voulant éviter la foule qui se trouve à *ses* heures-là, et aussi la trop vive émotion que pourroit me causer votre prononcé, quel qu'il soit. Ainsi que touttes mon espérance dans votre justice.

« RICARD, VEUVE GOUJON.

« J'attends votre réponse [2]. »

[1] V. *Forestier tel qu'il est.*
[2] Archives nationales, C. W² 547.

Au bas, Beaugrand écrivit : *Vous ne pouvez entrer dans ce moment-cy,* et renvoya le billet à la citoyenne Goujon. Mais la mère insista. Elle avait un terrible et sublime devoir à remplir. Il fallait qu'elle parlât à son fils. Les juges enfin y consentirent. Tissot a raconté la lugubre entrevue ! Toute la famille de ce jeune homme, sa femme qu'il adorait, sa sœur, son jeune frère apportant froidement à Goujon les moyens de tromper ses bourreaux, la mère des ciseaux, la sœur un canif, la femme du poison, Tissot un couteau. Pas un mot échangé, pas un cri, pas un sanglot, « un silence et un effroi contenu qui glaçaient le cœur ». Le gendarme de garde feignait de ne point voir, les autres accusés, retirés dans un coin, se détournaient, respectant ces derniers adieux. Romme songeait à sa mère en regardant la mère de Goujon. Duquesnoy écrivait à sa femme. « A peine, dit Tissot, Goujon se fut-il senti l'arbitre de son sort qu'une transformation soudaine s'opéra en lui, sa figure prit une expression sublime ; on eût dit que son âme avait déjà rompu ses liens et s'emparait du ciel. » L'extase du martyre commençait.

Il fallut se séparer. Goujon conservait ce rayonnement de l'apôtre qui meurt pour sa foi. Les femmes, pâles et glacées, mère douloureuse, épouse sacrifiée, ne pleuraient pas. Le frère seul, l'enfant, Alexandre Goujon, s'approcha de son frère, lui saisit la main et s'écria, relevant bravement sa petite tête blonde : « Je te vengerai ! » Mais Goujon, l'attirant à lui : « Mon enfant, dit-il, ce n'est pas la vengeance que je veux ; sois bon, sois libre, c'est ta sagesse qui fera ma gloire. Défends-moi contre l'imposture, c'est assez, et réponds à la calomnie : Respectez la mémoire de celui qui m'a fait un homme [1]. »

Duquesnoy, dans son angle, achevait sa lettre :

« Paris, 29 floréal, troisième année républicaine.

« Ma chère amie,

« Je vous fais passer inclu ma justification. Elle contient la plus exacte vérité. Cela n'empêche pas que je meurs victime de mon patriotisme et de la calomnie. Vous connaissez mon cœur, il fut toujours pur. Je meurt digne de vous et de mon pays pour le salut duquel je n'ai cessé de combattre dès le principe de la révolution.

« Tachez de conserver vos jours afin de pouvoir faire donner à nos infortunés enfants une éducation républicaine : rappelez leur souvent ceci : *Ne faites jamais à un autre ce que vous ne voudriez pas qu'on vous fît.*

« Je vous embrasse mille et mille fois de tout mon cœur, embrassez bien tendrement pour moi nos chers enfants et recevez mes tendres et éternels adieux.

[1] Tissot. Voy. à la fin du chapitre une note sur Alex. Goujon.

DÉPÔT LÉGAL
N° 28
BIBLIOTHÈQUE NATIONALE

Je te vengerai. (Page 216.)

« Faites de ma part mes adieu à tous mes parens et amis que vous voirez et dite leurs que tel il m'ont connu, tel je meurt.

« Je vous conseille de vendre une partie de bien pour rembourser la lettre de rente de quatre mille livres que j'ai contracté à Arras il y a environ dix-huit à vingt mois.

« Je vous embrasse de nouveau, adieu ma tendre et fidelle amie, je ne vous revoirai plus, c'est le seul regret qui me tourmente.

« Vive la République démocratique !

« Votre sincère et fidel ami,

« Ernest Duquesnoy. »

Puis il mettait l'adresse : *Pour la citoyenne Duquesnoy de Boiefflc*. Et, afin d'épargner la pauvre femme, d'éviter une blessure terrible, il chargeait un ami dévoué du triste soin d'avertir madame Duquesnoy, de remettre cette missive de mort, d'amortir le coup et de la consoler :

« *Au citoyen Lefébure Cayez.*

« 29 prairial.

« Mon cher parent, je meurt victime de la calomnie et pour avoir demandé le renouvelement du comité de sûreté générale, etc.

« ... Je vous recommande ma pauvre femme et mes chers enfants ; je les recommande à toutes les âmes vertueuses et à tous les amis sincères de la liberté. Je vous prie de faire mes adieux à tous mes parents et amis que vous voirez.

« J'écris à ma femme par le même courrier ; je vous conjure au nom de l'*amitié de vouloir bien lui remettre vous-même ma lettre et de faire tout ce qui sera en vous pour consoler cette vertueuse et infortunée épouse*. J'attends de vous ce dernier service.

« ... J'ai l'âme calme, je n'ai rien à me reprocher, je pardonne aux auteurs de ma mort...

« Vive à jamais la République démocratique.

« DUQUESNOY. »

Terrible ironie ! Depuis soixante-douze ans ces lettres, maintenant jaunies, dorment dans les dossiers de sang de la commission militaire ! Les martyrs sont tombés avec cette consolante espérance que leurs dernières paroles arriveraient aux cœurs des survivants. Ils se sont endormis sur ces adieux suprêmes comme sur des *oreillers de paix*. Et les juges n'ont pas eu le soin et la pudeur d'accéder au dernier vœu de ces mourants. Le greffe a tout pris et tout gardé, et les mères et les épouses ont brutalement appris la mort de ceux qu'elles aimaient par quelque journal de la réaction ou par la rumeur publique, cette calomniatrice éternelle à qui l'histoire seule, l'impartiale histoire, peut parvenir à faire baisser la voix. Pendant ce temps, la commission militaire rendait au nom de l'Humanité et de la Justice l'arrêt qui condamnait à mort comme coupables de conspiration, D'APRÈS LEUR PROPRE AVEU, Romme, Duquesnoy, Duroy, Bourbotte, Soubrany, Goujon, à la peine de mort, et Peyssard à la déportation. Que le poids de cet arrêt retombe sur ceux qui l'ont fait rendre !

LIBERTÉ. ÉGALITÉ. JUSTICE. HUMANITÉ.

« Paris, 20 prairial, l'an II• de la république française une et indivisible.

« Au nom de la République française, la commission militaire établie en vertu de la loi du 4 prairial de l'an III, pour juger tous les faits relatifs à la conjuration du premier du même mois et à la révolte qui en a été la suite, ayant fait comparoître devant elle dans le lieu ordinaire de ses séances :

« 1° Gilbert Romme, âgé de 45 ans, représentant du peuple du département du Puy-de-Dôme, natif de Riom, demeurant à Paris, rue Neuve-du-Luxembourg, n° 21, section de la place Vendôme ;

« 2° Jean-Michel Duroy, âgé de 41 ans et demi, représentant du peuple du département de l'Eure, né à Bernay, demeurant à Paris, rue de la Convention, n° 22, section des Thuilleries;

« 3° Jean-Marie-Claude-Alexandre Goujon, âgé de 29 ans à peu près, représentant du peuple du département de Seine-et-Oise, né à Bourg, département de l'Ain, demeurant à Paris, rue Dominique, n° 167;

« 4° Pierre-Jacques Forestier, âgé de 56 ans, représentant du peuple du département de l'Allier, né à Vichy, même département, domicilié à Cussey, demeurant à Paris, rue Honoré, n° 1497, section de la Butte des Moulins ;

« 5° Pierre Bourbotte, âgé de 32 ans, représentant du peuple du département de l'Yonne, né au Veau, district d'Avalon, même département, demeurant à Paris, rue Neuve-des-Bons-Enfants, n° 10, section de la Butte des Moulins;

« 6° Ernest-Dominique-François-Joseph Duquesnoy, âgé de 47 ans, représentant du peuple, né à Bauvigny-Boyeffete, canton d'Hersin, district de Béthune, département du Pas-de-Calais, demeurant à Paris, rue Nicaise, n° 479, section des Thuilleries;

« 7° Pierre-Amable Soubrany, âgé de 42 ans, représentant du peuple du département du Puy-de-Dôme, né à Riom, même département, demeurant à Paris, rue Honoré, n° 343, section de la place Vendôme;

« 8° Jean-Pascal-Charles Peyssard, âgé de 40 ans moins quelques mois, représentant du peuple du département de la Dordogne, né commune d'Agonac, district de Périgueux, même département, demeurant à Paris, place du Louvre, hôtel de Marsigny, n° 188.

« Tous accusés par la loi du huit du présent mois d'être auteurs, fauteurs et complices de la rébellion du 1er prairial et jours suivants contre la représentation nationale et la république française, et renvoyés par la même loi devant la commission militaire pour y être jugés ;

« Après avoir, dans les séances permanentes des 24, 25, 26, 27 et 28 de ce mois donné publiquement lecture à tous les accusés susnommés du décret d'accusation cy dessus daté, du procès-verbal de la Convention nationale du même jour, qui contient tous les faits qui ont servi de baze à ce décret d'accusation, après leur avoir fait individuellement et séparément subir un interrogatoire, entendu les témoins à charge qui leur ont été confrontés aussi publiquement, après avoir enfin reçu les déclarations et dépositions des témoins qu'ils ont indiqués à leur décharge, qui n'ont dénaturé, atténué ni démenti les faits qui leur sont imputés;

« Après avoir attentivement et mûrement examiné toutes les pièces du procès à charge et à décharge, et nottamment les deffenses écrites des accusés dans la chambre du conseil;

« La commission militaire, attendu que les accusés sont atteints et convaincus tant par la déposition des témoins que par leur propre aveu,

« Savoir :

« Gilbert Romme,

« D'avoir le 1er de ce mois, lorsque la salle de la Convention nationale était envahie depuis plusieurs heures par une foule nombreuse de femmes et d'hommes armés, demandé :

« 1° Que la tribune soit libre à ceux qui voudroient parler, en assurant qu'il étoit dévoué à la cause du peuple;

« 2° Que le président mette aux voix à l'instant les propositions de mettre en liberté les patriotes incarcérés depuis le 9 thermidor, et que le décret fût envoyé par des couriers extraordinaires;

« 3° La suspension de toutes les procédures commencées contre ces mêmes patriotes;

« 4° Qu'il soit fait à l'instant des visites domiciliaires;

« 5° La convocation et la permanence des sections de Paris, que les comités soient renouvelés au gré du peuple;

« 6° Que ce décret ne soit exécuté qu'après que les patriotes incarcérés auroient été mis en liberté;

« 7° Appuyé la motion de suspendre les comités de gouvernement, de s'emparer de leurs papiers et de les remplacer à l'instant par une commission extraordinaire composée de 4 membres;

« 8° Provoqué une liste de proscription contre les mandataires fidelles du peuple qui ne prenoient pas une part active aux mouvements liberticides des rebelles, en proposant un appel nominal;

« Ernest-Dominique-François-Joseph Duquesnoy,

« 1° D'avoir appuyé la proposition d'une commission extraordinaire pour remplacer le comité de sûreté générale;

« 2° D'avoir demandé le renouvellement et l'arrestation des membres de ce comité en disant : *Si nous ne prenons pas cette mesure, on fera demain ce qu'on a fait dans la nuit du 12 germinal;*

« 3° D'avoir été un des quatre nommés pour former la commission extraordinaire, et d'avoir accepté cette place et promis d'en remplir les fonctions avec courage;

« Jean-Michel Duroy,

« 1° D'avoir été un des principaux provocateurs des prétendus décrets rendus le 1er prairial;

« 2° Appuyé et rédigé toutes les propositions de Romme et demandé lui-même le réarmement des terroristes, la liberté des conspirateurs ses collègues, arrêtés, dit-il, illégalement dans la nuit 12 au 13 germinal, et de ceux qui se sont soustrait à l'arrestation; le rapport du décret du 5 ventôse, et que le décret fût envoyé par des courriers extraordinaires;

« 3° Demandé que le comité de sûreté générale soit tenu d'envoyer des commissaires pour rendre compte de ses opérations, la suspension des membres de ce comité, provoqué l'établissement d'une commission extraordinaire pour le remplacer, s'emparer des papiers, d'avoir été nommé membre de cette commission et promis d'en remplir les fonctions avec courage;

« Pierre Bourbotte,

« 1° D'avoir applaudi à toutes les propositions de Romme, Duroy, Goujon et autres, tendantes au réarmement des terroristes, aux visites domiciliaires, à la permanence des sections, au renouvellement des comités, et dit lorsqu'elles furent *adoptées que la commission venoit de prendre d'excellentes mesures* [1].

« 2° Proposé l'arrestation de tous les folliculaires;

« 3° D'avoir été l'un des quatre membres qui devoient former la commission extraordinaire, remplacer le comité de sûreté générale, s'emparer de ses papiers; d'avoir accepté cette place, promis d'en remplir les fonctions et d'être toujours prêt à exécuter les décrets de la Convention nationale;

« Pierre-Amable Soubrany,

« 1° D'avoir fait la motion de suspendre et renouveller le comité de sûreté générale, d'établir une commission extraordinaire pour s'emparer de ses papiers;

« 2° D'avoir appuyé toutes les autres propositions;

« 3° D'avoir invité ses quatre collègues nommés pour former cette commission à se réunir sur-le-champ et à prendre toutes les mesures nécessaires pour empêcher que les tyrans du 12 germinal ne fissent encore une pareille journée;

« Jean-Marie-Claude-Alexandre Goujon,

« 1° D'avoir encouragé, provoqué, appuyé et fait lui-même les motions les plus incendiaires, et dans le sens des révoltés;

[1] Or, il est prouvé par les débats que Bourbotte était, en ce moment, hors de la Convention.

« 2° D'avoir dit qu'*il ne falloit pas que le réveil du peuple fût inutile*, proposé de faire un appel aux patriotes opprimés et une proclamation pour les instruire des causes de ce mouvement;

« 3° D'avoir, après que les propositions furent adoptées, dit : *L'Assemblée vient de décréter de bonnes mesures ;*

« 4° D'avoir, pour les exécuter, proposé l'établissement d'une commission et le rappel des représentants en mission.

« Et attendu que par tous ces faits, les dits Romme, Duquesnoy, Duroy, Bourbotte, Soubrany et Goujon se sont montrés les auteurs, fauteurs et complices des désastreux événements qui ont eu lieu dans la journée du 1er prairial; qu'ils ont conspiré contre la République, provoqué à la dissolution de la Convention nationale, à l'assassinat de ses membres, entrepris, par tous les moyens, d'organiser la révolte et la guerre civile, de ressusciter tous les excès, toutes les horreurs de la tyrannie qui ont précédé le 9 thermidor;

« La commission militaire condamne les dits Gilbert Romme, Ernest-Dominique-François-Joseph Duquesnoy, Jean-Michel Duroy, Pierre Bourbotte, Pierre-Amable Soubrany et Jean-Marie-Charles-Alexandre Goujon à la peine de mort;

« Ordonne qu'ils seront livrés à l'exécuteur des jugements criminels, que le présent jugement sera par lui exécuté dans le jour sur la place de la Révolution.

« A l'égard de Jean-Pascal-Charles Peyssard, attendu qu'il n'a pas déployé le même caractère de rébellion, mais qu'il est convaincu, même de son propre aveu,

« 1° D'avoir proposé le renouvellement des autorités constituées, réorganisées depuis le 9 thermidor;

« 2° D'avoir lu à la tribune un projet de décret dont plusieurs articles avoient de l'analogie avec les motions des facticux, et d'avoir pris part à ce qui s'est passé ;

« La commission militaire condamne le dit Jean-Pascal-Charles Peyssard à la peine de la déportation ;

« Ordonne que le dit Peyssard sera réintégré dans la maison d'arrêt pour y rester à la disposition de la commission des administrations civiles, police et tribunaux, chargée à son égard de l'exécution du présent jugement.

« Quant à Pierre-Jacques Forestier, comme rien ne prouve qu'il ait pris une part active aux événements du 1er prairial et jours suivants, qu'il est cependant prévenu de faits antérieurs au 12 germinal et au 1er prairial ;

« Ordonne que le dit Forestier sera conduit dans la maison d'arrêt et y demeurera sous la surveillance du Comité de sûreté générale, pour prendre à son égard le parti qu'il croira convenable ;

« Ordonne en outre que le présent jugement sera imprimé et affiché partout où besoin sera.

« Fait et jugé à Paris le vingt-neuf prairial l'an troisième de la République française une et indivisible.

« M.-J. Capitain,
Vice-président.

« Talmel,
Chef d'escadron.

Verger,
Adjudant-général, chef de brigade.

« Deville.

Fabué [1]. »

La Commission, comme on sait, était expéditive. L'arrêt devait être exécuté *dans le jour*. Il était onze heures et demie du matin.

A midi, on ramena les députés dans le tribunal, et le jugement fut lu aux condamnés, qui reçurent le coup d'un front calme. Forestier seul laissa échapper un sourire. Bourbotte jouait toujours avec sa tabatière. Les derniers mots du prononcé du jugement une fois achevés, Goujon, impassible, se leva, et montrant un médaillon : « Voici mon portrait, dit-il, que je vous prie de faire remettre à ma femme. Je meurs pour la cause du peuple et de l'égalité. » Ils déposent sur le bureau leurs portefeuilles les lettres écrites dans la fièvre et l'enthousiasme de la mort, ces inutiles cartes de députés, qui n'ont pas été pour eux une sauvegarde, mais un danger. « Je vous charge de ceci, dit Duquesnoy en montrant la lettre que nous avons citée ; ce papier contient mes adieux à mes amis et à ma femme. Je désire que mon sang soit le dernier sang innocent qui coule ; puisse-t-il consolider la République. Vive la République ! » — « Les ennemis de la liberté, reprend Bourbotte en bravant la foule du regard, ont seuls demandé mon sang. Mon dernier vœu, mon dernier soupir sera pour la patrie ! » Étranges conspirateurs qui tombaient comme des martyrs, Catilinas singuliers qui mouraient comme des Curtius ! Le président les fit retirer [2]. Il était midi et demi, le tribunal allait suspendre sa séance, lorsque l'officier de garde entre effaré, tenant à la main un couteau ensanglanté. On vient d'arracher cette arme à la main crispée de Bourbotte. Le condamné s'est frappé, devant les gendarmes, devant la foule, en entrant dans la salle du rez-de-chaussée, qui servait de prison aux accusés [3]. Il est tombé en s'écriant : *Voilà comme un homme de courage sait terminer ses jours !* La stupéfaction des juges, l'effroi des auditeurs se devinent. Plus d'un pâlit. On ne songe qu'à s'en prendre à l'officier de garde ;

[1] Archives nationales, C. $W^2$ 547.
[2] *Journal de Paris.*
[3] Et non en descendant l'escalier, comme le disent plusieurs journaux du temps.

presque au même instant, on apporte sur le bureau un second couteau, long et ensanglanté, dont les autres condamnés se sont frappés à leur tour.

Ils entraient dans la chambre d'arrêt où se faisait la toilette des condamnés ; ils étaient libres encore de leurs mouvements. Goujon saisit le couteau qu'il tenait caché sous son habit bleu et, répétant qu'il mourait pour le peuple, d'une main ferme, il se l'enfonça dans le cœur. Romme alors se penchant, arrachant le couteau de la poitrine de Goujon, s'en laboura la poitrine, le cou et jusqu'au visage [1], avec une frénésie de mort, une rage de disparaître ; il tomba dans son sang, méconnaissable, mais sa main tendait à Duquesnoy l'arme qui le faisait maître de sa vie. Le mourant volontiers eût dit aussi : « Tiens, Pœtus, cela ne fait pas de mal ! » Duquesnoy tomba à son tour.

Ils se frappèrent tous six, ils se frappèrent tous au cœur [2]. Duroy prit le couteau des mains de Duquesnoy et le tendit à Soubrany après se l'être plongé dans la poitrine. En ce moment on apportait Bourbotte qui, sanglant, souriait encore. Duroy se tordait. « Mon pauvre Duroy, dit Bourbotte, je te vois souffrant beaucoup ; mais console-toi, c'est pour la République ! »

Ils avaient juré de mourir : ils avaient tenu leur serment.

Quand l'officier de santé, mandé par la commission, arriva en hâte, il en trouva trois de morts. Goujon, les traits contractés, la main crispée, Romme et Duquesnoy ne respiraient plus. Soubrany râlait. Bourbotte était « presque mourant. » Duroy seul aurait pu être sauvé, « mais, dit l'officier de santé, *il n'était question que de donner les premiers soins et d'arrêter l'hémorrhagie.* » Volontiers eût-on prié le chirurgien de faire vivre les condamnés jusqu'à la guillotine.

Le bourreau attendait dans la cour. Il y avait là des curieux, des privilégiés, des affamés d'horreur qui demandaient *à voir*. On fit monter, on porta les condamnés, tout sanglants, dans la charrette. Il était une heure. Bourbotte, indifférent, presque enjoué, l'œil paisible, la chemise rabattue sur ses épaules, couvert de sang, regardait la foule. Plus violent, d'un tempérament fort, plein de vie, d'ailleurs, Duroy laissait échapper sa colère. « Voilà les assassins qui jouissent de leur triomphe ! » s'écriait-il. Il leur montrait le poing. « Jouissez, messieurs les aristocrates ! jouissez de votre triomphe ! » Et, pendant qu'on l'attachait : « Ces mains-là étaient-elles faites pour être liées par un bourreau !... Ah ! que je suis malheureux de m'être manqué !... » Soubrany, le noble et fier Soubrany, disait simplement : *Laissez-moi mourir !*

Pendant le trajet de la maison d'arrêt à l'échafaud, Bourbotte, « bien assis [3] »

[1] *Procès fameux.*

[2] V. *Pièces justificatives*, le rapport de Marmouget, officier de santé.

[3] *Procès fameux.*

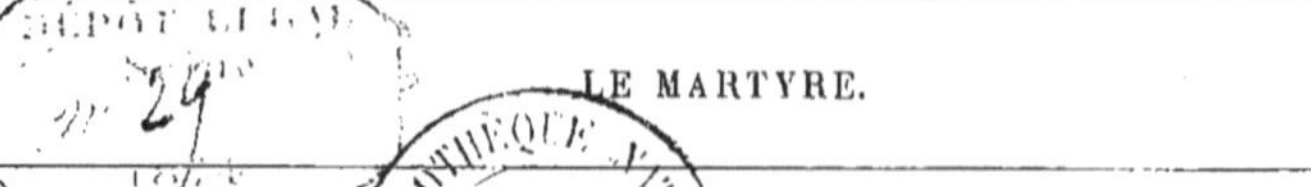

Il tomba dans son sang. (Page 224.)

et l'attitude fière, ne dit pas un mot ; il semblait curieux de ce qui se passait autour de lui et portait haut la tête. Duroy s'était tu ; la mort approchait, il voulait la recevoir dignement. Soubrany, entièrement étendu dans la charrette, trouvait l'agonie bien lente. On le porta sur l'échafaud, mais déjà il ne respirait plus. Sa main avait frappé juste. Sanson guillotina encore une fois un cadavre. Duroy monta alors, cria : « *Vive la République!* dit tout haut : *Unissez-vous tous, embrassez-vous tous :* c'est le seul moyen de sauver la République, » livra sa tête au bourreau et mourut. Bourbotte restait le dernier. Il voulut parler alors à ces rares spectateurs que le rouge spectacle attirait là. Pendant qu'on l'attachait sur la planchette, il parlait ; il parlait encore le cou dans la lunette, lorsque le bourreau s'aperçut que le couteau n'avait pas été remonté. Pour relever l'instrument, il fallut redresser Bourbotte. L'intrépide martyr employa ce temps à parler encore à ceux qui l'entouraient. « Je meurs innocent, disait-il, et je désire que la République prospère ! » C'était l'éternel testament de ceux qui mouraient pour l'Idée. Tués par la liberté, ils criaient liberté jusqu'à la dernière heure. « Vive la République ! » répétait Bourbotte, et sa tête tomba.

Il était deux heures.

Chose étrange ! Comme si le peuple eût compris que, cette fois, mouraient les derniers défenseurs de ses droits, la place de la Révolution était presque déserte. Les lécheuses de guillotine n'avaient osé venir. On était d'ailleurs las du sang, et il fallait être thermidorien pour le faire couler. Les condamnés, pourtant, par précaution, avaient été escortés par un régiment de cavalerie : un bataillon d'infanterie était placé en observation dans les Champs-Élysées, et un autre détachement, sur le pont de la Révolution, attendait, rangé en bataille. Paris ne bougea pas, mais il protesta par sa morne attitude.

Pendant ce temps, la commission militaire, éperdue, demandait des instructions au Comité de sûreté générale. Que faire des cadavres? Les envoyer le soir même à l'échafaud, comme jadis Valazé, ou comme naguère Le Bas.

Mais les temps étaient bien changés ! Le Comité, sans doute fort décontenancé lui-même, répond « qu'on délibérera sur la catastrophe. » Dans ce moment, ajoute-t-il, il s'agit de donner la sépulture aux morts qui sont restés dans la chambre d'arrêt, et, à cet égard, vous ferez donner les ordres nécessaires pour que cette cérémonie s'accomplisse dans les formes ordinaires [1]. La commission passa la journée tout entière dans le trouble, faisant arrêter l'officier de grenadiers Lefrançois, qui avait reçu l'ordre de visiter et de désarmer les accusés, appelant l'officier de police de la section de la place Vendôme pour la levée des cadavres, attendant, hésitant, regardant ces couteaux sanglants qui leur avaient ravi trois de leurs prisonniers. Elle se sépara, sans avoir fait autre chose que de veiller sur les cadavres, à sept heures et demie du soir.

Le lendemain, deux fossoyeurs de la section de la place Vendôme, chargés de l'inhumation de Romme, Goujon et Duquesnoy, se présentaient devant le commissaire de police de leur section et lui remettaient une pointe de ciseau trouvée entre la première et la seconde semelle d'un des souliers des députés [2]. Était-ce Romme, était-ce Goujon qui portait ce ciseau avec lui ? Évidemment, tous voulaient mourir. Les couteaux manquant, — ces longs couteaux qui gardent

[1] Archives nationales. La pièce est de la main de J.-F. Rovère.
[2] V. *Pièces justificatives.*

encore, comme une rouille, du sang sur leur lame, — la petite, mais solide et terrible pointe d'acier les eût délivrés du bourreau [1].

Ainsi périrent, glorieusement pour eux, inutilement pour leurs ennemis, sacrifiés à la réaction et immolés à la peur, les plus purs et les plus courageux des survivants de la Montagne. Tout leur crime fut d'avoir inspiré à leurs puissants collègues le respect et l'envie. Intègres dans leur foi, innocents des mesures passées, héritiers de la rigide conscience républicaine, ils étaient à la Convention bien plutôt le remords que la menace. On les redoutait moins parce qu'ils étaient à craindre que parce qu'ils étaient à imiter. La vertu paraît souvent comme une folie, quand elle ne semble pas un crime aux corrompus. Quel fut le cri suprême poussé par ceux que l'Assemblée allait envoyer à l'échafaud comme des assassins farouches ? Quelle grande parole domina l'affreux tumulte et rayonna, pour ainsi dire, sur cette ténébreuse journée : *Il faut abolir la peine de mort!* On devait l'abolir, en effet, mais après l'avoir appliquée sans pitié contre ceux qui avaient commis ce forfait inouï de jeter une parole de fraternité à travers les clameurs de l'insurrection.

Ils avaient été exécutés le mercredi 17 juin. Neuf jours après, dans ce même mois de prairial an III, mourait le dernier des dauphins de France. Louis XVII s'éteignait, malgré les soins du célèbre chirurgien Pelletan et du premier médecin de l'hospice de santé, Demangin, le 8 juin, dans la prison du Temple, et telle est la force et la vitalité de l'Idée, que tandis que les royalistes ne voulaient pas croire à la mort du fils de leur roi, les républicains prétendaient que le Montagnard Romme vivait toujours [2]. Deux légendes parallèles, asymptotes plutôt, naissaient en même temps. Le Dauphin avait été enlevé, un autre enfant enterré à sa place : il était en Allemagne, à Londres, en Amérique. Romme, lui, rap-

[1] Je les ai vus ces deux couteaux, je les ai tenus entre les mains, non sans une émotion véritable. Ils sont aux Archives, joints aux volumineux dossiers de cette lugubre affaire. Celui-ci, long de 22 centimètres, au manche de corne blanc et noir, à la lame large de 2 centimètres et demi, courte et forte, est celui qui a tué Bourbotte. L'autre, plus long de 2 centimètres, le manche noir, et *bien en main*, la lame usée, longue, effilée, vraie lame de bistouri, toute sanglante encore, dirait-on, avec des façons de caillots à la garde, — a tué Romme, a tué Goujon, a tué Soubrany, a blessé Duroy. Quelles amères pensées vous viennent devant ces reliques!

[2] On lit dans le *Journal des hommes libres* : « Les bruits les plus contradictoires circulent sur la mort du jeune Capet. Chacun le fait mourir à sa manière ; quelques-uns le prétendent vivant. La vérité est que cet enfant est mort de la même maladie que son frère. La santé de sa sœur est aussi très-mauvaise. » Avant Pelletan et Demangin, l'illustre Desault avait soigné le dauphin, mais Desault était mort le 16 prairial. Mercier, dans ses *Annales patriotiques*, raconte les on-dit du temps. « L'enfant vit, les Vendéens l'ont recueilli et confié à l'Autriche. » La vérité est que Louis XVII était mort, nous l'avons dit, d'une affection scorbutique. — Voici, d'une autre part, ce que rapporte la *Biographie des Contemporains de* 1804 : « Romme, dit-on, a été rendu à la vie, mais ses facultés intellectuelles sont restées éteintes. Ses amis,

pelé à la vie, s'était caché dans Paris, il avait gagné la Russie. Il donnait, là-bas, au jeune comte Strogonoff, des leçons de latin, enseignait la culture des plantes. Et, comme on allait avoir des faux dauphins, on allait, à chaque insurrection nouvelle, signaler à Paris la présence de Romme. Romme avait été vu, en fructidor, dans son costume de représentant, au sommet d'une barricade. Romme avait pris un fusil en vendémiaire ; en brumaire, Romme avait essayé de soulever le faubourg et de marcher sur Saint-Cloud.

Légendes, contes de grands enfants, chimères qui montrent à quel point l'Idée s'impose, germe, grandit et féconde. Malheur aux partis qui n'ont plus d'hommes en qui s'incarner ! Tout régiment veut un drapeau qui rallie et unifie les dévouements, et trop souvent le drapeau humain reste dans la mêlée. Point de fétichisme, soit : les hommes ne sont rien à côté des idées. Mais qui peut nier que la perte d'un homme n'entraîne parfois celle d'une liberté ? Un homme, c'est quelquefois une vérité vivante et mieux qu'une vérité : c'est un exemple.

La réaction savait bien ce que valaient ceux qu'elle venait d'immoler. Elle avait décapité l'avenir.

ajoute-t-on, le transportèrent dans une retraite, puis il se rendit en Russie, où il avait passé autrefois plusieurs années ; il y aurait même vécu ignoré et inconnu à tout le monde. On dit aussi que Goujon a retrouvé la vie, les uns disent quelques instants (il avait perdu trop de sang), les autres disent pendant six semaines encore... Le crédit qu'a trouvé en France le récit de cette conversation, ajoute la *Biographie*, prouve quel intérêt leur parti y prenait. » Sans doute, et la légende a toujours intérêt à se venger de l'histoire. Mais les pièces authentiques réduisent à néant ces assertions, qui consolèrent un moment les patriotes.

---

Le 9 avril 1823, les anciens élèves de l'École polytechnique accompagnaient au cimetière du Père-Lachaise le corps d'Alexandre-Marie Goujon, mort des suites d'une chute faite à Eylau, où il avait eu un cheval tué sous lui. C'était le frère de Goujon. Sorti de l'École polytechnique, il avait pris rang comme officier dans l'artillerie à cheval ; ami de Suchet, poëte à ses heures, il rimait des odes philosophiques entre deux coups de canon. Cette terrible chute de cheval ébranla sa constitution, le rendit valétudinaire. Il quitta le service, épousa la fille de Tissot, et se mit à écrire. Il est l'auteur de la meilleure table de Voltaire, cette table dont M. Jay a dit : *C'est un travail de bénédiction.* Noble existence consacrée au travail, bien digne de ce frère aîné qui dut rester présent à ses yeux, toujours comme un modèle.

# CHAPITRE VIII

## LES DERNIERS JOURS DE LA COMMISSION

Les députés une fois morts, la commission militaire semble respirer. Hier encore, elle avait hâte de grossir les listes, d'expédier promptement les condamnations, d'en arriver, pour en finir plus tôt, aux membres de la Convention. Maintenant elle procède avec une sage lenteur, elle est comme débarrassée de la lourde tâche dont on l'a chargée. Elle procède avec plus de calme à ses jugements. Elle fait comparaître devant elle un accusé ou deux par jour, trois au plus, et non pas, comme auparavant, une fournée. Elle est plus clémente, d'ailleurs. Ceux que la Convention regardait comme les chefs une fois immolés, qu'importe la foule quasi-anonyme des factieux ! Après tant de rigueur, on peut bien se parer d'un peu de clémence. Les insurgés, immédiatement jugés après Romme, Goujon, Soubrany et leurs compagnons, sont mis en liberté.

Le premier est un nommé Laurent Martens, un pauvre marchand corroyeur, qu'on a arrêté le 4 dans un groupe, à l'heure « où l'on s'emparait indistinctement de tous ceux qui n'étaient point de service et qui entraient ou sortaient du faubourg Antoine [1]. » Le malheureux n'était qu'un curieux, comme tant d'autres; comme cet Étienne Mangin, jugé le 2 messidor, et qui écrivait au tribunal : « Je suis détenu injustement. Ma femme va accoucher. Elle n'a pas d'argent, et cela est dans le cas de la faire périr elle et son enfant [2]. » Que de misères soudain dévoilées par ces interrogatoires, et avec quelle célérité cruelle on y répond la plupart du temps par une condamnation ! Un perruquier de la rue d'Orléans, Antoine Taillardat, se promenait en habit rouge, sur le Pont-Neuf, le 1er prairial, criant que *Robespierre et la Commune avaient été sacrifiés, qu'il fallait convoquer les assemblées primaires ; que Louis XVI, dans tout son règne, n'avait pas*

[1] Interrogatoire de L. Martens (Archives de l'empire).
[2] Dossier de Mangin. (*Ibid.*)

*tant fait de mal que la Convention en un jour* [1]. Il répétait, de bonne foi sans doute, ce qu'il avait entendu dire autour de lui, ce qu'il avait lu. — *Qu'avait donc fait Robespierre*, demandait-il, *pour qu'on l'ait tué?* En ce moment, un citoyen l'interrompt : *Malheureux! Et les cadavres qui couvrent la France!* Taillardat, aussitôt, perd son assurance. *Voyons,* reprend l'autre, *Robespierre est-il un scélérat, oui ou non?* Le pauvre diable de perruquier hésite, se gratte la tête : *Après tout, je ne le connais pas, je n'en sais rien* [2]*!* Et il rentre dans la foule.

La Commission le condamne à la déportation.

La peine de mort, au surplus, se fait rare dans les arrêts. Des mises en liberté sont prononcées où, quinze jours auparavant, on eût répondu par la guillotine. Un Ardennais, Alexandre Henri, ci-devant courrier, prévenu d'avoir menacé de son sabre un représentant dans la Convention, d'avoir dit, en montrant un député frisé : *Est-il permis, un jour de trouble, de s'attifer?* est mis en liberté. Un autre, un tabletier, Gabriel Malherbe, chez un traiteur de la rue du Temple, au coin de la rue de Nazareth, s'écrie tout haut : *On a tort de poursuivre le particulier* (Tinel) *qui a porté la tête du coquin tué à la Convention!* En liberté, le 7 messidor. En liberté le 11 messidor, Pierre Bouton, prévenu d'avoir hurlé : *Renversons la Convention!* Le 16, en liberté, Mathurin Berthelot qui se vantait d'avoir sauvé l'assassin de Féraud. « Au moment où le condamné passait sur le quai, j'entends dire que cet homme allait périr pour avoir demandé du pain; je monte dans la charrette, et je suis conduit jusqu'au pied de l'échafaud. C'est alors que le peuple s'empare de cet homme [3]. » Deux mois de détention seulement à Jean-Louis Morand qui, devant tous, au moment où un marchand de journaux annonçait le meurtre de Féraud, avait dit : *Tant mieux! Je voudrais en égorger quarante!...* On dirait que les récents suicides, le drame terrible du dernier jour de prairial, ont consterné les membres de la Commission et les font hésiter.

Ils ont d'ailleurs, au besoin, de la sévérité en réserve. Louis Duclos, raccommodeur de faïence, tout sanglant encore d'un coup de sabre reçu à la lèvre, aperçoit des citoyens lisant les deux décrets *pacificateurs* de la Convention : «Vous êtes des imbéciles d'y croire! dit-il. Il faut chasser les députés comme des scélérats. Ils sont soutenus par des brigands de la section de la Butte-des-Moulins qui m'ont blessé hier, moi et mon enfant! » Et il montre son visage. On l'arrête. Deux mois de prison.

Jean-Baptiste Combe, un maçon, entré à la Convention, le sabre à la main,

[1] Dossier de A. Taillardat (Archives, C. $W^3$ 547).
[2] *Ibid.*
[3] Interrogatoire de Berthelot.

s'était assis sur la table, à côté du président : *C'est abominable*, disait-il à Bourdon (de l'Oise), *de n'avoir qu'un quarteron de pain par jour!* Il n'avait insulté ni maltraité personne. Le soir, dînant chez un marchand de vins, il frappait du poing, répétant : « Le coup est manqué! Nous avons été des lâches! *On aurait bu du vin à 8 sols la bouteille*[1] *!* » Il fit remarquer au tribunal qu'il portait, ce jour-là, un habit gris blanc; il avait depuis quelque temps, quitté un habit rayé rouge *de peur d'être assassiné par les muscadins.* Condamné à la déportation.

Et dans ces accusations, je ne saurais trop le répéter, il suffit d'un *on dit* pour décider de l'arrêt! Qu'importent les preuves! Robert Crappé, officier de santé, étant à la fenêtre qui donne sur le jardin des Tuileries, et voyant courir un député, *aurait dit:* « Qu'on lui coupe la tête. » Déporté. Jean-François Richer, menuisier, *aurait* déclaré « qu'on n'aura du pain qu'avec du sang! » Déporté. Un commissaire de la section des Gardes-Françaises (Comité civil) lit à la foule qui gronde la proclamation de la Convention. Jean-Marie Simonet la lui arrache des mains, et lui dit (peut-être pour le sauver) : *Tu es commissaire! Retire-toi donc! tu te feras assommer!* Simonet est déporté. Pourquoi pas exécuté? Un perruquier, Claude Perrin, grimpant dans la Convention auprès du président, s'écrie niaisement : *Point de constitution démocratique! Au prix de mon sang, je veux Louis XVII!* Déporté.

Mais la seule condamnation à mort que je rencontre dans ces derniers dossiers est celle de Martin Tacque. L'histoire de cet homme est d'ailleurs atroce; elle montre bien, encore une fois, quelle férocité latente existe souvent et se tapit dans le cœur de l'homme, quel foyer de cruauté qui n'attend, pour s'allumer, qu'une étincelle. Martin Tacque, conducteur d'animaux, demeurant à Nevers, employé aux subsistances militaires, menait des bœufs aux armées. Le 1er prairial, il venait de Fontainebleau à Paris : entre Lieursaint et Montgeron, il s'arrête chez l'étapier, y fait manger ses bœufs, reprend la route de Paris, livre ses bêtes et va se promener sur les boulevards. Les boulevards était gros de foule bruyante. Martin s'informe. On assiége depuis le matin la Convention. « C'est donc cela? dit-il. *Enfonçons-la, puisqu'elle ne nous donne pas de pain!* » Et, en veste grise, son bâton à la main, suivi d'un chien de berger, il va à la Convention, comme tout le monde. Il rencontre en chemin des sectionnaires. « Ah! vous êtes bien sots de vous armer pour une Assemblée qui nous laisse mourir de faim: *Tenez, mon chien n'a pas mangé depuis trois jours*[2] *!* » Et il

[1] Voy. pour ces divers détails les dossiers de tous ces prévenus, aux Archives (C. W² 546 et suivants). On ne donne ici aucun détail qui ne puisse être souligné d'une note en manière de preuve.

[2] Archives.

entre, criant : *A bas la Convention ! à bas les députés !* Cet homme, qui ne savait rien, le matin, de ce qui se passait à Paris, était, le soir, des plus fougueux et des plus terribles. Il gesticulait, levant son bâton, son chien à ses côtés. Puis, étouffant, il sort ; il voit passer sur une pique la tête de Féraud : tout fier, il l'arrache et la promène à son tour... On l'arrête, on le conduit au Comité de sûreté générale et, de là, aux prisons des Orties. Il fut exécuté le 11 messidor, à cinq heures de l'après-midi.

Il n'est pas le seul qui, honnête la veille, soudain saisi d'un prurit de sang, se soit ainsi senti comme emporté par un cauchemar lugubre. Quelle machine effroyable que cette machine humaine, pleine de ressorts cachés, d'horribles inattendus ! La médecine seule peut expliquer ces mystères, ces fièvres chaudes de fureur, et par l'hérédité, ces atroces nostalgies de meurtre qui surgissent brutalement et transforment et détraquent un individu. Je trouve jusqu'à des enfants que saisit cette rouge hystérie, deux gamins de Paris, Pierre Kerkorec, Étienne Fournier, tambours du bataillon de l'Observatoire, et qui, sur la place du Carrousel, trouvant une mare de sang, du sang de Féraud dont on venait de transporter le tronc au corps de garde, tandis que la foule emportait la tête coupée, se baissèrent sur cette mare, y plongeant leurs mains, en teignant leurs sabres, en barbouillant leurs pantalons. Et pourquoi? Par cet atroce besoin qu'a le *jaune gamin*, affamé de bruit, de *poser*, de parader, d'arborer des trophées, même des trophées de carnage [1].

Le mois de messidor ne vit tomber qu'une seule tête, celle de Martin Tacque. C'était la dernière que la Commission devait jeter au bourreau. En thermidor, un moment on put croire que Magnier, Brutus Magnier, allait passer par les mains de Sanson. Le 3, on commençait son procès, le plus étrange peut-être de tous les procès de la Révolution française. Nous avons conté cette histoire ; elle méritait tout un chapitre, et ce chapitre inconnu, et qui paraîtra peut-être incroyable, est maintenant écrit. Dans sa prison, Brutus Magnier se plaignait qu'on lui eût donné pour compagnon de captivité un étranger, un Anglais. La haine de l'Anglais était alors féroce, indomptable. Tous les maux de la France venaient de Pitt ; on croyait, on sentait qu'un œil anglais était ouvert sur toutes les affaires de la République. L'Anglais, muet, de sa prunelle bleue, observait tout, disait la rumeur. Il était l'ennemi, l'espion, le corrupteur : c'était, répétait le peuple, et même les hommes d'État, c'était son or et ses calomnies qui fomentaient la haine, attisaient les discussions fratricides, donnaient la main, don-

[1] Pierre Kerkorec, condamné à un mois de détention, Étienne Fournier, mis en liberté.
Ces journées, il faut tout dire, sentent la fièvre. J'ai trouvé aux archives de la préfecture de police le procès-verbal de suicide d'un citoyen qui, affolé peut-être par cet atmosphère de salpêtre, se jeta par la fenêtre sur le pavé, le 1er prairial.

30.
1874



BIBLIOTHÈQUE NATIONALE
R F
IMPRIMÉS

Il voit passer sur une pique la tête de Féraud. (Page 232.)

naient des armes aux émigrés de Coblentz et aux rebelles de la Vendée. Que de reproches Nicolas Madjett, dit *Burns,* prêtre irlandais, enfermé aux Quatre-Nations, dut essuyer du farouche Magnier !.

Ce Nicolas Madjett, dont je n'ai pu bien éclaircir le rôle, était accusé d'espionnage. Né à Keralec, dans le comté de Kerry, en Irlande, élevé à Sainte-Barbe, un moment vicaire dans le district de Bordeaux, demeurant à Londres depuis le 19 janvier 1794, il était parti le 4 août de cette même année pour la Jamaïque ; pris en route, à bord du vaisseau anglais *le Belmont*, par des frégates françaises, on l'avait conduit à Brest le 20 août. Prisonnier de guerre, il proposait alors à Faure (de la Creuse), en mission à Brest, de faire venir du blé d'Amérique « pour sauver de la disette le plus beau peuple de l'univers ». Il avait d'ailleurs des antécédents révolutionnaires. Il se vantait d'avoir écrit un projet de propagande pour exciter des mouvements en Angleterre. On prétendait qu'au temps où Barère publiait son journal *le Point du Jour,* Madjett traduisait et élaborait les articles de Londres. Barère avait même, ajoutait-on, mis le nom de l'abbé sur la liste des précepteurs à donner au petit Capet. Lebrun recevait Madjett fréquemment, mais s'en défiait. Au moment de son arrestation, le prêtre irlandais, qui voyageait en France sous le nom de *Burns, négociant américain*, était, en outre, porteur d'une lettre de recommandation pour le *citoyen Récamier, banquier*, 19, *rue du Mail.*

Quel était cet homme ? L'histoire de ces temps troublés est ainsi pleine de questions qui demeurent sans réponse. La France, à n'en pas douter, était alors épiée, dénoncée, trahie par des aventuriers qui correspondaient, on ne sait comment, avec les ennemis du dehors. Les rois d'Europe avaient leur police au cœur de la République. Nicolas Madjett, s'évadant de Brest, le 24 janvier 1795, avait été trouver, disait-on, le prince de Condé ; il avait séjourné à Bade, à Coblentz, puis on l'accusait d'être allé à Dublin donner de fausses nouvelles aux prisonniers français, ensuite de s'être introduit en France pour surprendre nos secrets. A toutes ces accusations, l'abbé répondit à la Commission qu'il venait en France pour proposer des fournitures à l'État. Et, comme preuve, il apportait quatre portefeuilles d'échantillons d'indiennes et de basins. Il ajoutait qu'il n'avait jamais collaboré au *Point du Jour*, qu'il ne connaissait point Barère. Impossible de le convaincre. La Commission, par jugement du 4 thermidor, déchargea Madjett de l'accusation d'espionnage, le renvoyant en arrestation devant les Comités en qualité de prisonnier de guerre.

Et cet homme disparut, comme tant d'autres, rentrant dans son ombre, continuant son œuvre ténébreuse, honnête homme calomnié, peut-être, ou agent secret de ces ennemis occultes qui combattaient prudemment avec de l'or contre des armées qui leur répondaient, poitrines découvertes, avec le fer.

Depuis le primidi messidor, neuf heures du matin, où la Commission, encore émue de la catastrophe de la veille (le suicide des députés), avait repris ses séances, je le répète, les sentences s'étaient adoucies. Pour frapper, la main de ces juges était lasse. Leur œuvre, encore un coup, était accomplie. Jadis, entre les séances, ils mettaient à peine quelques heures, — le temps normal du repos, — accusant, interrogeant, condamnant comme avec fièvre. Depuis le 22 messidor, ils levaient les séances le soir à quatre heures et les reprenaient le lendemain seulement, vers neuf heures. La Convention n'était cependant pas ingrate, et cette mollesse relative ne lui faisait pas oublier la rigueur qui avait précédé. Le 7 messidor, le Comité de sûreté générale rendit l'arrêt suivant:

« Les membres et suppléants de la Commission militaire ne recevront d'indemnité qu'autant que la solde attachée à leurs grades ne s'élèverait pas à 36 livres par jour, non comprises les rations qui leur sont attribuées par la loi.

« Les membres et suppléants de ladite Commission dont le traitement pécuniaire est inférieur à ladite somme de 36 livres, recevront pour indemnité la différence qui se trouve entre leur solde et ladite somme de 36 livres, de manière que chacun d'eux touche, pendant la durée de leurs fonctions, ladite somme de 36 livres.

« La Commission des administrations civiles (police et tribunaux) demeure chargée de régler et faire payer leur indemnité [1]. »

Et cependant, la Convention se désintéressait de cette Commission. Elle tournait tout de bon, maintenant que les exécutions avaient eu leur cours, à la clémence. Le 20 messidor, après avoir entendu Partiez (de l'Oise) qui réclame, au nom du Comité de l'instruction publique, la place de la Révolution pour y célébrer la fête du 9 thermidor, décrète que cette place ne servira plus de lieu d'exécution. Voilà qui est bien, cette fois; c'est à peu près proscrire l'échafaud, mais quand il est trop tard.

Quelques jours après, le 11 thermidor, le Comité de sûreté arrête que la maison de la ci-devant mairie, rue des Capucines, sera mise à la disposition des représentants chargés de la direction de la force armée (pour les états-majors), et que la Commission sera transférée rue d'Antin, section Vendôme, maison du Mont-Dragon.

Le 14, le Comité ordonne que les effets des suppliciés soient remis à leurs adresses, aux parents qui les réclameront, les papiers exceptés, qu'on gardera pour les examiner. On voit alors venir les veuves, les mères; des gens en deuil assiégent la Commission, réclament un vêtement, une mèche de cheveux, une relique de ceux qu'on leur a pris. Marie-Anne Logez, veuve Duquesnoy, donne sa procuration à Arras, par-devant notaire, pour recouvrer les habits de Duquesnoy, *et pour les faire vendre* — elle n'a d'autres ressources — *afin d'acquitter les dettes du mort* [2]. Florent Duquesnoy, général de division, le frère du conventionnel, fait tout exprès le voyage de Béthune.

On retrouve, parmi les noms des réclamants, des noms aimés:

Marie-Madeleine Chaulin, *veuve Romme;*

Marie-Louise Cormery, *veuve Goujon*, qui fait réclamer les effets par ce brave

[1] Voir le registre de la commission militaire (Archives, C. W², 548).

[2] Archives de la préfecture de police.

citoyen Gilbert, agent de la Commission d'agriculture, que nous avons vu si bien défendre son ami ;

Marguerite Du Boys, veuve Soubrany, *mère et unique héritière de Soubrany.*

Les journées du 14 et du 15 thermidor avaient été employées à transférer à la maison du Mont-Dragon les papiers, les dossiers de la rue Neuve-des-Capucines.

Le 16, la Convention rendait le décret qui supprimait la commission militaire. Depuis le 11 de ce mois, elle ne jugeait plus personne.

Il fallait donc se séparer.

Le procès-verbal de clôture de ces tristes séances est solennel, froid et implacable comme la consigne. Ils se séparent, ces soldats, sans remords, forts de leur conscience, et, le mot d'ordre accompli, ils rentrent dans le sein de l'armée, calmes, sans que le souvenir d'une de leurs victimes les vienne troubler, tels qu'au soir d'une bataille, l'arme fumante encore, ils rentreraient au camp sans se soucier des ennemis morts.

Hélas! cette fois, les ennemis c'étaient des Français, — mieux que cela, c'était la France. La commission militaire ne l'avait pas compris.

Avant de se séparer, ils rédigèrent en commun et signèrent ce procès-verbal :

« Du 17 thermidor, l'an III de la République française, une et indivisible.

« La commission militaire ne s'est pas dissimulé ce qu'il y avoit de pénible dans la mission importante dont on l'a chargée, mais forte de son courage, de son patriotisme et de son ardent amour pour la liberté, le bonheur et la tranquillité de son pays, elle n'a été intimidée ni par l'importance de ses fonctions, ni par le danger des circonstances, ni par la crainte de déplaire à quelques individus. Elle a dû sacrifier, elle a sacrifié toutes les considérations, toutes les influences étrangères, toutes les affections particulières. Continuellement en garde contre le jeu des passions, également ennemie de toute espèce de faction, sous quelque aspect, quelque masque, quelque dénomination qu'elle ait pu se montrer, elle a marché d'un pas assuré dans une carrière à la vérité neuve pour des militaires ; mais dirigée par une conscience pure, une scrupuleuse équité, une justice sévère, elle a cru, lorsqu'on n'exigeoit d'elle aucune forme, devoir adopter toutes celles qui existoient dans les tribunaux ordinaires avant l'établissement du juri, plus la publicité ; tant elle avoit à cœur d'épargner l'erreur, de protéger le foible et de frapper le véritable coupable. Elle quitte aujourd'hui ces fonctions qui ont été à la fois difficiles pour elle, consolantes pour l'innocence et redoutables pour le crime ; mais il lui reste la certitude qu'elle a recherché et mis en usage tous les moyens possibles pour bien remplir les devoirs que lui imposoient et la confiance des comités de gouvernement et l'envie de mériter celle de ses concitoyens. Il ne manquera rien à ses vœux si en partant elle emporte l'estime des uns et des autres.

« Voulant donc exécuter sans délai le décret de la Convention nationale du jour d'hier, seize thermidor, qui la supprime :

« La commission militaire composée de tous ses membres et des suppléants qui ont partagé ses travaux, réunie dans le lieu ordinaire de ses séances, assistée du secrétaire général, en arrête définitivement la clôture, et que ses papiers seront soigneusement recueillis, inventoriés et remis au tribunal criminel du département de Paris par les soins du commissaire ordonnateur Rouhière, chargé, par arrêté du comité de salut public en date de ce jour, de cette opération de confiance.

« Fait, clos et arrêté les jours, mois et an que dessus.

« Verger,
Adjudant-général, chef de brigade.

M.-J. Capitain,

Deville,

« Talmet,
Chef d'escadron.

P. Beaugrand,
Capitaine.

« Rouhière.
Commissaire ordonnateur chargé de l'inventaire [1].

Je l'ai dit, la Convention et les comités ne voulurent pas être ingrats. Ils étaient satisfaits de son tribunal. Le 29 thermidor, treize jours après la suppression de la commission, le comité de sûreté rendait un arrêté qui portait que Romanet, général de brigade, Capitain, chef de bataillon, Verger, chef de brigade, Talmet, chef d'escadron, Fabré, capitaine de cavalerie, Beaugrand capitaine d'infanterie, Deville, volontaire, membres de la commission militaire supprimée, recevront leurs rations de bouche pendant un mois à compter du 17 thermidor et, pendant le même temps, c'est-à-dire jusqu'au 17 fructidor, recevront le supplément de traitement accordé, sur le pied de 36 livres par jour.

Le 22 vendémiaire, Rouhière, chargé de l'inventaire, écrivait aux administrateurs du département de la Seine que le classement des papiers était terminé, et les dossiers de cette lamentable histoire allaient grossir l'amas de ces éloquentes Archives qui disent si haut et si bien à ceux qui les interrogent les héroïsmes et les lâchetés, les dévouements et les crimes. Pendant ce temps, les membres de la commission disparaissaient dans cette vaillante armée où l'on

[1] Archives nationales, C. W² 548.

comptait tant de héros, — des plus grands, des plus fiers, — et douze juges au plus. Pas un, d'ailleurs, n'allait émerger de l'immense foule, pas un n'allait, sous l'empire, ramasser sous les balles ennemies un grade important, écrire son nom en traits ineffaçables, pas un n'allait sortir, éclatant, comme tant d'autres, de la fumée du canon. Ils rentrent dans l'oubli, leur œuvre terrible achevée, et se perdent dans l'immense troupeau anonyme qui disparaît dans les batailles.

Rendons à la commission militaire cette justice qu'elle n'a pas tué de femme. Là, du moins, elle a hésité. Le sang féminin est celui qui crie le plus haut dans l'histoire de la Révolution. La réaction le disait bien ; mais elle aussi ne se fit pas faute de le verser. Un an après ces journées de prairial, les passions, cette fois apaisées, tout oublié, même le martyre des députés innocents, en l'an IV, on s'avisa de se rappeler qu'il y avait quelque part dans une prison de Paris, une femme, — et la malheureuse était folle, — qui portait encore sur ses vêtements des taches de sang de Féraud. C'était Aspasie Carle Migelly. Elle attendait dans un cachot son jugement, sa condamnation. Elle avait hâte de monter sur cet échafaud qu'elle réclamait, qu'elle avait vu de près en 1793.

La pauvre Aspasie avait alors vingt-trois ans. C'était une malheureuse insensée que réclamait, non la hache de Sanson, mais les cabanons de la Salpêtrière, et qui déjà y avait été enfermée. L'auteur des *Femmes célèbres de 1789 à 1795*[1] lui consacre un curieux chapitre où je trouverais cependant à relever quelques erreurs. Fille d'un coureur de maison du prince de Condé, tout enfant, exposée aux mauvais traitements d'une mère qui la haïssait, elle s'était enfuie, enfant encore, dans Paris, vivant de hasard, à la bonne fortune, presque à la belle étoile. Tour à tour domestique, vendeuse de chansons, marchande à la toilette, elle vivait de peu, très-active, laborieuse, exaltée, et le cœur plein de colère pour cette mère qui lui avait rendu la maison odieuse, qui peut-être l'avait chassée. Elle en parlait toujours, avec une ardeur singulière, les gestes vifs et télégraphiques des fous, les yeux de l'hystérique. Elle avait d'ailleurs, nous apprend l'auteur du *Procès fameux,* contracté une maladie cruelle, et la violence des remèdes l'avait frappée à la tête. La révolution venue, le peu de cervelle de la pauvre fille se dessécha au feu du volcan. Elle ne connut ni modération ni raison. Tantôt elle accusait sa mère, et faussement, comme contre-révolutionnaire[2]. Tantôt elle courait les rues disant qu'on lui avait, en faisant les hôtels déserts, pris sa clientèle de nobles et que l'on était mieux dans l'ancien régime que dans le nouveau[3]. Lairtullier prétend qu'elle était *fanatique de Robespierre.* Elle se déclare au contraire *franche royaliste* dans ses interrogatoires.

[1] E. Lairtullier. Voy. tome II.
[2] Lairtullier.
[3] Archives. Tribunal révolut., C. W² 490.

Elle était si peu robespierriste et d'humeur tellement peu révolutionnaire, qu'elle fut arrêtée, menée à la Conciergerie par ordre de la police, en 1792, puis enfermée à Vincennes comme recéleuse *du linge des émigrés*. Mais sa santé était faible, paraît-il, car nous la retrouvons à l'Hôtel-Dieu et à la Salpêtrière, demandant à être ramenée à la Conciergerie pour y « déclarer les auteurs qui l'ont instinguée à tenir les propos dont elle est prévenue. » Le 3 vendémiaire an II, les Administrateurs de Police Régénérée écrivaient à Fouquier-Tinville :

« Citoyen, la citoyenne Carle Migelli, détenue à Vincennes, nous fait passer une lettre contenant une opiniâtreté marquée dans des principes anti-révolutionnaires. Nous nous empressons de te la faire parvenir pour que tu prennes à son égard le parti que tu croiras convenable.

« Salut et fraternité :

« *Les administrateurs de police,*

« BOISSIER, BALLAY. »

Commune de Paris (département de police).

Et Aspasie, d'une écriture ignorante :

« *Au citoien Fouquet de Tinville, accusateur publique du tribunalle révolutionaire au palais* [1].

« Paris, 3 septembre 1793.

« Monsieur, l'ainfortunée Marie Françoise Carle détenue dans la prison de la Consiergerie depuis quatre mois aiant subit trois ainterogations segrete et ne voulant rien dénoncé au citoien Fouqué, je vous suplie de me faire transféré à la Consiergerie. Ciotien set icy qu'il sagit de vous dire la véritée. Je suis acusée davoir evue des corespondance et avoir demandée un roy dix-sept, et Monsieur pour régent. Je perciste à vous dire que je l'ait dit. »

Elle se plaint ensuite qu'on ait voulu la faire passer pour folle, dénonce Manuel, ancien membre de la commune, chef des correspondances; s'écrie : « Je reconnois laitre suprême pour le régiseur de nos âme; » s'étonne qu'on l'ait conduite à l'Hôtel-Dieu, et répète sans cesse, dans cette lettre comme dans celles qui vont suivre :

« Je sui dans le cas de vous éclairé sur beaucoup de chause qu'il serée trés utile à sauvé la France. Je ne puis vous lé dire par lettre [2]. »

[1] Archives, C. W[2] 490.
[2] Archives, C. w., 490.

Perdant patience, la pauvre exaltée écrivait encore, sans suite dans ses idées : « Au nom de la loi, je vous demande un jugement quelconque !... » Le 12 frimaire an III, devant François-Roch Joly, juge de la chambre du conseil, elle persiste à répéter : « Je veux être jugée ! Je recommencerai les délits dont on m'accuse ! — Il me semble que nous sommes dans une tyrannie plus grande que jamais, etc. ! » On eut pitié d'elle. Voilà Aspasie redevenue libre et, comme jadis, toute à la rue, au bruit, à la foule, à tout ce qui pouvait encore exalter sa folie.

Elle avait demandé jadis *Monsieur* pour régent, Louis XVII pour roi. Elle avait pleuré le départ des émigrés, le vide des hôtels. Maintenant, elle se jeta, avec sa furie habituelle, dans le groupe des révolutionnaires. Elle se prit de belle haine contre Boissy-d'Anglas, elle criait par les rues qu'il était l'*affameur public*, elle n'eut plus qu'une idée, celle de le poignarder. Plus d'une fois elle se présenta chez lui, ne le trouva pas, mais le 1er prairial, en se rendant à la Convention, portée par l'insurrection, elle n'avait qu'une idée, tuer Boissy qu'elle ne connaissait pas. On prétend que ce fut elle qui trancha la tête de Féraud. Nous savons que non [1]. La vérité est qu'elle le tira par les pieds, qu'elle trépigna sur lui avec ses galoches et qu'au moment où Camboulas présenta sa poitrine nue aux insurgés, Aspasie Carle Migelly levant sur lui son coutelas allait le tuer lorsqu'un officier de la section de la Butte-des-Moulins détourna le coup.

Trois jours après, Aspasie, dénoncée par les faubouriens vaincus, était arrêtée. On lui laissa la vie, — si c'était la vie, — pendant un an. Misérable, malade, épuisée, elle répétait chaque jour à ses compagnes de prison le discours qu'elle devait lire au tribunal ; son exaltation la soutenait. Le jour du jugement venu, elle ne voulut ni défenseur, ni témoins à décharge [2]. Elle récita enfin son discours, soutenant avec colère qu'elle n'était pas folle, accusant les émigrés, les royalistes, *qui l'avaient perdue*, puis s'écriant : — « Si j'étais libre, le bras qui a mal atteint Boissy-d'Anglas et Camboulas les frapperait de nouveau. Je ne connaissais point Féraud, mais je l'ai assommé avec plaisir parce qu'il était député, et que tous les députés ont fait le malheur du peuple [3]. » Et comme on lui demandait le nom de ses complices : « — Je n'en ai pas, répondit-elle. — Nommez-les, vous serez sauvée ! — Je n'en ai pas ! »

On devait ramener cette malheureuse à la Salpêtrière. Le 24 prairial an IV on la condamna à mort. « C'est bien, dit-elle aux jurés, vous avez fait votre devoir. » Elle ne voulait pas se pourvoir en cassation [4], mais on la presse, elle y

[1] Voy. la déposition de Soret.
[2] *Procès fameux.*
[3] *Ibid.*
[4] *Ibid*

R.F.

Taisons-nous, disait-il alors, il dort! (Page 242.)

consent; le tribunal de cassation déclare alors la procédure régulière. On la mène à l'échafaud. Elle y monta, dit le rédacteur des *Procès fameux*, avec une *stupidité féroce*. Comment eût-elle eu conscience de sa mort? elle n'avait pas eu conscience de sa vie!

Ce sang versé fut le dernier. Pendant ce temps, les déportés de la Commission vivaient, mouraient plutôt à la Guyane. Quelques-uns n'avaient pas été embarqués, avaient fait comme Barère, attendant le vent. La loi de brumaire an III allait leur donner une liberté relative. Tous les amnistiés de cette loi étaient encore tenus de sortir du département de la Seine « dans les trois fois vingt-quatre heures », et de se tenir à dix lieues au moins de la commune de Paris, sous peine de la déportation, cette fois rigoureusement appliquée.

Les députés seuls ne pouvaient jouir de cette amnistie. Et que faisaient-ils là-bas? Ange Pitou, l'aventurier, nous l'a dit. Cet Ange Pitou, parmi toutes les historiettes de son *Voyage à Cayenne*, a pourtant de saisissantes pages. Tel l'exil de Collot et de Billaud; — Collot marchant devant la foule qui les insulte, et se couvrant le visage de sa « grande redingote liserée de rouge »; Billaud-Varennes derrière lui, fier, dédaigneux, et portant sur sa main sa perruche. Sans braver la multitude, il marchait: « *Pauvre peuple!* disait-il en caressant le perroquet du doigt. *Allons, Jacquot!... Jacquot, viens-nous-en!* »

Un autre souvenir poignant est celui-ci. Il faut le rappeler. Un habitant de la Guyane était malade, frappé de je ne sais quelle fièvre. Billaud-Varennes s'offre pour le veiller, passer la nuit à son chevet. Il trouve des compagnons dans la chambre du malade. De temps en temps, doucement il se levait, marchait sur la pointe du pied jusqu'au lit, soulevait les rideaux avec précaution : *Taisons-nous*, disait-il alors, *il dort!* — « Comment, monsieur Billaud, lui dit un des assistants, vous qui paraissez si bon, avez-vous pu vous montrer si terrible? — Il le fallait, répondit l'autre. Si vous voulez instruire mon procès, faites celui de la Révolution[1]. »

C'était la conclusion de la vérité. Et cet homme, un des plus redoutables de cette grande époque, plaidait, en parlant ainsi, non-seulement pour lui, mais pour tous. J'ai voulu, moi, non pas présenter la défense, mais montrer la vie de quelques-uns de ces révolutionnaires mal connus, calomniés, à qui nous devons la France nouvelle et le droit nouveau. Si j'ai choisi ces derniers Montagnards, c'est parce que nul historien encore ne s'était attaché à reproduire leurs fières et pures figures. Ces hommes, qui mériteraient un Plutarque, ne sont en effet pas connus. On consacre une page à peine, un chapitre au drame terrible, injuste, dans lequel ils ont péri. Robespierre mort, il semble que l'histoire de notre Révolution n'est plus intéressante et que tout est dit. On passe. Et l'avenir est, de cette façon, ingrat envers ceux qui, pour être tombés dans la pénombre, n'en sont pas moins morts pour le peuple et morts pour nous.

Suicide inutile, trépas infructueux, dira-t-on, car l'héroïsme commence à passer pour une superfluité. Ils avaient affirmé leur foi ; il leur restait, la voyant vaincue, à la signer de leur sang. Ils l'ont fait. Jamais l'exemple de la protestation par la mort ne sera inutile. Ils n'avaient plus que le poignard pour répondre à l'injustice. Ils l'employèrent. Maudit soit le poignard entre les mains de l'as-

[1] Voy. Ange Pitou.

sassin politique, qu'il soit glorifié entre celles du suicide. M. Villiaumé a raconté, sans doute d'après le récit verbal de Tissot, qu'une sœur de Goujon, apprenant la mort de son frère, eut un cri de joie, comme une Romaine: *Que je suis heureuse! Mon frère s'est tué lui-même! Le bourreau ne mettra pas la main sur lui*[1]. La dernière liberté que l'homme de cœur se résigne à perdre est celle de décider lui-même de sa mort.

Ils se sont suicidés, parce que le suicide, à cette heure, était encore l'affirmation du droit, la réponse aux décrets d'accusation et à ce jugement qu'ils n'acceptaient pas. Qui sait ce que nous avons perdu à cette mort? Eux vivants, la réaction thermidorienne qui, de 1795 à 1800, augmente chaque jour, cette terrible multiplication des fêtes, des meurtres, des compagnies de Jéhu, des vengeances, des vols à mains armées, était impossible. Il y avait tout un gouvernement dans ce groupe héroïque et honnête. Goujon était la tête, Romme le cœur, Soubrany le bras. Supposez ces hommes probes, intègres et doux dans leur énergie, dirigeant la France, au lieu des Tallien et des Barras, l'efféminé Directoire était évité et tant d'autres choses. C'est ainsi qu'une journée, une seule, pèse lourdement dans l'histoire du monde.

Eux morts, leurs compagnons emprisonnés, le Marais triomphant, c'en est fait de l'œuvre commune. Tout le sang tristement versé, toutes les luttes, tous les efforts, tous les sacrifices deviennent inutiles. Il faut se couvrir la tête de son manteau, comme César mourant, et attendre. Adieu les rêves! Les beaux soleils du 14 juillet et du 10 août auront des lendemains. En thermidor an III (août 1795), la France, saignée à blanc, n'espérait plus, ne croyait plus. Affaissée et dégoûtée, elle semblait désintéressée de sa propre histoire. Le peuple, lassé, ne bougeait plus, attendait l'heure de se venger des muscadins. Il trouva l'occasion en vendémiaire. On voulut l'agiter alors, lui rappeler ses hauts faits passés; on lui cria de venir combattre encore pour la liberté. Le vaincu de prairial fit la sourde oreille et les sections de la Butte-des-Moulins, fusillées à leur tour, purent compter ce que coûtent l'aveuglement et la peur.

En histoire, comme en chimie, pas un atome n'est perdu, — tout se retrouve et tout se paye.

Il y avait encore, voilà quelques années, près de Monceaux, un cabaret, une guinguette, où le dimanche on allait danser. L'établissement était petit, mais la treille verte et le vin gaillard. Les violons grinçants y faisaient rage. Un beau jour, la presse royaliste, — je crois que ce fut la *Gazette de France*, — s'avisa de venir rire un peu. Elle avait découvert que ce gai cabaret était bâti sur l'emplacement de l'ancien cimetière de Monceaux où l'on avait jeté, avant et après

[1] *Histoire de la Révolution française*, tome III, p. 425.

prairial, tant de victimes. Dans la cave peut-être, les ossements de Romme ou de Goujon se heurtaient au verre des bouteilles. Il y avait là matière à railleries, et le journal ne manqua pas d'en aiguiser plusieurs. Un cimetière de républicains sur lequel on pouvait écrire, comme ces drôles autrefois sur l'emplacement de la Bastille : *Ici l'on danse !* Le cas était bizarre et valait de trouver de l'esprit. Le journal en trouva.

Il s'égaya fort de ces pauvres diables d'ambitieux qui avaient rêvé d'améliorer le monde et qui aboutissaient — en masse — à six pieds de terre foulée tous les huit jours par les danseurs de la barrière.

Mais un matin, le journal cessa de rire. On lui apprit que dans ce même cimetière on avait enterré jadis la dépouille de madame Élizabeth, une de ces victimes inutiles qu'on a si souvent reprochées à ce majestueux passé. Et l'on dansait aussi sur ses ossements ! Alors le journal religieux garda le silence.

Aujourd'hui, guinguette, cimetière, rien n'existe plus. Un boulevard est venu, le boulevard Malesherbes ; il a tout emporté, la terre des morts, la maisonnette des vivants, et tous ceux qui dormaient là, royalistes ou républicains, sont maintenant confondus dans le vaste ossuaire des Catacombes.

C'est là aussi que tous ceux qui s'entre-tuèrent, frères ennemis de la grande famille, s'embrassent et fraternisent dans la poussière de la Mort. Leurs os, volés à la chaux, sont là, dans une atroce et sublime promiscuité. Plus de victimes et plus de bourreaux, mais une génération entassée presque tout entière de braves gens vaillamment dévoués à leur œuvre. Ainsi leurs pensées, leurs espérances, leurs croyances, mêlées comme la poudre de leur corps, flottent autour de nous, pareilles à ces atomes impondérables que nous respirons et qui nous font vivre. Ceux-là mêmes qui les haïssent aspirent leur idée éparse à travers le monde. Elle est partout, elle est notre vie même et notre dogme. Et quelle leçon immense se dégage de cette terrible et confuse mêlée. Le Droit même émerge de ces flots de sang, la Liberté rayonne, en dépit de la Terreur, l'Égalité se fonde à travers les proscriptions, la Fraternité fait son entrée dans l'histoire au bruit des fusillades. Et quand l'heure de la lutte ardente est passée, lorsque la révolution va terminer son œuvre en proclamant, après cette fatale Terreur qui la perdit, la Pitié qui la sauvera, ses ennemis lui ravissent habilement cette gloire et, à coups d'échafauds, conquièrent le droit de s'appeler le gouvernement de la clémence.

Mais l'histoire est là, qui rend à chacun ce qui lui appartient et qui vient dire : Les thermidoriens n'ont pas sauvé la France. Ils n'ont pas congédié Sanson, ils l'ont rappelé. Ils n'ont pas été l'oubli, mais la vengeance. Le cri de pitié avait été poussé déjà et par une voix plus puissante ; il était poussé tous les jours, et par la France, et par les représentants de la France, et parmi ceux-ci, par les plus inflexibles et les plus honorables.

« — Robespierre et Saint-Just, avait dit Danton dans les couloirs du tribunal révolutionnaire, — Danton conduit à l'échafaud, — Robespierre et Saint-Just nous condamnant, c'est Caïn tuant Abel. »

Il est mort le mot de grâce sur les lèvres.

Et ce sera l'éternelle gloire des derniers Montagnards dont j'ai dit l'histoire : ils sont tombés pour avoir été fidèles à leur foi, et tombés sans proférer des paroles de haine.

Bourbotte, au 1er prairial, avait demandé tout haut l'abolition de la peine de mort.

« — Je meurs pour le peuple et pour l'égalité ! » avait dit Goujon en se frappant.

Et tous, pour testament, laissaient cette parole suprême — parole d'amour et d'apaisement : *Unissez-vous tous, embrassez-vous tous : c'est le seul moyen de sauver la République !*

Paris, 1867.

# PIÈCES JUSTIFICATIVES INÉDITES

## N° 1.

*Rapport du commissaire de police de la section du Jardin des Plantes sur les événements des 1er, 2 et 4 prairial de l'an III de la République*[1].

COMMISSION DE POLICE ADMINISTRATIVE DE PARIS, SECTION DU JARDIN DES PLANTES.

Le 1er, le matin, vers cinq heures, un nombre de citoyens d'environ soixante ou quatre-vingts, se sont rendus au Port au Vin (la plupart étoient des débardeurs de bois), ont bu le vin à même les pièces, et ensuite ont parcouru le port et empêchèrent les autres citoyens de travailler. Ensuite environ une douzaine se portèrent à Victor, quatre montèrent à la chambre de la citoyenne Soulastre, femme Terlet, gardienne du clocher et de l'église, en l'absence de son mari, et l'ont forcée de leur donner les clefs en jurant et en faisant des menaces. Le chef de ces révoltés a dit se nommer Paradis et demeure rue d'Ablon. Un autre, qui a été vu avec ces factieux et qui étoit en sentinelle, a été reconnu pour Despoix jeune, demeurant rue de Seine.

Avant cela, une certaine quantité d'environ soixante, tant hommes que femmes, s'étoient portés chez le citoyen Tricadeau, commandant du bataillon, lui firent plusieurs violences. Vers neuf heures et demi, un grand nombre vint chez moi, armé de sabres, piques et de fuzils, et même de bâtons ; en entrant, ils me dirent en jurant : « Il faut que tu nous donnes du pain aujourd'huy et que tu marches avec nous, » et me conduisirent au comité civil, qu'ils investirent. Un instant après, un grand rassemblement se réunit dans le carrefour, près la fontaine Victor. Un général de division venant à passer fut arrêté. Je fus requis de m'y transporter, je m'y rendis. J'y trouvai le citoyen Chaprat, général

[1] Je publie ce rapport, qui peut donner une idée de tous ceux qui ont été rédigés alors. J'ai choisi de même, dans les *Défenses* des députés, la pièce la plus courte sinon la plus saisissante. *Ab unâ disce omnes.*

de division, et son neveu qui se rendoient à l'armée comme aydes-camp. Le général Chaprat étoit porteur d'ordres des comités de gouvernement. J'insiste à le faire passer, en représentant à l'attroupement qu'il étoit dangereux de retarder la marche d'un général qui se rendoit à son poste. Je fus hué, il falut retourner au comité, où ces furieux se portèrent. et, après les injures de toute manière, ils forcèrent les membres de marcher avec eux, forcèrent l'adjudant pour avoir les fuzils, les femmes ensuite voulurent s'emparer des canons, et on revint plusieurs fois à la charge pour me faire marcher. Je m'y suis refusé constamment, et, voyant absolument qu'on vouloit m'y contraindre, je leur dis qu'ils pouvoient me poignarder, mais que je ne quitterois pas le poste où je devois être, et j'en fus quitte pour des menaces.

Dans le nombre de ces factieux, il y avoit un nommé Jacques Nod, demeurant rue d'Arras, n° 964, et Courtois, demeurant rue Mouffetard, n° 369.

Pour copie conforme :

*Les membres de la commission,*

BARBARIN, LE ROY.

---

N° 2.

DÉFENSE DU REPRÉSENTANT DU PEUPLE DUQUESNOY.

Je déclare n'avoir eu aucune connaissance de l'insurrection qui eut lieu le 1er prairial, et n'en avoir été informé qu'à dix heures et demie par un de mes collègues qui vint déjeuner avec moi et avec qui je me rendis, vers les onze heures et demie, à la Convention, d'où je n'ai pas sorti du tout.

Je déclare fausse et calomnieuse cette partie de l'acte d'accusation porté contre moi : En ce qu'on me fait dire que j'ai demandé que quatre députés soient nommés pour s'emparer des papiers du Comité de sûreté générale et procéder à la suspension des membres qui le composoient ;

En ce qu'on me fait dire encore que, si on ne prenoit pas cette mesure, on feroit le lendemain ce qu'on a fait le 12 germinal, journée que je n'ai point connue, étant à cette époque au lit depuis un mois et dangereusement malade ;

En ce qu'on me fait demander que ce Comité soit en même temps commission extraordinaire ;

En ce qu'on m'y fait dire enfin que, lorsque les comités de gouvernement firent inviter, par l'organe de Legendre, la Convention à rester ferme à son poste et les citoyens à se retirer, j'ai dit : « Vous voiez que les comités de gouvernement sont contraires à vos décrets ; » que j'insistois donc sur la proposition déjà faite que les membres du Comité soient à l'instant suspendus, que les quatre membres nommés au Comité de sûreté générale s'emparent de tous les papiers, et que si les membres anciens refusent de les livrer, ils soient mis en état d'arrestation.

Mon acte d'accusation est tiré du *Moniteur universel,* dont je regarde le rédacteur comme un calomniateur et un assassin moral.

Ce qui prouve la fausseté de l'accusation qui m'est faite, c'est que mon collègue Soubrany a dit dans son interrogatoire, que tel fait dont on m'accusoit ne m'appartenoit pas, mais bien à lui, d'où il résulte un faux matériel dans l'acte d'accusation portée contre moi.

Je déclare n'avoir jamais eu aucune relation indirecte ni directe avec aucun des révoltés ni avec ceux de mes collègues arrêtés, excepté Duroy, avec qui je mangeois depuis neuf mois, et Payssart, que j'ai connu étant en mission avec lui il y a environ vingt mois.

Je déclare ne connoître personne dans Paris, excepté les citoyens Scribe. marchand dans la rue Saint-Denis, les trois hôtes chez qui j'ai successivement demeuré depuis l'ouverture des séances de l'Assemblée législative, et les personnes chez qui je mangeois.

Je déclare n'avoir jamais communiqué avec qui que ce soit dans Paris ; d'avoir, comme je l'ai déjà dit, ignoré ce qui se passoit jusqu'au moment où mon ami Dubreuf me l'apprit, et de n'avoir été en aucune manière l'auteur ni le fauteur, ni le complice des attentats commis le 1er prairial et de n'y avoir participé en aucune manière.

Je déclare n'avoir parlé qu'une fois dans cette séance et l'un des derniers ; je ne l'ai fait, ainsi que ceux qui ont parlé, qu'après l'invitation qui nous a été faite par le président et croiant faire le bien et ramener l'ordre : j'ai pu me tromper, mais l'erreur n'est pas un crime.

J'ai dit, à la fin de cette séance, que certains membres du Comité de sûreté générale n'aiant pas ma confiance, j'en demandois le renouvellement sur le champ. J'ai usé, en cela, du droit qu'a tout député de manifester son opinion au sein de la Convention nationale. Tout autre député a le droit de la réfuter.

J'ai demandé le renouvelement de ce Comité parce qu'il ne s'étoit pas conformé au décret de la Convention, qui lui enjoignoit de rendre compte, d'heure en heure, de la situation de Paris, et, ne le voiant pas paroître, je le croiois dissous.

Ne connoissant aucune loi qui prononce une peine afflictive ni autre contre les

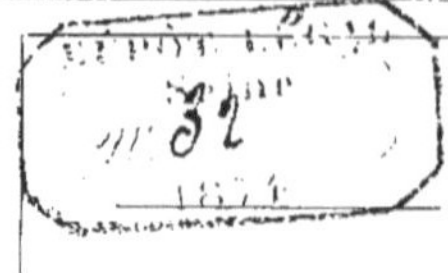

L'officier de garde apportant un couteau saisi sur Bourbotte (Page 253).

députés qui prendroient la parole dans la Convention, lors qu'elle ne seroit pas libre, j'ai cru, et surtout d'après l'invitation réitérée du président, pouvoir émettre mon opinion.

Je le répète, et j'atteste à la République entière que je n'ai été ni l'auteur, ni le fauteur, ni le complice, et de n'avoir participé en aucune manière aux attentats et atrocités commises le 1er prairial ; d'avoir, au contraire, été pendant sept à huit heures accablé d'injures, de menaces de tout genre et maltraité par les factieux ; que mon opinion émise au sein de la Convention ne peut ni être imputée en crime, à moins qu'on veuille rayer des lois constitutionnelles celle portant que les représentants du peuple ne pourront être arrêtés ni poursuivis pour ce qu'ils auront dit ou écrit dans l'exercice de leurs fonctions.

J'atteste que, depuis le commencement de notre révolution, j'ai constamment servi mon pays dans les différentes fonctions que le peuple m'a délégué, que je n'ai pas cessé un seul instant, depuis cette époque, d'être fonctionnaire public et de remplir de mon mieux les devoirs que m'imposoient les différentes charges auxquelles j'étois appelé.

Voilà ma défense ; elle est de la plus exacte vérité. Juges, vous êtes des deffenseurs de la patrie, prononcez.

*P. S.* J'ai été toute ma vie militaire et cultivateur. Je suis père d'une nombreuse famille et peu fortuné. J'ai peu de connoissance en législation et encore moins en politique ; je n'en connois pas d'autres que celle de la vérité, et vous la trouverez contenue dans ma deffense.

DUQUESNOY.

## N° 3.

### APPOSITION DE SCELLÉS CHEZ BOURBOTTE

| ÉGALITÉ<br>Guerre aux partisans de la terreur.<br>— | RÉPUBLIQUE FRANÇAISE<br>—<br>CONVENTION NATIONALE<br>—<br>*Comité de sûreté générale.*<br>— | LIBERTÉ<br>Guerre aux partisans des émigrés et de la royauté.<br>— |
|---|---|---|

Du 6 prairial, l'an III de la République française une et indivisible.

*Au Commissaire de police de la section de la Butte-des-Moulins.*

Il est surprenant, citoyen, que les scellés n'aient pas encore été apposés sur les papiers de Bourbotte, arrêté le 1er prairial. L'ordre en a été donné par le Comité de sûreté générale et a dû t'être transmis par la commission de police administrative. Tu voudras bien remplir sur le champ ce devoir et te saisir des individus qui ont occupé l'appartement du dit Bourbotte et brûlé une partie de ses papiers. Tu es autorisé à requérir la force armée que tu croiras nécessaire.

*Les représentants du peuple, membres du Comité de sûreté générale,*
C. Alex. Ysabeau, Guatluey.

Je n'ai point reçu d'ordre concernant le représentant du peuple Bourbotte, cependant son domicile, que vous n'avez sûrement pas découvert, est rue des Bons Enfants, n° 1316. Des personnes y ont été hier, et je crois qu'il serait essentiel d'envoyer deux inspecteurs pour s'assurer d'elles si elles y reviennent. J'ai déjà pris des mesures à ce sujet, mais envoyez-moi de suite les deux inspecteurs que je vous demande avec les ordres pour agir,

Paris, 6 prairial an III.

Comminges.

*Section de la Butte-des-Moulins.*

Le 6 prairial an III de la République française une et indivisible, environ sept heures de relevée.

Nous, Jean-François Comminges, commissaire de police de la section de la Butte-des-Moulins, soussigné, conformément à la réquisition à nous faite par la commission de police administrative, par son ordre à nous envoyé, en datte de ce jour, en exécution de l'arrêté du Comité de sûreté générale, portant que les scellés seront apposés au domicile du représentant du peuple Bourbotte, situé rue des Bons-Enfans, n° 1316, à nous remis par le citoyen Thénard, inspecteur de police, nous sommes transporté de suite au susdit endroit où nous avons trouvé la citoyenne Louise Bonjour, qui a dit être la fille de confiance du citoyen Bourbotte, ainsy que le citoyen Philippe Cusset, ci-devant secrétaire des représentants du peuple en mission, demeurant rue des Enfans-Rouges, n° 3, section de l'Homme-Armé, qui nous a dit se trouver au susdit domicile pour savoir des nouvelles du citoyen Bourbotte, et y avons aussi trouvé le citoyen Savenay (effacé) Pierre Jarry, garçon de confiance du citoyen Bourbotte, auxquels nous avons donné connaissance de l'ordre dont nous étions porteur, lequel sera annexé au présent verbal, et ceux-ci nous ayant désigné, ainsi que le citoyen Jacques Isaac Bourg, portier de laditte maison, le second étage d'icelle pour être le domicile du citoyen Bourbotte, nous avons de suite apposé nos scellés sur les deux portes d'entrée d'icelui avec un morceau de dentelle blanche, sur chacune d'elles, aux deux bouts duquel nous avons mis notre cachet de forme octogonne sur cire rouge molle. Nous avons de suite apposé de même nos scellés sur la porte d'une chambre située au sixième étage de la susditte maison, renfermant des harnois de chevaux appartenant au citoyen Bourbotte. Nous les avons pareillement apposés sur la porte de la cave dudit citoyen Bourbotte, et avons laissé à la disposition et à la garde de la susdite citoyenne Bonjour quelques ustensiles de cuisine dont elle a besoin pour son usage journalier, ainsy qu'un petit cabinet au sixième étage où couche le susdit Jarry. Desquels susdits scellés nous avons constitué gardien ledit citoyen Bourg, qui les a reconnus ainsy qu'ils sont désignés, et s'est chargé de nous les représenter sains et entiers à toute réquisition, sous peines portées par la loy, et lui avons remis les clefs de tous les endroits où sont apposés lesdits scellés. De tout quoi nous avons rédigé le présent verbal dont nous avons donné lecture à tous les susnommés, lesquels y reconnaissent vérité et ont signé avec nous, à l'exception de laditte citoyenne Bonjour et dudit citoyen Jarry, qui ont déclaré ne le savoir, et nous sommes retirés à onze heures du soir du susdit jour.

Approuvé quatre mots rayés nuls.

Cusset, Bourg, Thénard.
Comminges.

### DERNIÈRE LETTRE ET TESTAMENT DE PIERRE BOURBOTTE

Paris, le 24 du mois de prairial.

Bourbotte, convaincu d'avance qu'il va être assassiné, a tracé ces lignes quelques heures avant sa mort :

« Je déclare à toute la France, à l'Europe entière, à la postérité, que jamais je ne fus coupable du crime qui me fut imputé, d'avoir participé en quelque chose au soulèvement qui eut lieu le 1er prairial. Je déclare que, dans cette journée comme dans tous les instants de ma vie politique, je ne fus attaché à aucun autre parti que celui de la Convention nationale tout entière, que je ne tins à aucune faction, à aucune conjuration. On trouvera dans mes registres, dans ma correspondance les preuves les plus convainquantes de la pureté de mon âme. On les trouvera encor dans le témoignage de tous ceux qui me connoissent et dans celui des armées de l'Ouest, du Rhin et de la Moselle, à la tête desquelles j'ai combattu pour la liberté. Je déclare donc que je meurs immolé et assassiné, mais je pardonne à ceux qui m'arrachent la vie. Je la perds sans regret, parce que je suis convaincu que ma mort sera encore utile à la patrie.

« Peuple français, tu as encore de grands ennemis, tu les connoîtras quand je ne serai plus. Je pardonne aux miens, j'invite tous ceux des représentants du peuple qui sont encor fidèles à la patrie à ne point se laisser tromper par les protées politiques qui les égarent ; je les invite, ainsi que tous mes concitoyens, à la paix entre eux, à l'union, à la fraternité et au courage.

« O ma patrie, toutes mes actions, tous mes vœux furent consacrés à ton bonheur ! O liberté, je ne vivais que pour toi et par toi ! O République, tu n'eus pas de plus fidel ami que moi ! Je meurs pour avoir voulu vous deffendre. Puissiez-vous triompher bientôt de tous vos perfides ennemis.

« Je recommande mon malheureux fils aux soins obligeans de tous ceux que ses malheurs et les miens pourront intéresser.

» O courageux Caton, ce ne sera pas de toi seul qu'on apprendra de quelle manière des hommes libres savent se soustraire à la tyrannie.

« Vive à jamais la liberté, l'égalité et la République française une et indivible.

« PIERRE BOURBOTTE,

« Représentant du peuple, député par le département de l'Yonne à la Convention nationale [1]. »

---

## N° 4

### PROCÈS-VERBAL DU SUICIDE RÉDIGÉ PAR LA COMMISSION MILITAIRE

LIBERTÉ, ÉGALITÉ, JUSTICE, HUMANITÉ

Suite de la séance du 29 prairial, l'an III de la république une et indivisible.

*Au nom de la République française, la commission militaire établie en vertu de la loi du 4 prairial de l'an III.*

A midi, il a été fait lecture aux députés accusés par la loi du 8 de ce mois de leur jugement inscrit sur le registre n° 1. A midi et demi, la séance alloit être (*sic*) suspendue, lorsque l'officier de garde, apportant un couteau saisi sur Bourbotte, est venu annoncer que le condamné s'en étoit frappé, en rentrant dans la chambre d'arrêt. Un moment après, on est venu annoncer que tous les condamnés s'étoient ausssi frappés. La commission,

[1] Archives nationales, C. W[1] 547.

délibérant sur cet événement, d'autant moins attendu qu'elle avoit donné, la veille, par écrit l'ordre exprès et sur sa responsabilité à l'officier de garde de faire visiter sur la personne des accusés et dans leur chambre pour en enlever les couteaux, cizeaux et autres armes qu'ils pourroient avoir cachées, il a a été arrêté qu'un officier de santé seroit à l'instant requis pour visiter les blessures et faire son rapport ; cet officier arrivé, il en est résulté de son procès-verbal que Rome (*sic*), Goujon, Duquesnoy étoient morts des coups qu'ils se sont donnés, et que Duroy, Soubrany et Bourbotte étoient encore existants. Ces trois derniers ont été à l'instant remis à l'exécuteur pour subir leur jugement ; quant aux trois premiers, il a été décidé qu'ils seroient mis à la disposition de l'officier de police de la section de la place Vendôme, pour prendre à leur égard les précautions indiquées par la loi pour la levée des cadavres et l'inhumation. Il a été décidé, en outre, que du tout il seroit référé au Comité de sûreté générale, et que préalablement jusqu'à nouvel ordre, Germain Lefrançois, officier des grenadiers de la Convention nationale, le même qui avoit reçu l'ordre écrit de visiter et de désarmer les accusés, sera mis en arrestation.

La séance a été levée à sept heures du soir et remise à primidi messidor, neuf heures du matin.

Fait le dit jour 29 prairial, an III de la République française une et indivisible.

*Signé :* M. J. Capitain, vice-président ; Verger, adjudant général ; Talmet, chef d'escadron ; Fabre, capitaine de cavalerie ; Deville, volontaire, et Rouhière, secrétaire général.

Pour copie conforme :

Rouhière.
Secrétaire général [1]

[1] Archives. Le comité de sûreté répond qu'il délibérera. « Dans ce moment, dit-il, il s'agit de faire donner la sépulture aux cadavres qui sont restés dans la chambre d'arrêt, et à cet égard, vous ferez donner les ordres nécessaires pour que cette cérémonie s'accomplisse dans les formes ordinaires. » (Archives). La pièce est signée J.-F. Rovère, Courtois, Boudin, L.-B. Gauvois, Bergreuse. Elle est de la main de Rovère.

## N° 5

### RAPPORT DE L'OFFICIER DE SANTÉ SUR LE SUICIDE DES DÉPUTÉS

Aujourd'hui 29 prairial an III de la République française une et indivisible, je, soussigné, me suis transporté à la commission militaire en vertu d'une invitation du cytoyen Capitaine, président de la commission, pour donner mes soins aux six particuliers condamnés qui se sont frappés avec des couteaux, ou autres armes.

Arrivé à la maison d'arrest, j'ai trouvé trois des dits particuliers morts par suite d'une blessure au téton gauche faite avec un couteau ou poignard, lesquels particuliers on m'a dit se nommer Goujeon, Rome et Duquernois. Quand aux trois autres il y en avoit qui étoit mourant, qu'on m'a dit être Soubrand, Bourbote étoit également presque mourant et touts blessez au téton gauche. Le sixième, qui étoit Duroy, étoit trez vivant, il avoit reçu le coup au dessous du téton gauche. L'hémorragie étoit arrêtée et à ceux qui étoient mourants et à Duroy qui auroit été dans le cas de recevoir des secours : mais comme il n'étoit question que de donner les premiers soins qui sont ceux d'arrester l'hémorragie et n'existant pas, je n'ai eu qu'à me transporter au bureau pour rendre compte, ce que j'ai fait le jour, heure et an que dessus.

Marmouget, officier de santé.
Rue Neuve-Luxembourg, n° 29, Section des Piques.

---

## N° 6

### SECTION DE LA PLACE VENDOME

*Procès-verbal dressé à l'occasion des nommés Romme, Duquesnoy et Goujeon, qui se sont suicidés.*

Le vingt-neuf prairial, l'an troisième de la République françoise une et indivisible, à six heures et demie du soir ;

Nous, Jean-Baptiste Marotte, commissaire de police de la section de la place Vendôme, et Cyprien-Mathieu Girard, secrétaire de ladite section, soussignés;

En conséquence de la lettre de la commission militaire établie en vertu de la loi du quatre prairial courant, signée M.-J. Capitain, vice-président, et Rouhière, commissaire ordonnateur secrétaire, laquelle avons jointe et annexée au présent procès-verbal, de même que l'expédition du rapport dressé par le citoyen Marmouget, officier de santé, demeurant à Paris, rue Neuve-du-Luxembourg, susdite section, que nous avons également jointe et annexée au dit présent procès-verbal, ainsi qu'un imprimé commençant par ces mots : « Jugement de la commission militaire » et finissant par ceux-ci : « Signé Rouhière, commissaire ordonnateur secrétaire, » qui y est demeuré joint ;

Nous sommes transportés rue Neuve-des-Capucines, n° 174, à la commission militaire, où étant arrivés dans une pièce à droite, rez-de-chaussée, donant sur la cour, nous y avons trouvé trois cadavres du genre masculin étendus sur le carreau, ensanglantés, sans mouvement ni reste de vie, qui sont :

Gilbert Romme, âgé de quarante-cinq ans, natif de Riom, département du Puy-de-Dôme, représentant du peuple, demeurant à Paris, rue Neuve-du-Luxembourg, n° 21, section de la place Vendôme ;

Jean-Marie-Claude-Alexandre Goujeon, âgé d'environ vingt-neuf ans, natif de Bourg, département de l'Ain, représentant du peuple du département de Seine-et-Oise, demeurant à Paris, rue Dominique, n° 167, section de la fontaine de Grenelle ;

Ernest-Dominique-François-Joseph Duquesnoy, âgé de quarante-sept ans, né à Bouvigny-Boyeffle, canton d'Hernin, district de Béthune, département du Pas-de-Calais, représentant du peuple, demeurant à Paris, rue Nicaise, n° 479, section des Thuilleries.

État des objets et effets trouvés sur Duquesnoy :

1° Deux cartes de député ;

2° Dans un portefeuille de peau rouge, en assignats, la somme de deux cent soixante-douze livres ;

3° Différents papiers manuscrits. Une paire de boucles d'argent et de jarretières à filet ;

Lesquels objets les avons renfermés dans une enveloppe de papier blanc, sur laquelle avons apposé l'empreinte du cachet de la section de la place Vendôme avec de la cire rouge ;

4° Un habit de drap bleu, boutons uniformes, un gilet de même étoffe, avec boutons de même ; une paire de bas de coton, à côtes ; une paire de souliers

BIBLIOTHÈQUE NATIONALE IMPRIMÉS

Arrivé à la maison d'arrêt, j'ai trouvé trois desdits particuliers (Page 255).

avec des cordons, une paire de jarretières de laine, et enfin un chapeau rond.

État des objets et effets trouvés sur Romme :

1° Différents papiers manuscrits ;

2° Un portefeuille de peau rouge dans lequel il n'y a rien ;

3° Deux mauvais peignes ;

4° Une alliance, une paire de boucles d'acier pour jarretières, une autre boucle d'acier pour la ceinture de la culotte, un étuy de bois d'ébène dans lequel il y a quelques épingles ;

Lesquels objets les avons renfermés, comme les précédens ;

5° Un habit de drap bleu, boutons uniformes, un gilet de bazin blanc, une culotte de cazemire jaune, boutons de la même étoffe, un calson de toille, une paire de bas de coton unie, une paire de souliers à cordons, un chapeau rond et un mouchoir blanc rayé, G. R. n° 8.

État des objets trouvés sur Goujeon :

1° Un double louis ;
2° Un louis simple ;
3° Un écus de six livres ;
4° Deux écus de trois livres chacun ;
5° Deux pièces de trente sols chacune ;
6° Une pièce de vingt-quatre sols ;
7° Deux pièces de quinze sols ;
8° Cinq pièces de douze sols ;
9° Deux pièces de six sols ;
10° Une pièce de cinq sols ;
11° Deux pièces de deux sols ;

Lesquelles sommes font ensemble celle de quatre-vingt-treize livres quinze sols, ci. . . . . . . . . . . . . . . . . . . . . 93 l. 15 s.

Plus un petit livre intitulé : *OEuvres choisies de M. l'abbé Saint-Réal,* un écritoire, un étuy renfermant des épingles, un flacon, une carte de député, un mouchoir blanc avec une petite raye rouge, marqué de lettres en coton rouge L. C. 7.

Différents papiers manuscrits, une carte de sûreté, un crayon, deux peignes, une paire d'agraffes en cuivre pour des souliers ;

Lesquels objets les avons renfermés comme les précédens ;

Un habit de drap bleu, boutons jaune uniforme, un pantalon de drap bleu, boutons de la même étoffe, un gilet blanc mouchetté, une paire de bas de coton chinée, une paire de souliers, deux chapeaux, un rond et l'autre à trois cornes.

Tous lesquels objets mentionnés au présent procès-verbal, nous, Jean-Baptiste Marotte, commissaire de police de la section de la place Vendôme, et Cipryen-Mathieu Girard, secrétaire de laditte section, les déposerons au Comité de sûreté générale de la Convention nationale.

De tout ce que dessus avons fait et dressé le procès-verbal, que nous avons signé avec les citoyens Robert-Victor Herrier, officier de grenadiers de la Convention nationale de garde au poste de ladite commission militaire, demeurant à Paris, marché Boulinvilliers, section de Grenelle; Pierre-Denis Vyard, concierge de la maison de ladittc commission, et Pierre-Joseph Delettre, portier d'y celle, après lecture faitte, ainsi et comme il est en cet endroit de la minute.

En conséquence, nous, commissaire et secrétaire susdits et soussignés avons ordonné l'inhumation desdits Romme, Goujeon et Duquesnoy, et en avons chargé les citoyens Charpentier et Thierson, fossoyeurs de la ditte section, pour par eux inhumer les susnommés dans le cimetière de Mousseau, en présence d'un commissaire civil de la ditte section, et avons signé les dits jours et an que dessus, ainsi et comme il est en cet endroit de la minute.

MAROTTE.

GIRARD, *secrétaire greffier.*

Suivent les lettres et rapport annexés en la minute du procès-verbal [1].

LIBERTÉ, ÉGALITÉ, JUSTICE, HUMANITÉ

*La Commission militaire établie en vertu de la loi du 4 prairial de l'an III au comité civil de la section de la place Vendôme.*

La Commission vous préviens, citoyens, qu'au nombre des six personnes qu'elle a condamné ce matin à la peine de mort, trois se sont tuées elles-mêmes aujourd'hui à midi, et que les cadavres existent dans sa maison d'arrêt, rue des Capucines. Comme il est instant d'en débarasser cette maison, elle vous invite à donner les ordres nécessaires pour que votre commissaire de police remplisse à cet égard les formalités d'usage et prenne d'ailleurs les autres arrangemens qui conviendront pour les faire inhumer.

Salut et fraternité.

*Signé :* M.-J. CAPITAIN, *vice-président ;*
ROUHIÈRE, *secrétaire* [2].

[1] Archives nationales, C. W[2] 547.
[2] *Idem.*

## N° 7.

### DÉPOSITION DES FOSSOYEURS QUI ONT INHUMÉ GOUJON, ROMME ET DUQUESNOY

*Section de la place Vendôme.*

Le 30 prairial, l'an III de la République française une et indivisible.

Par devant nous, Jean-Baptiste Marotte, commissaire de police de la section de la place Vendôme, et Mathieu Ciprven Girard, secrétaire de la ditte section, soussignés,

Sont comparus les citoyens Pierre-Jeanne Charpentier, demeurant à Paris, rue de Tracy, n° 38, section des Amis de la Patrie, et François Thiesson, demeurant à Paris, rue de la Madeleine, section de la République, tous deux fossoyeurs et chargés des inhumations de la section de la place Vendôme;

Lesquels nous ont dit et déclaré qu'en lavant les habillements des nommés Romme, Goujeon et Duquesnoy, représentans du peuple qui se sont suicidés dans une chambre de la Commission militaire, rue Neuve-des-Capucines, section de la place Vendôme, ils ont trouvé dans un soullier, dans la première semelle, une pointe de ciseau d'environ trois pouces de long, qu'ils nous remettent et déposent, ajoutant que parmi ces mêmes habillemens qu'ils ont lavé il se trouve d'égaré ou de perdu un bas chiné de coton;

En conséquence, il nous demandent acte de tout ce que dessus et ont signé comme il est en cet endroit de la minute.

Sur quoi nous, commissaire et secrétaire susdits et soussignés, après avoir donné acte aux citoyens Charpentier et Thiesson de la remise de la ditte pointe de ciseau, mentionnée en leur déclaration ci-dessus, disons que nous la déposerons à la ditte Commission militaire avec une expédition d'y celle, au Comité de sûreté générale de la Convention nationale et à la commission administrative de la police de Paris, et nous avons signé les dits jour et an que dessus, ainsi et comme il en est à cet endroit de la minute.

GIRARD,
*Secrétaire greffier.*

*Pour expédition,*
MAROTTE [1].

[1] Archives nationales, C. W² 517.

## N° 8.

### PROCÈS-VERBAL DE L'EXÉCUTION DE SOUBRANY, DUROY ET BOURBOTTE

LIBERTÉ, ÉGALITÉ, JUSTICE, HUMANITÉ.

Paris, le 29 prairial, l'an III de la République française une et indivisible.

*Au nom de la République françoise, la Commission militaire établie en vertu de la loi du 4 prairial de l'an III.*

L'an troisième de la République françoise une et indivisible, le vint-neuf prairial, à deux heures après-midi, en vertu d'un jugement rendu par la Commission militaire le vint-neuf de ce mois, moi, François-Jullien Dunot, huissier, attaché à la ditte Commission, demeurant à Paris, section des Marchés, rue de la Cordonnerie, n° 353, certifie qu'en exécution du dit jugement les nommés :

Jean-Michel Duroy, âgé de 40 ans et demi, représentant du peuple du département de l'Eure, né à Bernay, demeurant à Paris, rüe de la Convention, n° 32, section des Thuilleries ;

Pierre Bourbotte, âgé de trente-deux ans, représentant du département de l'Yonne, né aux Voaux, district d'Avalon, demeurant à Paris, rüe Neuve-des-Bons-Enfants, n° 10, section de la Butte des Moulins;

Et Pierre-Amable Saubrany, âgé de quarante-deux ans, représentant du peuple du département du Puy-de-Dôme, né à Riom, même département, demeurant à Paris, rüe Honoré, n° 343, section de la place Vendôme;

Convaincus de s'être montrés les auteurs, fauteurs et complices des désastreux événements qui ont eu lieu dans la journée du premier prairial; d'avoir conspiré contre la République, provoqué à la dissolution de la Convention nationale, à l'assassinat de ses membres; entrepris par tous les moiens d'organiser la révolte et la guerre civile, de ressusciter tous les excez, toutes les horreurs de la tyrannie qui ont précédé le neuf thermidor; et condamnés à la peine de mort, ont été conduits à la place de la Révolution de cette ville, escortés par la force armée; où étant, ils ont subi la peine de mort conformément au dit jugement, à l'heure de deux après-midi.

Et de ce que dessus j'ai fait et rédigé le présent procèz-verbal, pour servir et valloir ce que de raison, et me suis signé, les dits jour et an.

BENOIT, *huissier de la Commission*[1].

---

N° 9.

LISTE COMPLÈTE DES PERSONNES TRADUITES DEVANT LA COMMISSION AVEC LE JUGEMENT RENDU

1. ANSELME (P. François), gendarme, 36 ans, né à Longfossé (Pas-de-Calais), *condamné à mort et exécuté le 5.*

2. BARON (J.-B.), rentier, 45 ans, rue Roquette, 54, section Popincourt, *mis en liberté le* 7.

3. BEDIN (J.-B.), gendarme, 31 ans, né à Laon (Aisne), *condamné à mort et exécuté le* 5.

4. BESSON (Charles), gendarme, 37 ans, né à Liveron (Aisne), *condamné à mort et exécuté le* 5.

5. BEUGNET (Albert), gendarme, 30 ans, né à Lillers (Pas-de-Calais), *condamné à mort et exécuté le* 5.

6. BLANCHET (Jacques), 34 ans, menuisier, faubourg du Temple, 26, né à Preuilly (Indre-et-Loire), *en liberté le* 21 *prairial.*

7. BLONDY (Pierre-André), 25 ans, compagnon serrurier, faubourg Martin, 155, né à Franciade (Paris), *un an de détention le* 19 *prairial.*

8. BOITON (Michel-Philibert), gendarme de la 32e division, 2e compagnie, 32 ans, né à Paris, demeurant rue de la Tisseranderie, section des Arcis, *acquitté le* 9, *et renvoyé aux Carmélites.*

9. BOUCHER (Luc), marchand de vins, 26 ans, né à Montdidier (Somme), rue du Faubourg Martin, 56, *condamné à mort et exécuté le* 6.

[1] Archives nationales, C. W² 547.

10. Boulogne (Charles-François), 44 ans, faubourg Antoine, 106, section de Montreuil, né à Guibrol (Pas-de-Calais), *en liberté le* 25 *prairial.*

11. Bourbotte (Pierre), 32 ans, représentant du département de l'Yonne, né à Vaux, district d'Avallon (Yonne), demeurant rue Neuve-des-Bons-Enfants, 10, section de la Butte-des-Moulins, *condamné à mort et exécuté le* 29 *prairial.*

12. Cabrol (Pierre), 51 ans, cordonnier, rue Jean-Lépine, 14, né dans le département de l'Aude, *en liberté le* 21 *prairial.*

13. Cardin (Louis-François), gendarme de la 32e division, 5e compagnie, 18 ans et demi, né à Paris, demeurant rue Traversière, 25, section des Quinze-Vingts, *acquitté le* 9 *et renvoyé aux Carmélites pour l'épuration.*

14. Carle Migelly (Aspasie), 23 ans, marchande à la toilette, née à Paris, *condamnée à mort par le Tribunal criminel, et exécutée le* 19 *prairial an IV.*

15. Chanvin (Jacques-Philippe), capitaine au 12e bataillon des fédérés, 25 ans, né à Paris, demeurant rue de Lappe, section Popincourt, *mis en liberté le* 8.

16. Chauvel (Jean-Louis), serrurier, 52 ans, né au faubourg Antoine, y demeurant, rue de Lappe, 25, section Popincourt, *condamné à mort et exécuté* le 11 *prairial.*

17. Chebrier (Nicolas-Étienne), gagier et garde magasin de la commune, 57 ans, né à Paris, demeurant cour de la ci-devant Bastille, section de l'Arsenal, *condamné à mort et exécuté le* 11 *prairial.*

18. Coutier (Jean), 38 ans, né à Tissy (Marne), cordonnier, rue Diamant, section des Lombards, *en liberté le* 2 *messidor.*

19. Croallat (Abraham), gendarme, 19 ans, né à Méry-sur-Seine (Aube), *condamné à mort et exécuté le* 5.

20. Croallat (Edme), gendarme, 47 ans, né à Méry-sur-Seine (Aube), *condamné à mort et exécuté le* 5.

21. Crochet (Martin), gendarme, 19 ans, né à Montgobert (Aisne), *condamné le* 5 *à un an de fers.*

22. D'Arras (Marguerite), femme Cormanse, tailleuse, née à Sedan (Ardennes), demeurant rue de Chartres, 336, *trois ans de détention le* 15 *prairial.*

23. De Bas ou Debret (Jean-Baptiste), gendarme, 31 ans, né à Canettes (Pas-de-Calais), *condamné le 5 à un an de fers.*

24. Delorme (Guillaume), charron et serrurier, entrepreneur des attirails de l'armée, 38 ans, né à Port-de-Paix, île Saint-Domingue, rue et cul-de-sac Sébastien, section Popincourt, faubourg Antoine, *condamné à mort le 4 prairial.*

25. Descarcins (Pierre), gendarme, 35 ans, né à Bichaucourt (Aisne), *condamné le 5 à un an de fers.*

26. Desvoyes (Louis), ouvrier fourbisseur-armurier, rue du Four, 31, faubourg Germain, 47 ans, né au Grand-Montrouge, *deux mois de détention le 15 prairial.*

27. Dorisse (Pierre), 35 ans, dégraisseur, place des Trois-Maries, section du Muséum, né à Alençon (Orne), *condamné à la déportation le 22 prairial.*

28. Ducreux (Jean), gendarme de la 1^re^ division des tribunaux, 46 ans, natif de Poncet (Haute-Saône), demeurant rue Bauvau, 3, section des Quinze-Vingts, *acquitté le 9 et renvoyé aux Jacobins.*

29. Dupuy (Ignace-Nicolas), journalier, 48 ans, né aux Grands-Ilits-en-Clermontois (Meuse), demeurant rue Marguerite, 23, faubourg Antoine, section de Montreuil, *condamné à mort et exécuté le 8 prairial.*

30. Duquesnoy (Ernest-Dominique-François-Joseph), représentant du peuple, 47 ans, né à Bouvigny-Boyeffle, canton d'Hernin, district de Béthune, département du Pas-de-Calais, demeurant rue Nicaise, 479, section des Tuileries, *condamné à mort et suicide le 29 prairial.*

31. Durand (Claude), gendarme des tribunaux, 1^re^ division, compagnie de Sanson, 34 ans, né à Lyon, département de Rhône-et-Loire, demeurant à Paris, rue de la Vannerie, 22, section des Arcis, *acquitté le 9 et renvoyé aux Jacobins pour l'épuration.*

32. Duroy (Jean-Michel), âgé de 40 ans, représentant du peuple du département de l'Eure, né à Bernay, demeurant à Paris, rue de la Convention, 32, section des Tuileries, *condamné à mort et exécuté le 29 prairial.*

33. Duval (Pierre-François), cordonnier, 25 ans, né à Paris, demeurant rue Antoine, 298, section de l'Arsenal, *condamné à mort et exécuté le 11 prairial.*

3½



34. Fiocre (Philippe), 20 ans, né à Paris, demeurant rue et section Popincourt, *en liberté le 25 prairial.*

35. Fleury (Louis), 28 ans, faïencier, rue Boffay, 22, né à Nevers (Nièvre), *en liberté le 23 prairial.*

36. Fonteny (Jean-Baptiste), 32 ans, tabletier, rue Sébastien, 8, section Popincourt, né à Paris, *en liberté le 18 prairial.*

37. Forestier (Pierre-Jacques), 56 ans, représentant du peuple du département de l'Allier, né à Vichy (Allier), domicilié à Cussey, et à Paris rue Honoré, 1497, section de la Butte-des-Moulins, *reconduit à la maison d'arrêt le 29 prairial, sous la surveillance du comité.*

38. Fossier (Pierre), gendarme, 32 ans, né à Laon (Aisne), *condamné à mort et exécuté le 5.*

39. Fournet (Joseph), gendarme, 38 ans, né à Doulens (Somme), *condamné à mort et exécuté le 5.*

40. Francisse (Charles), maître de danse, 38 ans, né à Paris, demeurant rue de Claude, au Marais, 351, section de l'Indivisibilité, *mis en liberté.*

41. Gaboyard (Charles-Nicolas), gendarme, 36 ans, né à Laselle (Aisne), *condamné le 5 à un an de fers.*

42. Gambin (Louis), corroyeur, rue aux Ours, 8, section des Lombards, 29 ans, né à Baujeux (Rhône-et-Loire), *en liberté le 15 prairial.*

43. Gentil (Nicolas-Joseph), menuisier et dessinateur-brodeur, né à Dartigny, district de Vousiers (Ardennes), rue Montorgueil, 82, section du Contrat-Social, *condamné à mort et exécuté le 5 prairial.*

44. Goujon (Jean-Marie-Claude-Alexandre), représentant du peuple de Seine-et-Oise, 29 ans, né à Bourg (Ain), demeurant rue Dominique, 167, section de la Fontaine-de-Grenelle, *condamné à mort et suicidé le 29 prairial.*

45. Gruinet (Jean-Baptiste), fruitier, 45 ans, né à Severan (Seine-et-Oise), demeurant rue Mouffetard, 19, *en liberté le 23 prairial.*

46. Guertin (Louis), forgeron, né à Tours (Indre-et-Loire), demeurant rue de la Tannerie, 10, section des Arcis, *en liberté le 23 prairial.*

47. Guillemain (Nicolas), gendarme, 27 ans, né à Dieuville (Aube), *condamné à mort et exécuté le* 5.

48. Guyot (Étienne), 37 ans, cordonnier, rue de Vaugirard, 1198, section de Mucius-Scevola, né à Vermanton (Yonne), *condamné à la déportation le* 19 *prairial.*

49. Guyot (Françoise-Humbert, femme), épouse du précédent, 46 ans, née à Vaucluse (Doubs), *condamné à la déportation le* 19 *prairial.*

50. Hannebaud (Jean-Baptiste), gendarme, 39 ans, né à Neuville (Nord), *condamné à mort et exécuté le* 5.

51. Hébert (Jérôme), 27 ans, arquebusier, né à Vitry-sur-Marne, demeurant rue Baillête, 1, *renvoyé le* 23 *prairial à la Conciergerie jusqu'à plus ample informé.*

52. Hennequin (Jean-Nicolas), sculpteur, 46 ans, né à Paris, demeurant rue de Lappe, 22, depuis sa naissance, *condamné à mort et exécuté le* 8.

53. Hytier (Claude-François), 35 ans, né à Mercé (Doubs), cordonnier, rue de Bercy, 4, section de l'Homme-Armé, *en liberté le* 2 *messidor.*

54. Jardin (François), 40 ans, marchand de volaille, rue du Pont-aux-Choux, section de l'Indivisibilité, né à Paris, *en liberté le* 24 *prairial.*

55. Jayet (Claude-Ambroise), cordonnier, 45 ans, né à Paris, demeurant faubourg du Temple, 32, *en liberté le* 23 *prairial.*

56. Klain (Joseph), 20 ans, ébéniste, né à Mayence, demeurant rue Porte-Antoine, 3, *en liberté le* 24 *prairial.*

57. Lacour (Nicolas), gendarme, 35 ans, né à Braine (Aisne), *condamné à mort et exécuté le* 5.

58. Lagesse (Charles-Simon), charron, 42 ans, né à Paris, demeurant rue et enclos Victor, 93, section du Jardin des Plantes, *en liberté le* 13 *prairial,* et néanmoins renvoyé sous la surveillance du comité civil de la section.

59. Lamarche (Ch.-Antoine), gendarme, 25 ans, né à Mirecourt (Marne), *condamné à mort et exécuté le* 6.

60. Lami (Rose), dite Tourangeau, limonadière, rue de Rohan, 387 (section des

Tuileries), 47 ans, née à Abbeville (Somme), *deux mois de détention le 15 prairial.*

61. LAUTRE (Remy), serrurier, 37 ans, né à Suzanne (Somme), demeurant rue des Prescheurs, 22, section des Marchés, *en liberté le* 23 *prairial.*

62. LEBŒUF (Louis), 42 ans, journalier-salpétrier, rue Phélippeaux, 28, section des Gravilliers, né à Boureuil près Varennes (Meuse), *en liberté le* 24 *prairial.*

63. LECULTE (Denis-Thomas), charretier, rue Lenoir, 6, faubourg Antoine, 25 ans, né à Dourdan (Eure-et-Loir), *en liberté le* 18 *prairial.*

64. LEDUC (Marie-Madeleine), dite Monrose, ouvrière en linge, rue de Chartres, 349, 26 ans, née à Paris, *deux mois de détention le* 15 *prairial.*

65. LEFRANÇOIS (Remi-Hyacinthe), gendarme de la 32e division, 6e compagnie, né à Reims (Aisne), demeurant à Paris, rue du Mouton, 27, section des Arcis, *acquitté le* 9 *et renvoyé aux Carmélites.*

66. LE GRAND (Jean), chapelier, 27 ans, rue des Petits-Champs, faubourg Martin, 61, né à Luzigné (Allier), *en liberté le* 23 *prairial.*

67. LEGRAND (Jean-Jacques), lieutenant de gendarmerie, 37 ans, né à Montcornet (Aisne), *condamné à mort et exécuté le* 5 *prairial.*

68. LIME (Jean-Baptiste-Pierre), graveur, rue de Breteuil, 51, section du Temple, 23 ans, né à Paris, *condamné à mort et exécuté le* 18 *prairial.*

69. MAGNIER (Antoine-Louis-Bernard), dit Brutus, 23 ans, né à Guise (Aisne), ex-président de la commission militaire révolutionnaire des armées de l'Ouest et des côtes de Brest, *condamné à la déportation.*

70. MALLET (Toussaint-Pierre), 33 ans, né à Paris, demeurant rue du Faubourg-Antoine, 106, section de Montreuil, *en liberté le* 23 *prairial.*

71. MANDRILLON (Marie-Jeanne-Adélaïde Legrand, femme), 32 ans, née à Passy, ouvrière en linge, demeurant rue de Chartres-Honoré, 384, *cinq ans de détention le* 15 *prairial.*

72. MANGIN (Étienne), 30 ans, né à Saintrdet (Meuse), tabletier, rue de la Verrerie, 144, section des Arcis, *en liberté le* 2 *messidor.*

73. Mainfroy (Louis), marchand, rue Thomas, section des Tuileries, *mis en liberté le* 10.

74. Marchal (Louis), gendarme, 41 ans, né à Vervins (Aisne), *condamné à mort et exécuté le* 5.

75. Margaud (François), 47 ans, tailleur de pierre, né à Ornans (Doubs), demeurant rue Thévenot, 6, section de Bon-Conseil, *une année de détention le* 2 *messidor*.

76. Mauger (René), perruquier-coiffeur, demeurant chez la citoyenne Bezon, logeuse, rue d'Avignon, section des Lombards, 28 ans, né à Louviers, *condamné à mort et exécuté le* 18 *prairial*.

77. Mentens (Laurent), marchand corroyeur, 49 ans, né à Bruxelles, demeurant à Paris, rue Marguerite, 21, section Montreuil, *en liberté le* 1^er^ *messidor*.

78. Mercier (Jean-Nicolas), 29 ans, cordonnier, rue Antoine, 230, section de l'Arsenal, né à Barain (Meuse), *en liberté le* 24 *prairial*.

79. Molière (Joseph), marchand fruitier, rue Transnonain, 17, section des Gravilliers, 36 ans, né à Belcombe, département du Mont-Blanc, *en liberté le* 16 *prairial*.

80. Morlet (Denis), jardinier, 27 ans, né à Paris, demeurant rue des Marais, 23, section de Bondy, *en liberté le* 23 *prairial*.

81. Pacot (François), gendarme, 44 ans, né à Vervins (Aisne), *condamné à mort et exécuté le* 5.

82. Paradis (Antoine), journalier sur le port au bois flotté, 40 ans, natif de Moulins (Allier), demeurant à Paris, rue Neuve-Médard, 610, section du Jardin des Plantes, *un an de détention*.

83. Payen (J.-B.), gendarme, 27 ans, né à Arras (Pas-de-Calais), *condamné le* 5 *à un an de fers*.

84. Periot (Marie Deffau, femme), tenant une échoppe près du guichet de la rue Froidmanteau, 40 ans, née à Charleville, *six ans de détention et deux heures d'exposition publique pendant trois jours, jugée le* 18 *prairial*.

85. Peyssart (Jean-Paschal-Charles), 40 ans, représentant du peuple du dépar-

tement de la Dordogne, né commune d'Agonac, district de Périgueux, demeurant hôtel Marigny, place du Louvre, *condamné le 29 prairial à la déportation.*

86. Pierre (Jean-Baptiste), gendarme de la 32e division, 8e compagnie, 42 ans, né à Paris, demeurant rue de Charenton, 42, section des Quinze-Vingts, *acquitté le 9 et renvoyé aux Carmélites.*

87. Plug (Christophe), 28 ans, garçon boulanger, rue Antoine, 51, section des Droits de l'homme, né à Francfort, *en liberté le 24 prairial.*

88. Poise (Germain), gendarme de la 32e division, 49 ans, natif de Longpont (Seine-et-Oise), demeurant à Paris, rue de Charenton, 159, section des Quinze-Vingts, *acquitté le 9 et renvoyé aux Carmélites.*

89. Poisol (Claude), chapelier, 27 ans, rue de Charenton, 160, né à Mont-Saint-Jean (Côte-d'Or), *en liberté le 23 prairial.*

90. Prudhomme (J.-B.), gendarme, 29 ans, né à Jonquereuil (Aube), *condamné à mort et exécuté le 5.*

91. Rebour (Louis), ébéniste, 28 ans, né à Paris, demeurant rue de la Roquette, 9, section de Montreuil, *en liberté le 8.*

92. Rebout (Antoine), gendarme, 33 ans, né à Arras (Pas-de-Calais), *condamné à mort et exécuté le 5.*

93. Regnancourt (Aubert), gendarme, 40 ans, né à Courtisé (Nord), *condamné à mort et exécuté le 5.*

94. Rémy (Jean-Nicolas), 34 ans, menuisier, rue des Deux-Hermites, 2, section de la Cité, né à Vincennes, *en liberté le 24 prairial.*

95. Renault (Pierre), gendarme des tribunaux, 1re division, compagnie d'Agnet, 56 à 57 ans, né à Boissy, département de Paris, demeurant rue de la Vieille-Draperie, section de la Cité, maison d'un marchand de vin dont il ignore le numéro, *acquitté le 9 et renvoyé aux Jacobins.*

96. Richard (François-Charles), gendarme, 27 ans, né à Luysre (Aube), *condamné à mort et exécuté le 5.*

97. Ribot (Louis-Mathieu), maçon, 32 ans, rue des Gravilliers, 6, né à Paris, *en liberté le 23 prairial.*

98. Ridde (Claude-Marin), employé aux fonds de la comptabilité de la marine, 27 ans, demeurant faubourg Antoine, rue Nicolas, 13, section des Quinze-Vingts, *en liberté le* 9.

99. Roger (Laurent-Mathurin), 39 ans, arquebusier, rue Mouffetard, 19, section de l'Observatoire, né à Condé-sur-Hors (Eure), *en liberté le* 23 *prairial.*

100. Romme (Gilbert), représentant du peuple, 43 ans, né à Riom (Puy-de-Dôme), demeurant à Paris, rue Neuve-du-Luxembourg, 21, section de la place Vendôme, *condamné à mort et suicidé le* 29 *prairial.*

101. Roussel (Jean-Pierre), ferblantier, rue de Bretagne, 40, au Marais, section du Temple, 47 ans, né à Verdenins (Meurthe), *en liberté le* 16 *prairial.*

102. Sansry (Louis), 22 ans, boutonnier, faubourg du Temple, né à Paris, *en liberté le* 24 *prairial.*

103. Schlauch (Jean), serrurier, 24 ans, né à Paris, demeurant rue Charenton, 21, section des Quinze-Vingts, *en liberté le* 23 *prairial.*

104. Schmit (Louis-Vincent), porteur d'eau, 43 ans, né à Paris, demeurant rue de Charenton, 15, *en liberté le* 23 *prairial.*

105. Sorrette (Michel), serrurier, 38 ans, né à Montbazon, district de Vesoul (Haute-Saône), demeurant à Paris, rue du Faubourg-Martin, 56, section de Bondy, *renvoyé en état d'arrestation à la Conciergerie le* 7 *prairial.*

106. Soubrany (Pierre-Amable), 42 ans, représentant du peuple du département du Puy-de-Dôme, né à Riom, demeurant à Paris, rue Honoré, 343, section de la place Vendôme, *condamné à mort et exécuté le* 29 *prairial.*

107. Taconnat (Louis), gendarme de la 32e division, 62 ans, né à Paris, demeurant rue de Charenton, 148, section des Quinze-Vingts, *acquitté le* 9 *et renvoyé aux Carmélites.*

108. Taillardat (Antoine), 33 ans, né à Montaigu (Puy-de-Dôme), perruquier, rue d'Orléans, 17, section de la Halle au bled, *condamné à la déportation le* 3 *messidor.*

109. Tauron (Pierre), charpentier, 28 ans, faubourg du Temple, 21, né dans le Lot-et-Garonne, *en liberté le* 21 *prairial.*

110. Til (Pierre), gendarme de la 32e division, 1re compagnie, né à Frentitoup (Moselle), demeurant Grande-Rue du faubourg Antoine, 129, section de Montreuil, *acquitté le* 9 *et renvoyé aux Carmélites.*

111. Tinel (Jean), 50 ans, serrurier, rue de Lappe, 22, section Popincourt, *condamné à mort le* 3 *prairial par le tribunal criminel de Paris et exécuté le* 5.

112. Vassé (Pascal), apprenti charron, 14 ans et demi, né à Paris, demeurant rue Popincourt, 28, section Popincourt, *mis en liberté le* 10.

113. Véjus (François), 28 ans, émailleur, 38, faubourg du Temple, né dans la Haute-Saône, à Vilelune, *en liberté le* 21 *prairial.*

114. Vignot (Catherine-Louise), 21 ans, journalière, né à Vincennes, demeurant chez le citoyen Séranger, maréchal-ferrant, Grande-Rue du faubourg Antoine, *renvoyée à la maison d'arrêt pour un plus ample informé de trois mois, le* 2 *messidor.*

115. Woitelle (Louis), 45 ans, menuisier, rue aux Fèves, 12, section de la Cité, né à Péronne (Somme), *en liberté le* 24 *prairial.*

FIN DES DERNIERS MONTAGNARDS

35

# TABLE

BIBLIOTHÈQUE NATIONALE RF IMPRIMÉS



Paris. — Typ. de Rouge, Dunon et Fresné, rue du Four-Saint-Germain, 43.

www.ingramcontent.com/pod-product-compliance
Lightning Source LLC
LaVergne TN
LVHW011949220826
846092LV00001B/137

* 9 7 8 2 0 1 9 6 3 6 3 4 0 *